Medium Buch

Wolfenbütteler interdisziplinäre Forschungen

In Zusammenarbeit mit dem Wolfenbütteler Arbeitskreis
für Bibliotheks-, Buch- und Mediengeschichte
herausgegeben von der Herzog August Bibliothek

Redaktion: Hartmut Beyer und Sandra Simon

2 (2020)

Inszenierung des Buchs im Internet

Herausgegeben von Philip Ajouri und Ute Schneider

Harrassowitz Verlag · Wiesbaden

Anschrift der Redaktion
Herzog August Bibliothek, Postfach 13 64, 38299 Wolfenbüttel

Bibliografische Information der Deutschen Nationalbibliothek
Die Deutsche Nationalbibliothek verzeichnet diese Publikation in der Deutschen Nationalbibliografie;
detaillierte bibliografische Daten sind im Internet über https://www.dnb.de/ abrufbar.

Bibliographic information published by the Deutsche Nationalbibliothek
The Deutsche Nationalbibliothek lists this publication in the Deutsche Nationalbibliografie; detailed
bibliographic data are available on the internet at https://www.dnb.de/.

https://www.harrassowitz-verlag.de/
© Otto Harrassowitz GmbH & Co. KG, Wiesbaden 2021
Die Zeitschrift und alle in ihr enthaltenen Beiträge und Abbildungen sind urheberrechtlich
geschützt. Jede Verwertung außerhalb der engen Grenzen des Urheberrechtsgesetzes ist ohne
Zustimmung des Verlages unzulässig und strafbar. Das gilt insbesondere für Vervielfältigungen
jeder Art, Übersetzungen, Mikroverfilmungen und für die Einspeicherung in elektronische
Systeme.
Redaktion: Hartmut Beyer und Sandra Simon
Satz: Nicola Willam, Berlin
Druck und Verarbeitung: Memminger MedienCentrum, Druckerei und Verlags-AG
Gedruckt auf alterungsbeständigem Papier
Printed in Germany

ISSN 2699-9625   DOI Zeitschriftenreihe 10.13173/2699-9625
eISSN 2748-5161   DOI Titel 10.13173/WIF.2
ISBN 978-3-447-11653-4

Inhalt

Vorwort

FORSCHUNGSBERICHT

Ute Schneider und Philip Ajouri
Bilder vom Lesen in der bildenden Kunst: ein Forschungsüberblick 5

INSZENIERUNGEN DES BUCHS IM INTERNET

Julia Nantke
Das Buch als Werk – Zur Inszenierung von Büchern in digitalen
Forschungsumgebungen 35

Anke Vogel
Cover Reveals bei Instagram – Emotional-ästhetische Neuinszenierung
von Buchankündigungen 53

Christoph Benjamin Schulz
Die Zukunft des Buches ist noch nicht vorbei – Zur Parallelität
analoger und digitaler Inszenierungen von Bookishness in der
aktuellen literarischen Praxis 65

Maria Kraxenberger und Gerhard Lauer
Die Plattform als Bühne – Zur Inszenierung von *wreaders* 99

Stephanie Willeke
Der literarische Weblog als digitales Gedächtnismedium – Erinnerungen
als Schreib- und Rezeptionspraktiken in Benjamin Steins *Turmsegler* 119

Marlene Meuer
Goethesche Telepathie? Die medienkünstlerische Inszenierung von
Schreib- und Lektürepraktiken in der Webseiten-Trilogie *Methodology
for Writing I.-III.* des Prager Künstlers Zbyněk Baladrán 135

TAGUNGSBERICHT

Cornel Dora
Fenster zur Ewigkeit – Die ältesten Bibliotheken der Welt 159

NACHWUCHSFORUM

Moritz Döring
Werk und Journal in der zweiten Hälfte des 19. Jahrhunderts 163

Daniela Gastell
Frauen als Unternehmerinnen in den Familienunternehmen des
deutschen Verlagsbuchhandels – Forschungsbericht und Projektskizze 177

Anita Markó
Netzwerke literarischer Intellektueller – Eine Analyse ihrer
Verbindungen in ungarischen Druckschriften zwischen 1473 und 1600.
Thesen und Forschungsbericht 199

PROJEKTBERICHTE

Anna Lingnau
Der Fachinformationsdienst Buch-, Bibliotheks- und
Informationswissenschaft (FID BBI) – Neue Inhalte in neuem Gewand 217

Ute Schneider
Gründung des Netzwerks Leseforschung 221

Bettina Wagner
Die Graphiksammlung des Bamberger Dürerforschers Joseph Heller
(1798–1849) – Ein DFG-Projekt der Staatsbibliothek Bamberg 223

Autorinnen und Autoren 226

Vorwort

Das Medium Buch entwickelt seine spezifischen Funktionen und Leistungen seit Jahrhunderten im Kontext der anderen Medien; es war nie das einzige Medium der Information oder Unterhaltung. Schon die Buchrolle der Antike wie auch die Handschrift des Mittelalters sind nicht nur begleitet von Ton- oder Wachstäfelchen, sondern eingebettet in mündliche Unterrichtung, religiöse Rituale, in Theater und Gesang. Mit dem gedruckten Buch treten gleichzeitig auch Flugblatt und Flugschrift als Druckerzeugnisse ins Mediensystem, die mit ihrer jeweils spezifischen Nachrichten- und Diskursfunktion auf die partielle Dysfunktionalität des Buchs antworten. Zu Beginn des 17. Jahrhunderts bringt dann die periodisch erscheinende Zeitung Nachrichten und Informationen aus nahen und fernen Gegenden aktuell und vor allem regelmäßig dem Lesepublikum. Die Zeitschrift entstand ab Ende des 17. Jahrhunderts aus dem Bedürfnis der Gelehrten nach schnelleren Publikationsmöglichkeiten heraus. Die zeitnahe Vorstellung von Neuerscheinungen auf dem Buchmarkt, die Möglichkeit, auch Zwischenergebnisse der Forschung sowie neue Entdeckungen und Erfindungen an die Fachkollegen zu kommunizieren, war ein Fortschritt, den das Medium Buch nicht leisten konnte. Die Zeitschrift wird zum ersten Konkurrenzmedium des Buchs im gelehrten Kontext. Im 19. Jahrhundert werden Familienzeitschriften, illustrierte Zeitungen und seriell vertriebene Heftchen zu ersten Konkurrenzmedien des Buchs auf dem Unterhaltungssektor. Seinen Ort im Mediensystem behält das Buch dennoch, auch als Ende des 19. Jahrhunderts der Film zum populären Medienensemble hinzukommt. Zunächst auf Jahrmärkten und anderen temporären Vergnügungsorten als ambulante Attraktion angeboten, avanciert das Kino im ersten Drittel des 20. Jahrhunderts zum schichtenübergreifend genutzten Unterhaltungsmedium. Das Radio, ab 1923 in rasantem Aufstieg, stand nie im Verdacht, das Buch als Unterhaltungsmedium zu verdrängen, stellt in den 1920er Jahren aber eine Konkurrenz im Freizeitbudget dar. Die Wechselwirkung zwischen Buch und Kino beschränkt sich nicht auf die vielen Literaturverfilmungen oder das Buch zum Film, sondern zeigte sich auch im Kino als Werbeort für das Buch. In den 1960er/1970er Jahren wird das Fernsehen zum Leitmedium in der bundesdeutschen Gesellschaft. Ähnlich wie im Falle des Kinos wird das Fernsehen als direkter Konkurrent zum Buch aufgefasst, der Unterhaltung und Information weit streuen kann.

Heute hat sich das Buch zum stabilen Basismedium entwickelt, das in Abgrenzung zu den tagesaktuellen Medien wie Presse, Fernsehen und Netzportalen als entschleunigendes Medium mit zuverlässigen Inhalten gilt. Das Internet hingegen wird gemeinhin als flüchtiges Medium wahrgenommen, das stets veränderlich ist, auf das man zum Teil schwerer verweisen kann und das daher auch als weniger zuverlässig erachtet wird.

Gleichwohl profitiert das Buch von seiner medialen Umgebung, was in diesem Heft an seinen Inszenierungen im Internet anhand von Beispielen vorgestellt wird. Hier wird nicht der übliche Schwanengesang auf das Buch angestimmt, sondern dieses Heft thematisiert die Chancen, die die Digitalisierung für das Buch gebracht hat. Welchen Inszenierungsformen folgt die Präsentation von digitalisierten Büchern im Internet? Wie werden Neuerscheinungen auf Social-Media-Kanälen angekündigt? Welche hybriden Buchgeschöpfe zwischen Buchform und Digitalität werden erprobt? Wie werden die Funktionen des Buchs von Leseplattformen aufgegriffen, verändert und erweitert? Wie reflektieren Autor*innen und Künstler*innen über das neue Schreiben und Lesen im Internet? Diese und weitere Fragen behandeln die hier versammelten Aufsätze. Der Forschungsbericht versteht sich als Dienstleistung, als eine notwendigerweise gewichtete und perspektivierte sowie sicherlich lückenhafte Zusammenfassung der bisherigen Forschung zum Buch in der bildenden Kunst (vom Relief über Wand- und Tafelbilder bis hin zum Kupferstich, Kino und Internet), und damit zum Buch und Lesen (zum Teil auch Schreiben) auf Bildern ganz allgemein.

Dr. Hartmut Beyer und Dr. Sandra Simon von der Herzog August Bibliothek danken wir für die redaktionelle Betreuung des Heftes.

Mainz, im April 2021
Philip Ajouri und Ute Schneider

FORSCHUNGSBERICHT

Ute Schneider und Philip Ajouri

Bilder vom Lesen in der bildenden Kunst: ein Forschungsüberblick

In den letzten Jahren ist eine reiche Anzahl von Forschungsbeiträgen und Bildbänden publiziert worden, die Bücher und Lesescenen in Malerei und Fotografie zum Gegenstand haben.[1] Über die Gründe für dieses rege Interesse gerade in den letzten Jahren kann nur spekuliert werden. Von der pessimistischen Annahme, das gedruckte Buch und mit ihm die traditionelle Kulturtechnik Lesen könnten verschwinden, bis hin zu einer neuen Bibliophilie ist in graduellen Abstufungen alles denkbar. Für die Leseforschung ist dieses Phänomen ein Glücksfall, denn wenn man Bilder als Quellen begreift, können diese Bildersammlungen Auskunft über Lesegewohnheiten, Leseorte, Lesezeiten und Lesesituationen geben. Peter Burke nimmt in seinen Überlegungen über materielle Kultur im Spiegel der Bilder explizit Bezug zur Buch- und Lesergeschichte und wertet Bilder als „besonders wertvoll für die Rekonstruktion der Alltagskultur normaler Menschen"[2]. Insbesondere kleine Details in der Geschichte der materiellen Kultur wie beispielsweise die Art und Weise, wie Bücher gehalten wurden, lassen es zu, „alte Artefakte in ihren ursprünglichen Kontext"[3] einzuordnen. Bilder von Lese- und Schreibscenen sind seit Jahrtausenden nachweisbar: Sie sind bereits in der Alten Welt (Ägypten, Griechenland, Rom) greifbar, sie sind in der mittelalterlichen Buchmalerei und Skulptur enthalten, sie begegnen uns im Holzschnitt der Frühen Neuzeit, dann im Kupferstich,[4] schon seit Jahrhunderten in der Malerei,[5] später in der Fotografie, heute im Internet. Dabei haben sich spezifische Traditionen der Präsentation von Lesenden und Büchern ausgebildet, die z. T. von der Antike über die Frühe Neuzeit bis heute beobachtet werden können.

---

1 Siehe dazu insbesondere unten „Quellensammlungen".
2 Peter Burke: Augenzeugenschaft. Bilder als historische Quellen. Berlin 2010 (wat; 631), S. 91–114, hier S. 91.
3 Ebd., S. 114.
4 Vgl. z. B. die Zusammenstellung von Kupferstichen des 18. und 19. Jh. aus Almanachen und anderen Büchern in: Heinke Wunderlich, Gisela Klemt-Kozinowski: Leser und Lektüre. Bilder und Texte aus zwei Jahrhunderten. Dortmund 1985 (Die bibliophilen Taschenbücher; 473); siehe auch Heinke Wunderlich: „Buch" und „Leser" in der Buchillustration des 18. Jahrhunderts. In: Die Buchillustration im 18. Jahrhundert. Hrsg. v. Arbeitsstelle Achtzehntes Jahrhundert Gesamthochschule Wuppertal. Heidelberg 1980 (Beiträge zur Geschichte der Literatur und Kunst des 18. Jahrhunderts; 4).
5 Frühe kurze Skizzen dazu sind z. B. Adolf Heckel: Über ein Buch gebeugt. Bilder von Lesenden durch fünf Jahrhunderte. 2. Aufl. Leipzig 1947. Oder: Alfred Langer: Lesende in der Kunst. Zwölf Gemälde von der Renaissance bis zur Gegenwart. Leipzig 1971.

Unser Beitrag versteht sich im besten Falle als aktualisierende und ergänzende Fortsetzung des Handbuchbeitrags von Jutta Assel und Georg Jäger *Zur Ikonographie des Lesens. Darstellungen von Leser(inne)n und des Lesens im Bild* von 1999. Jener Aufsatz fasst die seit den 1960er Jahren entstandene Forschungsliteratur zu bildlichen Lese- und Buchdarstellungen zusammen, systematisiert Bildmotive und ist zugleich ein eigener, wichtiger Forschungsbeitrag. Unser Bericht wird die Forschungsgeschichte bis zu Assel und Jägers Beitrag kurz skizzieren (1), dann neuere Quellensammlungen zum Lesen im Bild vorstellen (2), und schließlich im Anschluss an die systematischen Ordnungskategorien von Assel und Jäger beziehungsweise ergänzend dazu neuere Forschungsbeiträge referieren (3). Assel und Jäger untersuchten die Themenfelder „Christliche Ikonografie", „Mann und Buch", „Frau und Buch" sowie „Sozialformen des Lesens". Zu diesen Themenbereichen wurde unterschiedlich stark geforscht. Während es zum Gelehrtenporträt, das für Assel und Jäger zentraler Bestandteil männlicher Lektüre ist, kaum etwas Neues zu sagen gibt, liegt reiche Forschung zur weiblichen Lektüre von der Gottesmutter Maria bis hin zur Modefotografie vor. Die für die Sozialgeschichte typischen Fragen wie die gesellige Lektüre im 18. und 19. Jahrhundert wurden von der Forschung nicht weiterverfolgt, so dass dieser Bericht sich in seinem vierten Teil auf bei Assel und Jäger vernachlässigte Aspekte der antiken und christlichen Ikonografie und auf die weibliche Lektüre konzentriert. Abschließend (4) werden einige Forschungsdesiderate benannt.

1 Lesende im Kontext – Skizze der Forschungsgeschichte (bis 1999)

Forschungsgeschichtlich liegt das leserhistorische Interesse insbesondere im Kontext der sozialgeschichtlichen Forschung vor allem in den 1960er bis 1980er Jahren. Ein Beispiel mit Leserabbildungen in der Malerei als Quellen ist die von Philippe Ariès herausgegebene *Geschichte des privaten Lebens*, in deren drittem Band der französische (Buch-)Historiker Roger Chartier im Kapitel *Die Praktiken des Schreibens* den Aneignungsprozess des Buchs nachvollzieht und dem Lesen wie auch dem Vorlesen Raum gibt.[6] Wurde dieses Thema auf der Basis von bildlichen Quellen zunächst nur sporadisch aufgegriffen, lässt sich in den folgenden Jahren eine gewisse Kontinuität in der wissenschaftlichen Beachtung der Bildquellen feststellen.

Ein wichtiger Meilenstein sowohl in der historischen Leseforschung allgemein wie auch in der Nutzung von Bildquellen war 1987 die literaturwissenschaftliche Dissertation von Erich Schön.[7] In seiner mentalitätsgeschichtlichen Studie, die der französischen Schule der Annales verpflichtet ist, lieferte er den Beweis, dass Bilder als Quellen zur

---

6 Roger Chartier: Die Praktiken des Schreibens. In: Philippe Ariès, Georges Duby (Hrsgg.): Geschichte des privaten Lebens. Bd. 3: Von der Renaissance zur Aufklärung. Hrsg. v. Philippe Ariès und Roger Chartier. Frankfurt am Main 1991, S. 115–165.
7 Erich Schön: Der Verlust der Sinnlichkeit oder Die Verwandlung des Lesers. Mentalitätswandel um 1800. Stuttgart 1987 (Sprache und Geschichte; 12).

Leser- und Lesegeschichte den Erkenntnisgewinn erhöhen. Insbesondere für seine Untersuchung des Lesens im Freien, in der Natur, was Ende des 18. Jahrhunderts in Mode gekommen war, bilden Abbildungen von Leseorten und Lesesituationen primäre Quellen. Schön wählt zeitgenössische Kupferstiche mit Lesenden aus den populären Almanachen, aus Zeitschriften wie dem *Journal des Luxus und der Moden* (1786–1827), Scherenschnitte und Romanillustrationen. Quellenkritisch betont Schön, dass in Bildern „oft bewahrt [ist], was sich zeitgenössischer Versprachlichung entzog, sei es, weil es als allzu Selbstverständliches nicht ‚zur Sprache komm[t]', das heißt: nicht zur Versprachlichung gelangen konnte, sei es, weil es nur in der Abstraktion – und zudem vielleicht nur aus historischer Distanz – formulierbar ist."[8] Der Wert von Bildquellen für „die strikte Orientierung an den realen historischen Lesern statt an Leser-Konstrukten"[9] wurde offensichtlich, und zwar jenseits der Rezeptionsästhetik und Rezeptionstheorie, aber auch jenseits der empirischen Rezeptionsforschung. Schön geht über den Lesebegriff hinaus und liest an dem Bildmaterial auch den Umgang mit dem Buch ab, das in dinglicher Form die Literatur präsentiert. Spätestens mit dieser Arbeit waren Bildquellen in der historischen Leser- und Leseforschung etabliert.

Neben Schön ist der Romanist Fritz Nies einer der frühen Vertreter einer Lesergeschichte, die sich konsequent mit dem historischen Bildmaterial auseinandersetzen. Ohne sich explizit auf den sogenannten ‚Iconic Turn' zu beziehen, möglicherweise aber dadurch beeinflusst, plädierte Nies für die Berücksichtigung ikonografischer Aspekte in der literaturwissenschaftlichen Leseforschung. Seine „Reise durch die Welt der Leserbilder"[10] von 1991 grenzt sich wie Schöns Dissertation von der Rezeptionsästhetik und -theorie der Konstanzer Schule ab und will einen Beitrag zur „Geschichte der *Vorstellungen* von Lesen und Leser"[11] leisten. Nies sieht den heuristischen Wert von Lese- und Leserdarstellungen in Buchillustrationen, in der Malerei, in der Fotografie bis hin zu Werbeplakaten für unterschiedliche Produkte für die Sozial- und Kulturgeschichte von Lesesituationen, Lesehaltungen, Leseorten,[12] sowie für die Untersuchung des Wechselbezugs zwischen Lektüre und Freizeit, der Verbindung von Lektüre mit Essen und Trinken, dem Lesen in Transportmitteln oder zur Überbrückung von Wartezeiten[13] u. ä. Schließlich fordert er, der Ikonografie den „Rang einer vollentwickelten Hilfswissenschaft innerhalb jener Rezeptions- und Funktionsgeschichte der Literatur [zuzubilligen], die weithin als zukunftsträchtiges ‚Paradigma' literaturwissenschaftlichen Forschens gilt".[14] Nies hat in den folgenden Jahren das Thema immer wieder aufgegriffen und seine Fragestellungen zur Leser- und Lesegeschichte

---

8 Ebd., S. 313.
9 Ebd., S. 24.
10 Fritz Nies: Bahn und Bett und Blütenduft. Eine Reise durch die Welt der Leserbilder. Darmstadt 1991.
11 Ebd., S. 3, Kursivierung im Original.
12 Ebd., S. 123.
13 Vgl. diese Auflistung ebd., S. 123.
14 Ebd., S. 126.

stets mit ikonografischen Überlegungen beantwortet. Dabei sind insbesondere die Wertzuschreibungen an die Kulturtechnik Lesen und den Wertewandel, den er aus den Bildern ablesen konnte, ins Zentrum der Betrachtung gerückt. Nies hat in Dutzenden von Bildbelegen des 18. Jahrhunderts beispielsweise die positive Konnotation des Lesens nachgewiesen: „Lektüre bewirkt Belehrung, Bekehrung, Bildung von Herz, Geist und Verstand, sie führt zu Tugend, Reflexion, Meditation, innerer Einkehr"[15]. Er hat sein Plädoyer, Bilder in der literaturwissenschaftlichen Leseforschung stärker zu berücksichtigen, mehrfach wiederholt,[16] und kann sicherlich als einer der wichtigsten Vertreter der ikonografischen Richtung in der Lesergeschichte angesehen werden.

Schön und Nies haben sich in ihren Arbeiten immer wieder auf den Umbruch in den Lesepraktiken während des 18. Jahrhunderts bezogen. Epochal betrachtet sind die Veränderungen der Lesepraxis während der europäischen Aufklärung ein beliebtes Motiv in der Malerei wie auch in der Buchillustration. Entsprechend häufig wurden sie in der Leseforschung herangezogen. In den Arbeiten des Berliner Kupferstechers Daniel Chodowiecki wie auch in den satirischen Grafiken des britischen Malers William Hogarth[17] ist diese Zäsur in der Lesegeschichte besonders pointiert dargestellt. Insbesondere die in der zweiten Hälfte des 18. Jahrhunderts aufkommende Mode des Lesens in freier Natur wird mittels der Kupferstiche in Almanachen dem heutigen Betrachter präsent.[18]

Die Kunsthistorikerin Jutta Assel und der Buchwissenschaftler Georg Jäger haben 1999 den Quellenwert von Bildern für die Lesergeschichte diskutiert und eine erste Kategorisierung der Bilder vorgenommen. Sie haben Bücher und Lesende im Bild drei Kontexten zugeordnet: (1) der christlichen Ikonografie, (2) der (männlichen) Gelehrsamkeit und (3) der (weiblichen) Sinnlichkeit und Erotik. Darüber hinaus haben sie Beispiele für diese Bereiche mit differenzierenden Unterkategorien diskutiert.[19] Sie formulierten einige erkenntnisleitende Fragen, deren Beantwortung Auskunft über die

---

15 Vgl. stellvertretend für weitere Arbeiten des Autors: Fritz Nies: Suchtmittel oder Befreiungsakt? Wertungen von Lektüre in der bildenden Kunst des 18. Jahrhunderts. In: Paul Goetsch (Hrsg.): Lesen und Schreiben im 17. und 18. Jahrhundert. Studien zu ihrer Bewertung in Deutschland, England, Frankreich. Tübingen 1994 (Script Oralia; 65), S. 151–168, hier S. 161; Ders.: Bilder von Bildung und Verbildung durch Lesen. In: Jürgen Fohrmann (Hrsg.): Lebensläufe um 1800. Tübingen 1998, S. 203–222.

16 Vgl. Nies: Bilder von Bildung und Verbildung durch Lesen (wie Anm. 15). Zum Motiv der Bildung vgl. auch die Zusammenstellung der Jahresgabe der Deutschen Bücherei Leipzig von 1971: Lesende in der Kunst. Zwölf Gemälde von der Renaissance bis zur Gegenwart. Einleitung und Bilderläuterungen von Alfred Langer. Leipzig 1971.

17 Peter Wagner: Der Leser und Lesestoffe im graphischen Werk William Hogarths. In: Goetsch (Hrsg.): Lesen und Schreiben im 17. und 18. Jahrhundert (wie Anm. 15), S. 223–240.

18 Siehe dazu den Tagungsband: Die Buchillustration im 18. Jahrhundert. Hrsg. v. Arbeitsstelle Achtzehntes Jahrhundert Gesamthochschule Wuppertal. Heidelberg 1980 (Beiträge zur Geschichte der Literatur und Kunst des 18. Jahrhunderts; 4).

19 Jutta Assel, Georg Jäger: Zur Ikonographie des Lesens. Darstellungen von Leser(inne)n und des Lesens im Bild. In: Bodo Franzmann u. a. (Hrsgg.): Handbuch Lesen. Baltmannsweiler 1999, S. 638–673.

Funktion des Lesens geben kann. Beim einzelnen Leser bzw. der einzelnen Leserin ist darauf zu achten a) inwieweit der oder die Lesende sich auf die Lektüre konzentriert oder mit erhobenem Kopf über dem Buch ins Sinnen oder Tagträumen geraten ist bzw. den Blickkontakt mit dem Betrachter sucht. Es ist b) darauf zu achten, inwieweit das Lesen zu einer eigenwertigen und in sich abgeschlossenen Situation ausgestaltet ist oder sich mit anderen Beschäftigungen wie zum Beispiel Handarbeiten verbindet oder sich zur Umwelt im Haus oder der Natur hin öffnet. c) Sollte der Betrachter darauf achten, welche Beschaffenheit und Merkmale die Umwelt des Lesens und des Lesers aufweist. Bei Lesergruppen, die – so Jäger – auf die Funktion des Lesens für Gruppenbildungsprozesse hinweisen können, kommt es darauf an, zu analysieren a) inwieweit die soziale Beziehung durch die Lektüre selbst aufgebaut wird oder wie etwa beim Vorlesen am Krankenbett nur sekundär für das Lesen genutzt wird; b) ist zu fragen, inwieweit die Situation durch die Zuordnung des Buchs zu Autoritätspersonen wie die Eltern oder der Lehrer oder Pfarrer hierarchisch vorstrukturiert ist oder sich in freier Gesellschaft entfaltet; c) ist nach den Reaktionen des gemeinsamen Lesens oder Vorlesens zu fragen. Diese Hilfestellungen zur analytischen Durchdringung von Bildern in der Malerei verweisen auch auf den Funktionszusammenhang der Bilder im kulturellen und religiösen Leben, was den Aussagewert der Bildquellen einschätzbar macht.[20]

Der von Alfred Messerli 2014 vorgelegte Forschungsbericht bzw. Überblick über Forschungsansätze gelangt nur wenig über Assel und Jäger hinaus. Auf ca. sieben Seiten referiert Messerli Forschungsbeiträge „Zur visuellen Repräsentation von Lektüreakten" und diskutiert anhand zweier Beispiele Analysemethoden.[21]

2 Neuere Quellensammlungen

An dieser Stelle sollen Arbeiten genannt werden, die primär Bildmaterial bereitstellen oder verzeichnen, wobei die Begleittexte vielfach auch Wert für die Forschung haben. Dies gilt nicht nur für die unten erwähnten Ausstellungskataloge, sondern beispielsweise auch für den Band *The Art of Reading* von Jamie Camplin und Maria Ranauro, die die Buchgeschichte mit der Kunstgeschichte verknüpfen und vom Mittelalter bis in die Gegenwart das Lesemotiv in der Malerei an knapp 250 kommentierten Bildern nachvollziehen.[22] Thematisch, nicht chronologisch, sortiert tritt dem Betrachter der Band *Reading Art* entgegen, der über 300 Beispiele aus der Malerei, aber auch aus der Buch-Objektkunst umfasst.[23] Unter dem Titel „Building with Books" geht der Band

20 Vgl. ebd., S. 640.
21 Alfred Messerli: Lesen im Bild. Zur Ikonographie von Buch und Lektüreakten vom 16. bis zum 20. Jahrhundert. In: Internationales Archiv für Sozialgeschichte der deutschen Literatur 39 (2014), S. 226–245, hier S. 230–237.
22 Jamie Camplin, Maria Ranauro: The Art of Reading. An illustrated History of Books in Paint. Los Angeles 2018 [dt: Von Büchern in Bildern. Berlin 2020].
23 David Trigg: Reading Art. Art for Book Lovers. New York 2018.

über die Leseszenen hinaus, präsentiert auch Buch-Installationen und thematisiert die medialen Eigenschaften des Buchs durch Verfremdung.

Während die genannten Beispiele das Bildmaterial bereitstellen, listet das *Ikonographische Repertorium zur Europäischen Lesergeschichte*[24] (2000), das Fritz Nies zu verdanken ist, über 3.600 Werke der Malerei nach Künstler*innen vom Beginn des 16. bis Ende des 20. Jahrhunderts nicht nur auf, sondern beschreibt auch den abgebildeten Lesenden samt Lesestoff und Lesesituation und belegt den Fundort. Nies betont im Vorwort die Bedeutung der Lese-Ikonografie als Hilfswissenschaft der Volkskunde, der Literatur- und Kulturgeschichte, der Allgemeinen und Vergleichenden Literaturgeschichte, der Soziologie und Sozialgeschichte.[25] Dieses opulente Nachschlagewerk, versehen mit verschiedenen Indices, ist eine Fundgrube für lesehistorische Arbeiten, die Lesesituationen und Lesehaltungen analysieren, für die andere Quellen versagen.

Zu den Quellensammlungen, die insbesondere über das situative Lesen Auskunft geben, gehören zweifellos die reichhaltigen Fotobände, deren Vorbild der 1971 erschienene Bildband *On Reading* des bekannten ungarischen Fotografen André Kertész ist.[26] Die knapp 50 Schwarz-Weiß-Fotos stammen aus der ersten Hälfte des 20. Jahrhunderts und zeigen Lesende aus aller Welt. Seine Bildmotive und ihre Bildaussage wurden stilbildend für die Präsentation von Lesenden im Foto. Leser im Café, Leserinnen auf der heimischen Couch, Lesen im Freien, Lesen allein und zu mehreren: Kertész zeigt Lesende in dem intimen Moment der versunkenen Lektüre. 45 Jahre nach Kertész publizierte der US-Amerikaner Steve McCurry, der berühmt für seine Fotos aus Afghanistan und Indien ist, explizit eine Hommage an Kertész.[27] McCurry fotografierte Lesende in Europa, in Asien, in Südamerika, auf der ganzen Welt und versammelt sie in über 100 Fotos in einem opulenten Band. In ganz ähnlicher Weise hat die deutsche Fotografin Isolde Ohlbaum Lesende aufgenommen.[28] Sie ist bekannt für ihre vielen Aufnahmen von Schriftstellern und Schriftstellerinnen, die sie lesend und schreibend vorstellt; aber auch sie hat das Lesen als Alltagsphänomen an unterschiedlichen Orten der Welt festgehalten.

Konzentriert auf New York hat Lawrence Schwartzwald das öffentliche Lesen in den Straßen, Parks und Restaurants der Stadt in seinen Fotoserien „Reading New York" und „Famous Poets" fotografiert. Im Göttinger Steidl Verlag sind seine Fotos erschienen.[29] Schließlich ist ein intermediales Projekt zu nennen, das als (vielleicht

---

24 Fritz Nies, Mona Wodsak: Ikonographisches Repertorium zur Europäischen Lesegeschichte. München 2000.
25 Vgl. Fritz Nies: Vorwort, ebd., S. 7.
26 André Kertész: On Reading. New York 1971.
27 Steve McCurry: On Reading. London 2016 [dt.: Lesen. München 2016].
28 Isolde Ohlbaum: Lesen. Cadolzburg 2006; Isolde Ohlbaum: Lesen & Schreiben. Eine Liebeserklärung an die Welt der Bücher. Cadolzburg 2017. Zur Situativität des Lesens siehe auch Fotoreihe von Sabine Sauer: Lesarten. In: Kursbuch 133 (1998): Das Buch, S. 125–134.
29 Lawrence Schwartzwald: The Art of Reading. Göttingen 2018.

einzige) Quelle das Lesen von Männern sexualisiert: *Hot Dudes Reading*.[30] Seit 2015 postet eine Gruppe von Usern, Frauen und Männer, unzählige Fotos von jungen, gut aussehenden und smarten Männern unter #hotdudesreading auf Instagram. 1,3 Mio. Follower schauen regelmäßig „nice guys" beim Lesen zu. Alle sind im Moment des konzentrierten Lesens aufgenommen. Die Männer stehen oder sitzen „pretty cool" in der New Yorker U-Bahn oder im Central Park oder in einer *subway station* während sie lesen. Alle halten ein ganz altmodisches gedrucktes Buch in der Hand, keiner starrt in ein E-Book. 2016 sind 75 dieser Fotos als Buch beim amerikanischen Verlag Simon and Schuster erschienen. Die Instagram-Kommentare sind zum Teil mit abgedruckt. Fast alle Kommentare haben einen erotischen Unterton und gipfeln in der Feststellung: „Nothing is as sexy as a man reading a book."

Alle fotografischen Quellen zeigen erstens: es gibt keinen Ort und keine Situation, in der nicht gelesen werden kann; zweitens: Lesende sind stets hochkonzentriert und vertieft in ihre Lektüre, ob Buch oder Zeitschrift oder Zeitung; drittens: alle Bilder zeigen Menschen in einem sehr intimen Moment. Lesende sind in ihrer eigenen Welt. Die Befunde lassen auf eine generelle Ikonografie vom Lesen schließen, verbunden mit nationalen oder anderen kulturellen Semantiken.

Populäre Kunstbände mit Bildquellen sind vor allem zur Leserin zusammengestellt worden.[31] Diese Bände mit Szenen weiblicher Lektüre, Leseorten und Lesezeiten in der Malerei haben auf dem Buchmarkt der letzten Jahre eine gewisse Konjunktur. Sie sind in der Regel nicht streng wissenschaftlich aufbereitet, sondern erläutern die abgebildeten Lesesituationen allenfalls mit kurzen feuilletonistisch anmutenden Begleittexten. Bevorwortet und eingeleitet von den populären Journalistinnen und Literaturkritikerinnen Elke Heidenreich und Christine Westermann und meist ästhetisch gelungen gestaltet, sorgen diese Bücher für eine weite Verbreitung auf dem Buchmarkt. Sie liefern aber trotz ihres populären Charakters reiches Anschauungsmaterial für die kunst- und buchwissenschaftliche Auseinandersetzung mit der Geschichte des Lesens und ihrer Darstellung in der Kunst.

---

30 Hot Dudes Reading. New York 2016.
31 Siehe z. B. Stefan Bollmann: Frauen, die lesen, sind gefährlich. Lesende Frauen in Malerei und Fotografie. Mit einem Vorwort von Elke Heidenreich. München 2005; Ders.: Frauen, die lesen, sind gefährlich und klug. München 2010; Johannes Thiele: Frauen und ihre Bücher. Das Glück zu lesen. Mit einem Vorwort von Christine Westermann. München, Wien 2010; Dörthe Binkert: Wo Frauen ihre Bücher lesen. Mit einem Vorwort von Elke Heidenreich. München, Wien 2019; vorwiegend auf das 19. Jh. konzentriert siehe auch: Anna Finocchi: Lettrici immagini della donna che legge nella pittura dell'Ottocento. Nuoro 1992; mit literarischen Texten auch: Wolfgang Erk, Martin Scharpe (Hrsgg.): Es glänzen einzig die Wörter. Vom Schreiben und Lesen in Wort und Bild. Mit einem Essay von Gert Ueding. Stuttgart 2020. Eine Sammlung, hier die niederländischen Meister des 17. Jh. aus der Alten Pinakothek München, untersucht Peter Eikemeyer für unser Thema. Vgl.: Peter Eikemeyer: Bücher in Bildern. In: Abraham Horodisch (Hrsg.): De Arte et Libris. Festschrift Erasmus 1934–1984. Amsterdam 1984, S. 61–67.

Die jüngst erschienenen Zusammenstellungen von Leserabbildungen in opulenten Kunstbänden knüpfen in ihrem Publikationsformat an Ausstellungskataloge an, die anscheinend eine gewisse Vorbildfunktion einnehmen.

Sammeln, Vergleichen und Klassifizieren als typische wissenschaftliche Methoden werden in der Zusammenschau von Exponaten in Ausstellungen möglich, daher sollen hier die wenigen Ausstellungen ab den 1980er Jahren exemplarisch vorgestellt werden, die den Leser und die Leserin ins Bild setzen. Anlässe zur thematischen Auseinandersetzung haben neben der sozialgeschichtlichen Forschung, die den Alltag sowie die kulturellen und sozialen Praktiken der Menschen untersucht, kunsthistorische Ausstellungen geliefert wie die von Eva-Maria Hanebutt-Benz verantwortete Präsentation „Die Kunst des Lesens"[32] im Museum für Kunsthandwerk[33] in Frankfurt am Main 1985, in der außer Lesemöbeln im historischen Abriss Bilder von Lesern und Leserinnen in der Buchillustration von der Handschrift über den Holzschnitt im Frühen Druck und den Kupferstich im Almanach des 18. Jahrhunderts bis hin zur Lithografie des 19. Jahrhunderts gezeigt wurden. Im begleitenden Katalog wurden die Bilder vom Lesen von Hanebutt-Benz und Monika Estermann in die Lesergeschichte eingeordnet und die Erkenntnisse der historischen Leseforschung durch diese Bildbelege bestätigt. Als unmittelbare Reaktion auf diese Ausstellung erschien 1987 ein Aufsatz von Henning Wendland, Spezialist für Buchillustrationen, über Lesende und Schreibende in der Buchillustration des 15. und 16. Jahrhunderts.[34] Wendland untersucht Holzschnitte in Inkunabeln und Frühdrucken im Kontext der Gelehrsamkeit. Gelehrte Lese- und Schreibszenen lassen sich im Spätmittelalter und der beginnenden Frühen Neuzeit kaum vom Christentum trennen. Wendland fragt unter Weglassung des für diese Zeit typischen Gelehrtenporträts nach der Symbolträchtigkeit von Büchern in diesen Szenen und gelangt zu dem Ergebnis, dass die Symbolsprache der Bilder auf die Bibel als Buch der Bücher verweist und dadurch das Buch als Medium seine vielfältige Aufgabe als Bedeutungsträger erhält.

Eine andere Frankfurter Ausstellung in der Kunsthalle Schirn nur wenige Jahre später (1993/94) fokussierte unter dem Titel „Leselust" die niederländische Malerei von Rembrandt bis Vermeer.[35] Diese kunsthistorisch angelegte Ausstellung stellte Exponate der Gattungen Porträt, Stillleben und Genre ins Zentrum. Die protestantische Bürgerkultur der Niederlande wies dem Buch und der Kulturtechnik Lesen eine so große Bedeutung im Prozess der Identitätsbildung zu, dass Bücher ein typisches Attribut beispielsweise im Kaufmannsporträt waren und nicht nur als Kennzeichen

---

32 Eva-Maria Hanebutt-Benz (Hrsg.): Die Kunst des Lesens. Lesemöbel und Leseverhalten vom Mittelalter bis zur Gegenwart. Frankfurt am Main 1985.
33 Heute: Museum Angewandte Kunst.
34 Henning Wendland: Lesende und Schreibende. Ein Bildmotiv in der Buchillustration des 15. und 16. Jahrhunderts. In: Imprimatur. Ein Jahrbuch für Bücherfreunde NF XII (1987), S. 39–62.
35 Sabine Schulze (Hrsg.): Leselust. Niederländische Malerei von Rembrandt bis Vermeer. Frankfurt am Main 1993.

des Gelehrten galten. Mit fundierten Beiträgen zur bürgerlichen Buchkultur der Niederlande im 17. Jahrhundert und Einzelmotiven, macht der Ausstellungskatalog deutlich, dass Lektüre „zum Alltag eines bürgerlichen Lebens [gehörte]. In keinem anderen Land Europas konnten im 17. Jh. so viele Bürger lesen und schreiben wie in den Niederlanden, nirgends auf der Welt wurden so viele Bücher gedruckt wie hier. Das Buch war ein Prestigeobjekt, nicht nur für den einzelnen, sondern für die ganze Nation."[36] Der Katalog thematisiert dies in vielfältigen wissenschaftlichen Beiträgen und zeigt, welchen Stellenwert dem Buch, seiner Herstellung und Rezeption in der Identitätsfindung der jungen Republik zugewiesen wurde. Dies ist der Grund für die reiche Bilderwelt zu Lesen und Buch.

Schließlich ist eine dritte Ausstellung zu erwähnen, die sich ganz auf ein bestimmtes Motiv konzentriert: StillLesen, die 2001 in Salzburg stattfand.[37] Hier wird in den Exponaten wie in den beigegebenen Abhandlungen zur Geschichte des stillen Lesens an die Geschichte der Privatheit angeknüpft. So dominieren in den ausgesuchten Bildern Porträts von Lesenden in sozial oder religiös ausgekleideten Lesesituationen von der Frühen Neuzeit bis ins 19. Jahrhundert. Der Forschungsbeitrag des Philosophen Otto Neumaier zur „Öffentlichen Privatheit" zeigt, dass die Geschichte des stillen Lesens thematisch facettenreiche Anknüpfungspunkte zu vielen Fragen der historischen Leseforschung bietet. Neumeier betont die Entstehung der Individualität und den mit der stillen Lektüre verbundenen Freiraum, der mehr Subjektivität in der Interpretation des Gelesenen zulässt. Dies ist aus den Bildern ebenso herauszulesen wie die Anfänge einer emanzipatorischen Entwicklung im weiblichen Lesen, die schließlich in der öffentlichen Privatheit mündet. Neumaier weist dem Bildmedium hier zu Recht einen sozialen Effekt zu:

> Durch die bildliche Darstellung von Frauen wurde ein privater Bereich zur öffentlichen Angelegenheit. Allerdings sind die bildlichen Darstellungen gewöhnlich nicht Ausdruck eines mimetischen Verhaltens der Frauen, sondern davon, dass ihnen von Seiten der (malenden, vor allem aber in der Öffentlichkeit bestimmenden) Männer ein Leben in Privatheit zugeschrieben wurde.[38]

Die Malerei als Ausdruck für Zuschreibungen und sozial Wünschenswertes führt letztlich zur medialen Verfestigung einer sozialen Praxis, ähnlich wie das Lesen in freier Natur durch die vielen Kupferstiche zu den populären Almanachen als neue Lektürepraxis medial fundiert wurde.

Die jüngste Ausstellung fand 2018 im Franz Marc Museum in Kochel am See statt: „Lektüre. Bilder vom Lesen. Vom Lesen der Bilder"[39] stellt den Bildern literarische

---

36 So die Kuratorin der Ausstellung Sabine Schulze in ihrer Standortbestimmung zur Ausstellung, ebd., S. 18.
37 Gabriele Groschner (Hrsg.): StillLesen. Malerei des 17. bis 19. Jahrhunderts. Residenzgalerie Salzburg 23.11.2001–3.2.2002. Salzburg 2001.
38 Otto Neumaier: Öffentliche Privatheit, in: ebd., S. 42–51, hier S. 50.
39 Cathrin Klingsöhr-Leroy (Hrsg.): Lektüre. Bilder vom Lesen. Vom Lesen der Bilder. München 2018.

Texte zur Seite, z. B. von Marcel Proust, Walter Benjamin, Kurt Tucholsky, Ingeborg Bachmann, Rainer Maria Rilke u. a. Die kurzen wissenschaftlichen Katalogbeiträge thematisieren aus kunstwissenschaftlicher Sicht einzelne Motive oder Künstler und lassen sich durch die kenntnisreichen Bildbeschreibungen in einem zweiten Schritt lesehistorisch fruchtbar machen. Dies trifft beispielsweise auf die Thematisierung von Leseatmosphären im Bild zu, wie die Ausführungen zum „Lesen im Lichtschein" (Andreas Strobl) oder „Lesen im Boudoir" (Nina Peter) zeigen.

Während die Ausstellungskataloge[40] naturgemäß die thematische Breite ihrer Exponate abdecken und in der Regel nicht zwingend diskursiv einer bestimmten wissenschaftlichen Richtung folgen, sind wissenschaftliche Einzelstudien Lesender im Bild oft aktuellen geistes- und kulturgeschichtlichen Strömungen verpflichtet.

Die Quellensammlungen zeigen in Gänze eine schier unglaubliche Fülle an Bildern, die sich erstaunlich wenig wiederholen. Gleichwohl gibt es berühmte Bilder, die in etliche der oben genannten Bücher aufgenommen wurden, z. B. Théodore Roussels *Lesendes Mädchen* (1886/7) oder Pablo Picasso *Die Lektüre* (1953), um nur zwei zu nennen. Grundsätzlich zeigen die Quellensammlungen, dass das Lesemotiv Kontinuität vom Mittelalter bis in die Gegenwart aufweist. Kaum ein Künstler hat sich diesem Motiv entzogen: von den Meistern der frühen Buchillustration bis zu Gerhard Richter und Installationskünstlern der Gegenwart, die ohne Darstellung Lesender auskommen und durch die Buch-Verfremdung den Leseakt assoziieren.

3 Motivschwerpunkte

Die jüngere oder von Jäger und Assel nicht berücksichtigte Forschung ist schwer zu überblicken, denn ganz verschiedene Disziplinen tragen zum Kenntnisstand über die bildliche Darstellung von Büchern und Lektürepraktiken bei. Im Folgenden wird zunächst die Antike sowie die christliche Ikonografie in den Blick genommen. Ein Schwerpunkt der neueren Forschung ist sicher die Darstellung von Frauen mit Büchern, also das Thema der weiblichen Lektüre, ganz gleich, um welche Epoche es sich handelt.

---

40 1988 fand im Kontext der 42. Ruhrfestspiele Recklinghausen in der Städtischen Kunsthalle die Ausstellung „Magie des Buches" statt, die Leseszenen und Stillleben mit Büchern in Malerei und Fotografie sowie Buchobjekte und -installationen zeigte. Ihr Katalog, der zwar mit einer wissenschaftlichen Abhandlung des Kunsthistorikers Siegfried Salzmann über Buchobjekte („Bücher, die keine mehr sind") erschien, bleibt aber sonst ohne wissenschaftlichen Kommentar und stellt den Bildern bisweilen literarische Texte zur Seite. Magie des Buches. 7. Mai–3. Juli 1988. Städtische Kunsthalle Recklinghausen. Hrsg. v. Ruhrfestspiele Recklinghausen. Recklinghausen 1988. Anscheinend hat diese Ausstellung bis zu einem gewissen Grad für die Ausstellung 2018 im Franz Marc Museum vorbildhaft gewirkt, denn sowohl die Exponate als auch die dazu ausgewählten Texte haben eine auffallende Schnittmenge.

3.1 Antike Ikonografie

Häufig ganz außer Acht gelassen wird das Alte Ägypten. Hier waren Schreiber ein häufiges, ja zentrales Bildmotiv und ein Zeichen der hohen Wertschätzung, die man der Schreib- und Lesekompetenz entgegenbrachte.[41] Die Forschungsliteratur hierzu lässt sich für den Laien kaum überblicken, doch sei auf eine Doktorarbeit zum Thema hingewiesen.[42] Seltener werden Lesende dargestellt, und wenn, dann sind es Schreiber, die ihren Obrigkeiten Verwaltungsdokumente vorlesen oder Priester, die Schriftrollen in rituellen Zusammenhängen laut lesen oder präsentieren.[43] Der als Gott verehrte Imhotep, im Neuen Reich als Heilgott und Begründer der Schrift angesehen, wurde mit einer Schriftrolle dargestellt.[44] Private oder literarische Lektüre scheint es in der altägyptischen Bilderwelt nicht zu geben.[45]

Für die griechische und römische Antike liegt das bereits 1907 erschienene, in seinem umfassenden Entwurf aber noch nicht ersetzte Buch von Theodor Birt vor.[46] Er systematisiert die Darstellung der Schriftrolle nachvollziehbar in (1) Darstellungen von Personen mit der geschlossenen Buchrolle – dies ist das häufigste Motiv – entweder in der linken oder in der rechten Hand, (2) die Präsentation der geöffneten Buchrolle und das Lesen, (3) das Schreiben und (4) die Buchrolle und seine Aufbewahrung. Schreiber spielen, ganz anders als in Ägypten, kaum eine Rolle. Im Kapitel über die geöffnete Buchrolle und das Lesen wird weiter differenziert in Gruppenszenen (Unterrichtsszenen, Souffleure, Sänger*innen, das Rezitieren beim Gottesdienst, das Lesen in Geselligkeit), das isolierte Lesen und das Lesen mit Hilfe von Sklaven. Zudem argumentiert Birt nachvollziehbar, aber doch spekulativ aus den Gegebenheiten der Lektüre einer Schriftrolle, dass eine geschlossene Schriftrolle in der linken Hand die

---

41 Abbildungen z. B. in: Richard B. Parkinson: Cracking Codes. The Rosetta Stone and Decipherment. London 1999, S. 127–131. Vgl. auch Werner Sollors: Schrift in bildender Kunst. Von ägyptischen Schreibern zu lesenden Madonnen. Bielefeld 2020, S. 15–20. Theodor Birt: Die Buchrolle in der Kunst. Archäologisch-antiquarische Untersuchungen zum antiken Buchwesen. Leipzig 1907, S. 4–20.
42 Vgl. Patrizia Piacentini: Les scribes dans la société égyptienne de l'Ancien Empire. Bd. 1: Les premières dynasties, les nécropoles memphites. Paris 2002 (Études et mémoires d'égyptologie; 5).
43 In einer Grab-Wandmalerei notiert z. B. ein Schreiber landwirtschaftliche Güter (Gänse, Eier), ein anderer liest die Liste der Obrigkeit vor: Lesen und Schreiben sind die Grundlagen einer funktionierenden Verwaltung (Grab von Nebamun, Theben, 1350 v.Chr., London, British Museum EA37978) https://www.britishmuseum.org/collection/object/Y_EA37978. Auf einem hölzernen Schiffsmodell präsentiert ein Mann eine Schriftrolle als rituelle Opfergabe (ca. 1981–1975 v. Chr., New York, Metropolitan Museum Access. Nr. 20.3.4, https://www.metmuseum.org/art/collection/search/577298).
44 Birt: Die Buchrolle in der Kunst (wie Anm. 41), S. 61.
45 Vgl. Richard B. Parkinson: Reading Ancient Egyptian Poetry. Among Other Histories. Chichester; Malden, MA 2009, S. 12–15.
46 Vgl. auch die Zusammenfassung von Birt und einige weitere Bemerkungen zum Lesen im Bild in der Antike bei: Horst Blanck: Das Buch in der Antike. München 1992, S. 72f.

abgeschlossene Lektüre meint, weil man sie beim Lesen mit der Rechten hält, mit der Linken aber den gelesenen Text wieder zusammenrollt,[47] während die Buchrolle in der Rechten die bevorstehende Lektüre symbolisiert. Götter werden in Griechenland oder Rom, anders als in Ägypten, nicht durch Buchrollen charakterisiert.[48]

Speziellere Forschung liegt für Buchrollen auf attischen Vasen vor. Henry R. Immerwahr hat das Feld zuerst vermessen:[49] Schulszenen, Gruppen von Jungen mit Buch, lesende Frauen und Musen dominieren im 5. und 4. Jahrhundert. Immerwahr schloss daraus, dass Frauen gebildeter waren als es die schriftlichen Quellen vermuten lassen.[50] Ein Aufsatz von Allison Glazebrook widmet sich dem Thema der lesenden Frauen auf attischen Vasen und kommt zu gegenläufigen Ergebnissen. Glazebrook reflektiert zunächst über den interpretatorischen Zugang zu Bildquellen und gibt ihr gendersensibles Interesse zu erkennen. Frauen bilden die Mehrheit der Lesenden auf rotfigurigen Vasen. Sie unterscheidet drei verschiedene Kontexte, die zeitlich aufeinander folgen: Lesende Frauen erscheinen erstens in häuslichen bzw. privaten Räumen. Die Schriftrolle ist dann in der Regel für die Betrachtenden offen (aber nie lesbar, denn sie enthält nur Punkte oder einen Unsinnstext). Dieser Typus ähnelt Schulszenen und die Rollen dienen hier vielleicht der Rezitation und Gelehrsamkeit. Die zweite Szene ähnelt der ersten, nur dass sich eine Lyra nun zur Schriftrolle gesellt und der Akzent damit auf Musik und Dichtung sowie ihrer Verbindung liegt. Drittens werden mythische Musen-Szenen dargestellt, wobei die Buchrolle zum Attribut der Muse wird, die häufig in Gesellschaft von Apollon oder Marsyas ist. Der Status der Buchrolle werde durch die Koppelung mit der Lyra erhöht, denn sie steht für hohe Dichtung und verdrängte die Flöte (aulos), die zunehmend mit orgiastischen Ritualen assoziiert werde. Der Status der Buchrolle verändert sich also von Schultexten hin zu den höheren Künsten.[51] Aufschlussreich ist Glazebrooks Begründung für die Assoziation von Buch und Frau: Im 5. Jahrhundert habe sich der freie, männliche Athener durch die öffentliche Rede ausgezeichnet, also durch Mündlichkeit und vielleicht noch durch die Lyra als Zeichen der Bildung, keinesfalls aber durch die Buchrolle. Dagegen seien Nicht-Griechen mit effeminierter schriftlicher Kommunikation assoziiert worden.[52] Wichtige männliche Persönlichkeiten würden niemals mit dem Buch gezeigt, dagegen aber Kinder, Jugendliche und Frauen. Dazu passe die kritische Sicht auf Schriftliches von Platon (*Phaidros*, 274b–279c). Während Immerwahr also aufgrund der Darstellung

---

47 Birt: Die Buchrolle in der Kunst (wie Anm. 41), S. 43.
48 Ebd., S. 69.
49 Henry R. Immerwahr: Book Rolls on Attic Vases. In: Charles Henderson (Hrsg.): Classical, Medieval, and Renaissance Studies in Honor of Berthold Louis Ullmann. Bd. 1. Rom 1964, S. 17–48. Ders.: More Book Rolls on Attic Vases. In: Antike Kunst 16 (1973), S. 143–147.
50 Vgl. Immerwahr: More Book Rolls (wie Anm. 49), S. 143.
51 Allison Glazebrook: Reading Women. Book Rolls on Attic Vases. In: Mouseion: Journal of the Classical Association of Canada 5 (2005), S. 1–46, hier S. 24f.
52 Ebd., S. 25–37.

lesender Frauen auf eine bessere gesellschaftliche Stellung von Frauen schließt, folgert Glazebrook mit gut nachvollziehbaren Argumenten das Gegenteil.

Ein Aufsatz von Lucio del Corso geht den Darstellungen von Büchern und der Lektüre in der hellenistischen Grabikonografie nach. Gegenüber dem klassischen Griechentum werden mit Büchern nun nicht nur Menschen dargestellt, die keine vollwertigen Mitglieder der Gesellschaft sind wie Kinder, Jugendliche und Frauen, sondern zusätzlich auch Philosophen und Schriftsteller, die in den Kontext der Erziehung (*paideia*) gestellt werden.[53] Johanna Fabricius widmet einen Aufsatz lesenden Frauen in der hellenistischen Grabikonografie (Rhodos, Byzantion). Ein auffälliges Motiv ist in diesem Kontext die wiederholte Darstellung einer lesenden Frau mit Buchrolle, die auf einer Kline liegt, eine Haltung, die größtenteils Männern vorbehalten war. Dieses Ideal der weiblichen Bildung lässt sich auf die gebildete (fiktive?) Tochter des Tyrannen Kleobulos, einer der Sieben Weisen, zurückführen.[54] Ein in der Hand gehaltenes Täfelchen symbolisiert dagegen elementare Schreib- und Lesekenntnisse; es findet sich bei jung verstorbenen Knaben und bei Frauen.[55] Auch Männer liebten es im Hellenismus, sich als Gebildete porträtieren zu lassen, dann halten sie eine Buchrolle in der Hand. Die gewachsene Bedeutung der *paideia* im Hellenismus spiegelt sich hier in den bildlichen Grabbeigaben wider.[56]

Die römische Bilderwelt schließt auch hinsichtlich der Leseszenen an die hellenistische an.[57] Otto Mazal wertet Bildquellen zwar nicht systematisch aus, gibt im ersten Band der Geschichte der Buchkultur aber diverse Beispiele aus Rom: Ein Grundbesitzer, der Abrechnungen seiner Pächter kontrolliert, indem er zusammengebundene Täfelchen mit einem Stift überprüft, eine Schulszene mit sitzenden Jungen, die in Buchrollen lesen, gefunden in Neumagen, (Trier, Landesmuseum, ca. 180/190 n. Chr.) oder das Autorenporträt von Vergil aus dem Vergilius Romanus (6. Jh.), sitzend mit Kodex zwischen Buchrollenbehälter und Lesepult.[58] Folgenreich ist, dass die römische Kunst die altägyptische Tradition aufgreift, den Herrscher mit Buchrolle zu zeigen.[59]

---

53 Lucio Del Corso: Libro e lettura nell'arte ellenistica. Note storico-culturali. In: Segno e testo 4 (2006), S. 71–106, bes. S. 72 und 106.
54 Johanna Fabricius: Kleobulines Schwestern. Bilder lesender und schreibender Frauen im Hellenismus. In: Gabriela Signori (Hrsg.): Die lesende Frau. Wiesbaden 2009 (Wolfenbütteler Forschungen; 121), S. 17–46, hier S. 32–34.
55 Ebd., hier S. 28.
56 Ebd., S. 28–30.
57 Zum Hintergrund lesender Frauen vgl. Christiane Kunst: Lesende Frauen. Zur kulturellen Semantik des Lesens im antiken Rom. In: Signori (Hrsg.): Die lesende Frau (wie Anm. 54), S. 47–64, zu bildlichen Darstellungen bes. S. 61–63.
58 Vgl. Otto Mazal: Griechisch-römische Antike. Graz 1999 (Geschichte der Buchkultur 1), S. 65 (Abb. 2), S. 123 (Abb. 6, Tafel 19). Vgl. auch das Mosaik aus Susa, das wohl Vergil mit Buchrolle zeigt, auf der – selten genug – Verse zu lesen sind, die das Buch identifizierbar machen. Sie stammen aus der *Aeneis*. Vgl. Hans-Joachim Griep: Geschichte des Lesens. Von den Anfängen bis Gutenberg. Darmstadt 2005, S.125f.
59 Birt: Die Buchrolle in der Kunst (wie Anm. 41), S. 67–73.

Das Buch steht hier wohl für seine Würde, „sofern alle Rechtsprechung, Gesetzgebung und Beamtenernennung von ihm ausgehen".[60] Christusdarstellungen schließen hier an.

3.2 Christliche Ikonografie

Das Christentum ist eine Buchreligion und Bücher spielen in seiner Bilderwelt eine große Rolle.[61] Die wichtigsten Figuren mit Büchern sind Christus, Apostel, Evangelisten, Propheten, Kirchenväter als männliche sowie Maria, Anna, Katharina, Sybillen und Prophetinnen als weibliche Leser bzw. Buchbenutzer.[62] Bei gelehrten Heiligen und Kirchenvätern, insbesondere dem Hl. Hieronymus, wird neben dem Buch auch die Bibliothek zum Attribut.[63] Hieronymus, der herausragende Gelehrte und Übersetzer der Vulgata, wird von Beginn an als Schreibender oder Diktierender dargestellt,[64] und die Rolle dieser Heiligenikonografie bei der Entstehung des modernen Gelehrtenportraits wurde wiederholt gewürdigt, z. B. bei Assel und Jäger.[65] In der mittelalterlichen Ikonografie kann nur vermittelt auf Lektürepraktiken und die tatsächliche Buchbenutzung geschlossen werden, denn das bildliche Verweissystem kann zwar in der alltäglichen Beobachtung ansetzen, aber es erschöpft sich nicht in ihr.[66] Das Buch kann in der christlichen Bildwelt ganz unterschiedliche Bedeutungen erhalten: Als Zeichen des Glaubens bei Märtyrern, bei den Aposteln als Evangelium, das verkündigt wird, bei den Evangelisten als Kennzeichnung ihrer Autorschaft, als Grundlage der Predigt

---

60 Ebd., S. 68.
61 Vgl. Art. Buch. In: Lexikon der christlichen Ikonographie. Hrsg. v. Engelbert Kirschbaum. Darmstadt 2020, Bd. 1, Sp. 337f.
62 Selten liest Gottvater selbst, so in Konrad Witz' *Ratschluß der Erlösung* (nach 1444, Staatl. Gemäldegalerie Berlin). Vgl. Hans Georg Thümmel: Ikonologie der christlichen Kunst. Bd. 2: Bildkunst des Mittelalters. Paderborn 2020, S. 348.
63 Vgl. Hans Feldbusch: Bibliothek. In: Lexikon der christlichen Ikonographie. (wie Anm. 61), Bd. 1, Sp. 298f.
64 Vgl. Renate Miehe: Hieronymus. In: ebd, Bd. 6, Sp. 519–529.
65 Vgl. Assel, Jäger: Zur Ikonographie des Lesens (wie Anm. 19), S. 643–645. Ferner zum Gelehrtenporträt: Martin Warnke: Das Bild des Gelehrten im 17. Jahrhundert. In: Sebastian Neumeister, Conrad Wiedemann (Hrsgg.): Res publica litteraria. Die Institutionen der Gelehrsamkeit in der frühen Neuzeit. Teil 1. Wiesbaden 1987 (Wolfenbütteler Arbeiten zur Barockforschung; 14,1), S. 1–31. Mit dem Gelehrtenporträt steht das Bücherstillleben in Verbindung. Vgl. Sabine Schwarz: Das Bücherstillleben in der Malerei des 17. Jahrhunderts. Wiesbaden 1987 (Buchwissenschaftliche Beiträge aus dem Deutschen Bucharchiv München; 19). Ganz ähnlich, allerdings ausgehend von der mittelalterlichen Grabmalkunst des 13. Jh. entwickelt Jan Białostocki eine Typisierung von Schreibern und Autoren im Bild bis zu lesenden Gentlemen und Ladies des 19. Jahrhunderts. Jan Białostocki: Bücher der Weisheit und Bücher der Vergänglichkeit. Schwetzingen 1984 (Abhandlungen der Heidelberger Akademie der Wissenschaften, Philosophisch-historische Klasse; 5).
66 Vgl. Peter Schmidt: Der Finger in der Handschrift. Vom Öffnen, Blättern und Schließen von Codices auf spätmittelalterlichen Bildern. In: Stephan Müller, Lieselotte E. Saurma-Jeltsch, Peter Strohschneider (Hrsgg.): Codex und Raum. Wiesbaden 2009, S. 85–125, hier S. 87.

bei Päpsten, Bischöfen und Priestern; Ordensgründer, Äbte und Äbtissinnen halten häufig ihre Ordensregel.[67]

Christus steht in frühchristlicher Zeit natürlich in antiker Bildtradition: Die Buchrolle in der Linken, erscheint er in der Reliefkunst (z. B. auf Sarkophagen, mustergültig im Apsismosaik von SS. Cosma e Damiano, Rom, 6. Jh.), was auf Christus als Herrscher und als Inhaber des Logos und Lehrenden verweist, vielleicht steht er damit auch in der Tradition des Imhotep-Äskulap als Arzt, wobei sein Buch nun als „Buch des Lebens" (Phil 4,3; Offb 3,5 u. ö.) verstanden werden kann.[68] Auch findet sich der stehende Christus als Lehrer mit der geöffneten Buchrolle im Kreis sitzender Männer (Lipsanothek, Brescia, Museo di Santa Giulia San Salvatore, 4. Jh.).[69] Fast nie hält Christus in der Antike die geschlossene Rolle mit beiden Händen; die Rechte wird für die Geste, das Segnen, benötigt.[70] In den Langhaus-Mosaiken von S. Apollinare Nuovo (6. Jh.) in Ravenna werden zwischen den Fenstern Propheten und Heilige gezeigt, die Schriftrollen oder Kodizes in den Händen halten: Sie halten die Rollen geöffnet mit beiden Händen und lesen, sie präsentieren die geöffnete oder geschlossene Rolle mit beiden Händen, sie halten sie in der Linken (selten in der Rechten), sogar einmal nachlässig mit dem Finger zwischen den Seiten. Der Kodex wird ausschließlich mit der linken Hand gehalten. Die Hände sind oft unter der Toga verhüllt, um das Buch oder die Rolle zu schonen. Die Buchrolle hält sich gerade bei der Darstellung von Heiligen und Aposteln bis weit in die Neuzeit hinein. Hinweise für die bildliche Darstellung von Kodizes und Buchrollen in der byzantinischen Welt gibt Herbert Hunger. Neben dem in der Ostkirche beliebten Pantokrator-Motiv und der Hetoimasia,[71] also dem leeren Thron, auf dem ein Evangelienbuch liegt, das Christus vertritt, hebt er hervor, dass man sich in Byzanz die Interaktion zwischen Maria, Christus, den Heiligen und den Bittstellenden als eine Art Verwaltungsakt in einer Kanzlei vorstellte, bei dem Bittschriften eingereicht und Begnadigungen diktiert werden.[72]

Schon vor langer Zeit galt das Buch als besonderes Geschenk, als Gabe: In der frühmittelalterlichen Buchkunst findet sich häufiger eine Szene, in der ein Buch, ein Evangeliar, einer Kirche gestiftet wird. Hier wird dann z. B. gezeigt, wie Heinrich III. das offene Buch an Maria übergibt oder wie das Evangeliar auf dem Altar niedergelegt

---

67 Vgl. Gabriele Zeitler-Abresch, Günter Binding: Buch, IV. Buch als Heiligenattribut. In: Lexikon Literatur des Mittelalters. Hrsg. v. Robert-Henri Bautier, Gloria Avella-Widhalm, Robert Auty. Stuttgart, Weimar 2002, Bd. 2, S. 807f.
68 Birt: Die Buchrolle in der Kunst (wie Anm. 41), S. 77–79; hier auch zahlreiche weitere Beispiele.
69 Ebd., S. 168f.
70 Ebd., S. 108f.
71 Vgl. Thomas von Bogyay: Thron (Hetoimasia). In: Lexikon der christlichen Ikonographie (wie Anm. 61), Bd. 4, Sp. 305–313.
72 Vgl. Herbert Hunger: Schreiben und Lesen in Byzanz. Die byzantinische Buchkultur. München 1989, S. 12–16.

wird.[73] Darin spiegelt sich der hohe spirituelle und materielle Wert des Buchs, das Teil des Kirchenschatzes wurde.

Anthony McGrath hat in seiner Dissertation *Books in Art: The Meaning and Significance of Images of Books in Italian Religious Painting 1250–1400* darauf hingewiesen, dass Wilhelm Durandus (1230–1296) in *Rationale Divinorum Officiorum* Regeln bzw. Konventionen für die bildliche Darstellung von biblischem Personal formuliert, und auch Bücher spielen hier eine Rolle:[74] Durandus unterscheidet Apostel, die als Lehrer und Vermittler der Botschaft Christi mit Büchern (z. T. allerdings auch mit Schriftrollen) gemalt werden, von Patriarchen und Propheten, die vor der Ankunft Christi nur unvollkommene Erkenntnis („imperfecta cognitio") hatten und deshalb mit Buchrollen („cum rotulis") dargestellt werden.[75]

Christus als Herrscher („divina maiestas") mit dem geschlossenen Buch in den Händen verweise darauf, dass nur er (nach Offb 5,5) das Buch öffnen dürfe. Christus mit dem geöffneten Buch bedeute, jeder könne in dem Buch lesen, dass Christus das Licht der Welt, die Wahrheit, und das Leben und das Buch des Lebens sei.[76] Bilder der vier Evangelisten mit Büchern an ihren Füßen sollen zeigen, dass das, was sie im Geist und in ihren Werken vollbracht haben, anderen durch ihre Wörter und Schriften gelehrt wurde. Freilich hat man sich an diese teils deskriptiven, teils normativen Bemerkungen nicht immer gehalten, aber es bleibt interessant, dass sich schon im Mittelalter ein Metadiskurs ausbildet, in dem Regeln über die bildliche Darstellung von Büchern aufgestellt werden. Trotz solcher und anderer Einsichten ist McGraths Dissertation weniger eine Arbeit der historischen Leseforschung als zu der Frage, wie Bücher im Mittelalter gebunden waren und wie ihr generelles Erscheinungsbild war.[77]

Obwohl Christus auch im Mittelalter immer wieder mit dem Buch oder auch als Leser dargestellt wird, liegt hierzu wenig Forschung vor.[78] Drei Bildtypen fallen besonders auf: Christus als Pantokrator oder Herrscher präsentiert das Evangelium in der linken Hand, wobei das Buch geschlossen oder (z. T. mit lesbarem Text) offen

---

73 Z. B. Madrid, Escorial, Evangeliar aus Speyer, Maria mit Heinrich III. und Agnes, um 1045. Vgl. Thümmel: Ikonologie der christlichen Kunst (wie Anm. 62), S. 43f., S. 57f. (Abb. 7, 8), S. 59 (Abb. 9).
74 Vgl. Anthony Charles Ormond McGrath: Books in Art. The Meaning and Significance of Images of Books in Italian Religious Painting 1250–1400. Diss. masch. University of Sussex 2012, S. 11f. http://sro.sussex.ac.uk/id/eprint/40255/1/McGrath%2C_Anthony_Charles_Ormond._Volume_1%2C_Text.pdf [07.04.2021].
75 Guillelmus Duranti senior: Rationale divinorum officiorum (Library of Latin Texts), Buch 1, Kapitel 3, Paragraph 11. http://clt.brepolis.net/LLTA/pages/TextSearch.aspx?key=MGDURC140_ Vgl. auch: Guilelmus Durantis: Rationale divinorum officiorum. Übersetzung und Verzeichnis von Herbert Douteil, mit einer Einführung hrsg. und bearb. v. Rudolf Suntrup. Münster 2016, S. 78.
76 Rationale divinorum officiorum (Library of Latin Texts), Buch 1, Kapitel 3, Paragraph 12.
77 Vgl. McGrath: Books in Art (wie Anm. 74).
78 Vgl. aber James Finn Cotter: The Book within the Book in Mediaeval Illumination. In: Florilegium 12 (1993), S. 107–140, bes. S. 108–112.

sein kann.[79] Zweitens blättert Jesus als Kleinkind – zuweilen rabiat – in einem Buch, das Maria oder Anna lesen.[80] Im 13. und 14. Jahrhundert schreibt er mitunter, auf Marias Schoß sitzend, in ein Buch, das Maria hält.[81] Drittens gibt es Darstellungen des zwölfjährigen Jesus im Tempel, auf denen er als Leser und Lehrer abgebildet wird, obwohl er laut Lukas nur zuhört, Fragen stellt und antwortet (Luk 2,46).[82]

Auch die Evangelisten werden immer wieder mit Büchern dargestellt; schon Durandus erwähnt sie mit diesem Attribut.[83] Johannes der Evangelist und Markus werden z. B. bei Tilman Riemenschneider (Münnestädter Hochaltar, 1490–92; Bode-Museum Berlin) und Albrecht Dürer (Vier Apostel, 1526, Pinakothek München) mit (offenem) Buch dargestellt. Johannes, der Verfasser der Apokalypse, wurde seit dem 3. Jahrhundert mit dem Apostel gleichgesetzt und ist ein weiterer prominenter Leser und Schreiber der christlichen Ikonografie. In der Offenbarung erzählt Johannes, wie er einen Engel sieht, der „in seiner Hand ein Büchlin auff gethan" hat (Offb 10,2). Eine himmlische Stimme ruft ihn auf, dieses Buch an sich zu nehmen, und der Engel befiehlt Johannes, das Buch zu essen: „Nim hin vnd verschlings / vnd es wird dich im Bauch krimmen / Aber in deinem Munde wirds süsse sein wie honig" (Offb 10,9). Das Motiv des Bücheressens als Metapher für das Lesen wird auch bildlich in Szene gesetzt, so z. B. in Albrecht Dürers Holzschnitt von ca. 1498.[84] Horst Wenzel hat dem „Einspeicheln, Auswerfen und Wiederkäuen" der Sprache (auch: des Buchs) ein Kapitel gewidmet und geht dabei auch auf die Buchverschlingung ein.[85]

---

79 Vgl. Assel, Jäger: Zur Ikonographie des Lesens (wie Anm. 19), S. 641. Vgl. auch zwei Apsismosaiken aus dem 9. Jh. in Rom, einmal mit Buchrolle (S. Cecilia, 817–824), einmal mit Kodex (S. Marco, 828–844) in der Linken. Vgl. hierzu: Thümmel: Ikonologie der christlichen Kunst (wie Anm. 62), S. 69, 87f. (Abb. 15, 17). Vgl. auch Mainz, Dom, Marktportal, frühes 13. Jh. Abb. ebd., S. 98, Abb. 33.

80 Roger von der Weyden, Duran-Madonna, um 1440, Prado. Vgl. Schmidt: Der Finger in der Handschrift. (wie Anm. 66), S. 86. Vgl. auch: Nies, Wodsak, Ikonographisches Repertorium (wie Anm. 24) Nr. 2796. Variationen dieses Motivs ebd., Nr. 2653, 3003, 3140.

81 Vgl. Cotter: The Book within the Book (wie Anm. 78), hier S. 119f.

82 Z. B. in der Buchillustration: HAB, Graph. Res. E: 114.2 (2). http://diglib.hab.de?grafik=graph-res-e-114-2-00002. Oder: HAB, Graph. Res. E: 115 Verso (15). http://diglib.hab.de?grafik=graph-res-e-115-verso-00015. Vgl. auch: McGrath: Books in Art (wie Anm. 74), S. 74f.

83 Rationale divinorum officiorum (Library of Latin Texts), Buch 1, Kapitel 3, Paragraph 11. Vgl. auch: Cotter: The Book within the Book (wie Anm. 78), S. 108–114.

84 Der starke Engel aus der Folge der Apokalypse. Städel, Frankfurt, Inventar-Nr.: 31514. http://www.staedelmuseum.de/go/ds/31514d. Weitere bildliche Darstellungen: Bildteppich der Apokalypse von Angers, 1373–1380. Musée Jean Lurçat et de la Tapisserie Contemporaire (Angers). https://www.deutsche-digitale-bibliothek.de/item/QMRC3H4NTOTBVCMRBNJRWHYOJTZTQH4N. Ferner: The Cloisters Apocalypse, Normandie, ca. 1330, fol. 16v. Metropolitan Museum, New York, Accession-Nr.: 68.174. https://www.metmuseum.org/art/collection/search/471869. Vgl. auch: McGrath: Books in Art (wie Anm. 74), S. 10.

85 Vgl. Horst Wenzel: Hören und Sehen, Schrift und Bild. Kultur und Gedächtnis im Mittelalter. München 1995, S. 228–240.

Der Genter Altar von Hubert und Jan van Eyck (um 1435) ist schließlich ein Panorama spätmittelalterlicher Buchbenutzungs- und Lektürepraktiken.[86] Maria hält das kleine Buch, das durch ein Tuch geschützt ist, in beiden Händen, sie liest versunken mit dem Finger im Buch und mit leicht geöffnetem Mund. Johannes der Täufer verkündet aus einem geöffneten Buch, das auf seinen Knien liegt, während er die Ecke eines Blattes zwischen den Fingern hält. Des Weiteren wird aus geöffneten Büchern gesungen oder gebetet; großformatige Bücher werden in Prozessionen mitgeführt etc.

Mit Abstand die reichste Forschungsliteratur liegt zur Verkündigungsszene vor. Der Erzengel Gabriel überbringt Maria die Botschaft, dass sie einen Sohn gebären wird (Lk 1,26–38). Eine Tätigkeit Mariens während des Besuchs ist bei Lukas – und auch sonst in der Bibel – nicht beschrieben.

In der Antike wurde Maria nie mit Buch dargestellt. Vom 5. Jahrhundert bis ins hohe Mittelalter wird Maria in der Regel kein Buch, sondern eine Spindel, ein Wollfaden, ein Wollkorb oder gar kein Attribut beigegeben.[87] In Italien, so geht aus einer Aufstellung von McGrath hervor, setzt sich in der Tafelmalerei das Buch als Attribut Marias in der Verkündigungsszene im frühen 13. Jahrhundert durch.[88] Vorbereitet war die lesende Maria in Ambrosius' Kommentar zu Lukas (*Expositio evangelii secundam Lucam*, um 387).[89] Ihm zufolge hat Maria Jes 7:14 gelesen und als Vorausdeutung verstanden; sie erwartet demnach die Rückkehr des Herrn, auch wenn sie nicht weiß, dass es durch sie geschehen wird.[90] Klaus Schreiner geht weiteren schriftlichen Quellen nach, die sich Maria als Lesende vorstellen. So hat in Otfried von Weißenburgs *Evangelienbuch* (um 860) Maria einen Psalter in den Händen, ist aber zugleich mit der Herstellung eines Tuches beschäftigt.[91] Bildlich wurde diese Doppeltätigkeit laut Schreiner nur selten dargestellt, aber die Verbindung von Handarbeit und Lesen war sicher außerhalb des Marienlebens grundlegend, z. B. für die geselligen Kreise des 18. Jahrhunderts. Maria schreibt nach mittelalterlicher Tradition auch oder wird dargestellt, wie sie von ihrer Mutter Anna das Lesen beigebracht bekommt und bringt es sogar ihrem Sohn bei.[92]

---

86 Vgl. Thümmel: Ikonologie der christlichen Kunst (wie Anm. 62), S. 482f.

87 Werner Sollors, der in seinem Überblickswerk der Verkündigungsszene zentrale Aufmerksamkeit schenkt, gibt das Beispiel einer lesenden Maria von 1181 (Nikolaus von Verdun, Verduner Altar, Stift Klosterneuburg). Vgl. Sollors: Schrift in bildender Kunst (wie Anm. 41), S. 37–73, hier bes. S. 39.

88 Vgl. die Tabelle im Anhang in McGrath: Books in Art (wie Anm.74), S.196–201.

89 Laura Saetveit Miles: Mary's Book. The Annunciation in Medieval England. Dissertation, 2011, S. 53.

90 Vgl. auch Heinrich von St. Gallens *Marienleben* (1410/20), in der Maria Jesaias liest. Auch Bernhard von Siena stellt sich Maria als Lesende vor, eine Tätigkeit, die er sehr hoch hält. Vgl. hierzu: Klaus Schreiner: Die lesende und schreibende Maria als Symbolgestalt religiöser Frauenbildung. In: Signori (Hrsg.): Die lesende Frau (wie Anm. 54), S. 113–154, hier S. 118–120.

91 Ebd., S. 115–117.

92 Vgl. ebd., S. 120–128.

Auch metaphorisch wird Maria zu einem Buch,[93] und ausgefeilte Argumentationen suchen nach den *tertia comparationis*.[94] Auf jeden Fall ist die lesende und das Christuskind beschulende Maria Schreiner zufolge ein Muster und eine „Symbolgestalt religiöser Frauenbildung".[95]

Mit Laura Saetveit Miles' Studie liegt eine Arbeit vor, die sich u. a. als buchwissenschaftlich versteht, den Gender-Aspekten von Lektüre nachgeht und in deren Mittelpunkt die lesende Maria auf bildlichen Darstellungen und in anderen Quellen des mittelalterlichen Englands (und darüber hinaus) steht. Miles zufolge ist die älteste Darstellung von Marias Buch in der Verkündigungsszene eines Elfenbeinkästchens (Herzog Anton Ulrich-Museum Braunschweig, um 860/70).[96] Den Durchbruch zur lesenden Maria in der Verkündigungsszene sieht sie im 12. Jahrhundert.[97] Sie kontextualisiert bildliche Quellen mit Texten von Ambrosius oder Otfried von Weißenburg, vor allem aber mit Texten, die von Frauen stammen oder sich an sie richten. Maria werde in dieser Zeit zum „[m]odel of female literacy".[98] Das wiederum bringt Miles mit der volkssprachlichen und stärker von Frauen geprägten religiösen Kultur des 12. Jahrhunderts in Verbindung.[99] Aus medienorientierter bzw. literaturwissenschaftlicher Sicht behandelt Horst Wenzel die Verkündigungsszene, nämlich als Visualisierung des Wortes, und weist darauf hin, dass nicht nur Maria liest, sondern der Engel seine Botschaft im 15. Jahrhundert zuweilen auch schriftlich überbringt.[100]

Maria ist sicher die wichtigste Leserin in der mittelalterlichen bildenden Kunst und ihre Lektüre ist, wie diejenige fast aller Frauen auf mittelalterlichen Bildnissen, religiöser Natur. Freilich ist sie nicht die erste weibliche Leserin (siehe die Ausführungen zur Antike), und auch nicht die letzte. Im Folgenden gehen wir der reichen Forschung zu bildlichen Darstellungen von Leserinnen nach.

---

93 Vgl. auch Klaus Schreiner: „… wie Maria geleicht einem puch". Beiträge zur Buchmetaphorik des hohen und späten Mittelalters. In: Archiv für Geschichte des Buchwesens 11 (1971), Sp. 1437–1464.
94 Vgl. Schreiner: Die lesende und schreibende Maria als Symbolgestalt (wie Anm. 90), S. 128–135.
95 So der Titel von Schreiners Beitrag: Die lesende und schreibende Maria als Symbolgestalt religiöser Frauenbildung (wie Anm. 90). Auch Maria hat der Legendenbildung zufolge das Lesen von ihrer Mutter Anna gelernt. Vgl. ebd., S. 126. Ferner: Groschner (Hrsg.): StillLesen (wie Anm. 37), S. 142.
96 Vgl. Miles: Mary's Book (wie Anm. 89), S. 58–60.
97 Vgl. ebd., S. 86.
98 Ebd., S. 91.
99 Vgl. ebd., S. 91f. Zur Verkündigungsszene mit der lesenden Maria vgl. auch: Cotter: The Book within the Book (wie Anm. 78), S. 107–140, bes. S. 118f.
100 Horst Wenzel: Die Verkündigung an Maria. Zur Visualisierung des Wortes in der Szene oder: Schriftgeschichte im Bild. In: Claudia Opitz, u. a. (Hrsgg.): Maria in der Welt. Marienverehrung im Kontext der Sozialgeschichte. 10.–18. Jahrhundert. Zürich 1993, S. 23–52. Ferner zur Verkündigungsszene: Wenzel: Hören und Sehen, Schrift und Bild (wie Anm. 85), S. 270–291, zur schriftlichen Botschaft des Engels bes. 287–291.

3.3 Genderaspekte – die Leserin

Die weibliche Lektüre im Bild ist recht gut erforscht. Eine reich bebilderte Monografie[101] und drei umfangreiche Sammelbände[102] widmen sich dem Thema, wobei das Mittelalter einen bedeutenden Platz einnimmt. Das Alltagswissen scheint einem zu sagen, dass Frauen anders lesen als Männer: Männer sitzen auf Bänken, haben einen Hut auf und lesen Zeitung. Frauen liegen auf dem Sofa oder auf dem Bett, lesen Romane und sind (halb)nackt. So einfach ist die geschlechtsspezifische Darstellung von männlichen und weiblichen Rezeptionsakten sicherlich nicht, kommt aber der empirisch unzureichend fundierten Empfindung recht nahe. Soziales Geschlecht, Lesemedien und Leseorte sind in der bildenden Kunst recht häufig stereotyp zugeordnet. Die Sonderbehandlung weiblichen Lesens bis in die aktuelle Leseforschung beruht auf der Vorstellung, Frauen läsen anders als Männer, hinsichtlich Lesemotivation, Lesepraktiken und schließlich mit Konsequenzen für ihre Leseidentität. Diese Annahme geht zurück bis in die Aufklärung, als das männliche Geschlecht als normbildend in Leseverhalten, Lektürewahl und Lesepraktik angesehen wurde, während weibliches Lesen als normabweichend stigmatisiert wurde. Diese soziale Rollenzuweisung mit entsprechender Erwartungshaltung wurde seit Ausgang des 18. Jahrhundert manifest.

Assel und Jäger zeichnen eine Verbindungslinie von der Büßerin Maria Magdalena bis hin zu Bildern der verführerischen und sinnlichen weiblichen Lektüre.[103] Trotz der Häufung dieses Motivs vom 18. Jahrhundert bis in die Gegenwart sind nur wenige wissenschaftliche Studien dazu entstanden, populäre Darstellungen zu dieser Thematik überwiegen. Rosamunde Neugebauer hat die nackte Leserin, die seit der Frühen Neuzeit ein schon klassisch zu nennendes Motiv darstellt, genauer untersucht.[104] Von François Bouchers „Ruhendem Mädchen" (1751) bis zu gegenwärtigen Fotoinszenierungen geht Neugebauer dem Motiv der Verführung durch Lektüre nach, Verführung, die sich auf die nackte Leserin und ihren Betrachter überträgt. Die grundsätzliche Frage, ob es sich im Falle nackter Leserinnen immer um erotisierende Darstellungen voyeuristischer männlicher Maler handelt, vor allem seit Ende des 19. Jahrhunderts, versucht Wolfgang Straub zu beantworten. Die Profanisierung der lesenden Frau mit fortschreitenden technischen Möglichkeiten und medialen Kontexten, z. B. in Fotografie, Postkartendruck und Reklame, führt zur Engführung von lesender Frau und

---

101 Christiane Inmann: Forbidden Fruit. A History of Women and Books in Art. München, u. a. 2009.
102 Vgl. Angelica Rieger, Jean-François Tonard (Hrsgg.): La lecture au féminin / Lesende Frauen. La lectrice dans la littérature française du Moyen Age au XXe siècle. Darmstadt 1999; Lesley Smith, Jane H. M. Taylor (Hrsgg.): Women and the Book. Assessing the Visual Evidence. London 1996; Signori (Hrsg.): Die lesende Frau (wie Anm. 54).
103 Assel, Jäger: Zur Ikonographie des Lesens (wie Anm. 19), S. 651f.
104 Rosamunde Neugebauer: Die entblösste Leserin – ein Bild der Verführung. Lustvoll kritische Betrachtung eines reizenden Bildmotivs. In: Imprimatur. Ein Jahrbuch für Bücherfreunde NF XVIII (2003), S. 9–30.

Erotik.¹⁰⁵ Straub verweist auch auf Interpretationen, die weniger auf die erotisierende Darstellung der Frau, sondern auf die Lust der Frau am Text verweisen. Andererseits sind erotische Szenen nicht nur zwingend durch halbnackte Leserinnen zu erkennen. Auf Pieter Janssen Elingas oft beispielhaft präsentierter „Lesende Frau" (1665/70) sieht man im Zimmer die ausgezogenen Schuhe der Leserin im Vordergrund des Bildes. Diese Schuhe seien erotisch konnotiert, so die Interpretation des Kunsthistorikers Adolf Heckel.¹⁰⁶ Straub bringt etliche Beispiele für erotische Leseszenen, die erst auf den zweiten Blick als solche erkennbar sind.

Das Motiv der Verführung greift auch Monika Estermann in ihrem Beitrag zu dem Gemälde „L'amour européen" von Charles Dominique Joseph Eisen und seiner Rezeption in Radierungen von Pierre-François Basan sowie im Zitat der Porzellangruppe „Dame und Kavalier" der Nymphenburger Manufaktur auf.¹⁰⁷ Die galante Szene in Gemälde und Radierungen stammt aus der Mitte des 18. Jahrhunderts als das Motiv der (Roman-)Verführung entstand, die Porzellangruppe datiert auf 1850. Estermann interpretiert die Rezeptionsgeschichte als eine Entwicklung von der Kombination zweier Themenkomplexe, nämlich von Bildung und Wissen (,femme savante') sowie Sinnengenuss und Sexualität hin zum Buch als allgemeinem Attribut von Sitte und Bildung. Beide Kompositionen, Radierung wie Porzellangruppe, leben von der Polarität zwischen Buch und Handkuss, Intellekt und Sinnlichkeit.¹⁰⁸ Dennoch hat sich die Semantik der Leseszene durch die veränderte Haltung des Buchs in der Hand der Leserin verändert. Estermann gelangt damit zu dem Schluss, dass die Leseszene des 19. Jahrhunderts den tradierten Rollenvorstellungen entsprach und die intensive Lektüre der ,femme savante' des 18. Jahrhunderts, dargestellt durch das auf Augenhöhe positionierte Buch in der Hand der Leserin, zugunsten einer stark reduzierten Überlegenheit der Dame aufgegeben wurde, die ihr aufgeschlagenes Buch auf dem Schoß anscheinend nur flüchtig wahrnimmt.

Einen anderen Ansatz wählt Amelia Yeates.¹⁰⁹ Sie geht der Frage nach, welcher konkrete Raum Leserinnen auf Bildern der Malerei zugewiesen wird. Insbesondere ihre Rollen als Erzieherin der Kinder und moralische Instanz des Haushalts werden durch typische Leseszenen (Mutter mit Kindern) dargestellt. Yeates interpretiert die Ausgestaltung der häuslichen Lese-Räume, ihr Interior, aber auch die außerhäuslichen

---

105 Wolfgang Straub: Im Café Gumpendorf. Männlich-erotisierende Blicke auf Bilder von Leserinnen. In: Christine Grond-Rigler, Felix Keller (Hrsgg.): Die Sichtbarkeit des Lesens. Variationen eines Dispositivs. Innsbruck 2011, S. 82–94, hier S. 87.
106 Heckel: Über ein Buch gebeugt (wie Anm. 5).
107 Monika Estermann: Die Leserin und der Kavalier. Zur Wandlung eines Bildmotivs zwischen Ancien Régime und Biedermeier. In: Patricia Blume, Thomas Keiderling, Klaus G. Saur (Hrsgg.): Buch Macht Geschichte. Beiträge zur Verlags- und Medienforschung. Festschrift für Siegfried Lokatis zum 60. Geburtstag. Berlin, Boston 2016, S. 239–255.
108 Vgl. ebd., S. 252.
109 Amanda Yeates: Space and Place in Nineteenth Century Images of Women Readers. In: Mary Hammond, Jonathan Rose (Hrsgg.): The Edinburgh History of Reading. Bd. 3: Common Readers. Edinburgh 2020, S. 96–115.

Räume wie den Strand. Am Beispiel von Alexander Rossis Bild „Forbidden Books" (1897), auf dem sechs junge Frauen sich heimlich Zugang zur häuslichen Bibliothek verschafft haben, zeigt sie die sexuelle Aufladung von Lesescenen. Yeates verweist aber darauf, dass Szenen mit reisenden Frauen in der Malerei auf eine besondere Lesefunktion verweisen: „Books were recommended as a safeguard for young travelling females, as they could ‚shut out the attack of that intolerably sociable stranger'"[110]. Dies gilt auch für das Lesen am Strand: „Reading could be a form of portable privacy"[111]. Die Darstellungen von häuslichen wie außerhäuslichen Räumen waren während des viktorianischen Zeitalters sexuell zu deuten, die ihnen inhärenten Leseprozesse dienten dem Schutz der Leserin oder umgekehrt.

Neben dem Motiv der Verführung ist die Zuschreibung von Leseglück geschlechtsspezifisch zwar nicht eindeutig, aber Frauen als routinierten Romanleserinnen wird öfter zugeschrieben, dass Lesen glücklich macht.[112] Die jüngste Publikation, die dieses Thema in den Blick nimmt und von Bildern lesender Frauen ausgeht, ist eine Geschichte der weiblichen Lektüre von Monika Hinterberger.[113] Sie nimmt zehn Bilder von der Antike bis ins 19. Jahrhundert als Anlass, weibliche Bildung und Entfaltungsmöglichkeiten der Persönlichkeit über die Jahrhunderte nachzuvollziehen. Dabei werden Lesen und Schreiben anhand von abgebildeten Gesprächen über die Lektüre, disputierenden Frauen in der Antike, über die Hl. Anna, die Maria das Lesen beibringt und schließlich auch die lesende Maria thematisiert. Hinterberger beendet ihre *tour d'horizon* im 19. Jahrhundert mit der bürgerlichen Frauenbewegung des 19. Jahrhundert Frauengeschichte und Lesegeschichte werden eng verknüpft und die Funktionen und Bedeutungen der Lektüre für die Prägung des weiblichen Selbstverständnisses betont. Die positive Konnotierung der Kulturtechnik Lesen und der Lektüre wird von Hinterberger mit dem Begriff vom „Leseglück" untermauert, auch im Kontext der Frauenbewegung, was verwundert, denn die emanzipatorischen Bestrebungen passen wenig zum Leseglück.[114]

---

110 Ebd., S. 109.
111 Ebd., S. 111.
112 Siehe dazu auch die Einlassung von Rainer Moritz: Verschont mich endlich mit der Behauptung „Lesen macht glücklich!" In: Die Welt vom 23. April 2018, https://www.welt.de/kultur/literarischewelt/article175694373/Lesen-macht-gluecklich-Ich-kann-es-nicht-mehr-hoeren.html [26.01.2021].
113 Monika Hinterberger: Eine Spur von Glück. Lesende Frauen in der Geschichte. Göttingen 2020.
114 Leseglück als Flow-Erlebnis ist jedoch ein immer wieder aufgegriffenes Thema, auch im Bild. Cornelia Schneider hatte bereits 1996 die Frage breiter gestellt, nämlich inwiefern man auf Bildern glückliche Leser und Leserinnen erkennen kann. Siehe Cornelia Schneider: Leseglück im Spiegel der Kunst. Eine Spurensuche. In: Alfred Bellebaum, Ludwig Muth (Hrsgg.): Leseglück. Eine vergessene Erfahrung. Opladen 1996, S. 115–150.

Anja Petz hat aufgrund ihrer Beobachtungen der geschlechtsspezifischen Inszenierung von Leseakten eine Typisierung von Leserinnendarstellungen versucht.[115] Sie hat festgestellt, dass männliche Lektüre in Bild und Forschung nicht geschlechtsspezifisch, sondern in der Regel bildungshistorisch oder biografisch diskutiert wird: „Während in den Bildern männliche Leser ihrer Tätigkeit in erster Linie qua Berufung, Amt oder als Ausdruck eines normierten sozialen Habitus nachgehen, scheint sich die abgebildete weibliche Lektüre viel öfter Neigung und Gewohnheit zu verdanken."[116] Von der symbolischen Leserin ausgehend, die in der Antike als Allegorien und Personifikationen abstrakter Begriffe wie Weisheit oder Wissen und als symbolische Vertreterinnen der Freien Künste entgegentreten, über die gläubige Leserin des Mittelalters, die Prophetinnen und Sibyllen hin zur sinnlichen Leserin zeigt Petz die historische Entwicklung in der Malerei. Der Briefleserin weist sie eine ikonografische Sonderrolle zu. Sie tritt in der holländischen Genremalerei des 17. Jahrhunderts erstmals auf und ihre Lektüre ist der Liebesbrief. Petz führt dies auf das sich ausweitende Handelsnetz der Städte zurück, das die häufige Abwesenheit der Männer bedingte und Briefe zum adäquaten Kommunikationsmittel zur Aufrechterhaltung der Beziehungspflege machte.[117] Das 18. und 19. Jahrhundert bringen dann den bekannten Typus der belesenen und gleichzeitig lesewütigen Bürgerin hervor sowie die gemeinsame Lektüre von Frauen inklusive Vorleseszenen, in denen eine Vorleserin anderen Frauen bei der Handarbeit vorliest. Die Eroberung neuer Leseorte im 19. Jahrhundert wie beispielsweise das Museum, die öffentliche Bibliothek, das Kaffeehaus, die Eisenbahn, das Schiff oder der Kurpark stehen stellvertretend für neue Freiheiten der bürgerlichen Frau, die bis dahin primär in der häuslichen Enge gezeigt wurde.

3.4 Von den Leser*innen zum Leseakt

Aus dem Umfeld des Europäischen Literaturportals www.readme.cc ist 2011 eine Publikation hervorgegangen, die die vielfältigen Möglichkeiten des kunstwissenschaftlichen und lesehistorischen Zugriffs auf Bildquellen von Lesenden aufgreift. Christine Grond-Rigler und Felix Klein haben nach Assel und Jäger zwar keine strenge Kategorisierung des Bildmaterials vorgenommen, aber versucht die Kontexte der Bildquellen insbesondere im Hinblick auf die Deutungsperspektiven des Leseakts, der eigentlich unsichtbar ist, zu strukturieren. 2006 erschien bereits eine der wenigen umfangreichen Überblicksstudien über das „gemalte Lesen". Garrett Stewart hatte anhand von zahlreichen Fallbeispielen aus der Kunstgeschichte ab dem 14. Jahrhundert bis in die Gegenwart die Sichtbarkeit des Leseprozesses erarbeitet; ein Schwerpunkt bildet die Auseinandersetzung mit Picasso, der dem Leseakt kontinuierlich in all seinen stilisti-

---

115 Anja Petz: Die Leserin im Bild – ‚Kleine Fluchten' oder Tür zu Welt. In: Rieger, Tonard (Hrsgg.): La lecture au féminin (wie Anm. 102), S. 269–290.
116 Ebd., S. 270.
117 Vgl. ebd., S. 274.

schen Aufbrüchen und Phasen einen Platz einräumte.[118] Stewart lotete die Potenziale von Bildern aus, konzentrierte sich auf den Leseakt selbst und stellte Überlegungen zur Deutung verschiedener Lesepraktiken an. In eine ähnliche Richtung tendiert Felix Kleins Sammelband *Die Sichtbarkeit des Lesens*, in dem ebenfalls den Werken Picassos ein Kapitel gewidmet ist. Klein setzt sich allerdings zunächst einleitend mit der Frage auseinander, was „Sichtbarkeit des Lesens" heißt.[119] Da die Bilder von Lesenden den Leseakt nur indirekt zeigen können, kann nur durch die Anordnung von Dingen wie Stuhl, Lichtquellen wie eine Lampe, Tisch, etc. und die spezifische Körperhaltung der Lesenden rückgeschlossen werden. Die Konzeption des Sammelbandes beruht auf der Definition von Leserbildern als Kreuzungspunkt von Sichtbarkeiten und unsichtbaren Prozessen: „Das Lesen von Texten, Büchern im Bild ist zunächst ein Ausdruck der Performanz von Wissen, Subjektivierung und gesellschaftlicher Macht, die durch eine ‚Lichtordnung'[120] als Konfiguration temporär sichtbar wird."[121] Gleichzeitig werden die Möglichkeiten des Aufbrechens oder Abbrechens des Leseaktes als Fluchtlinien erahnbar. Die im Sammelband vereinten Beiträge gehen diesen Licht- und Fluchtlinien nach. Entsprechend facettenreich sind die behandelten Aspekte: Körpertechniken des Lesens (Georges Perec); die Genese des Dispositivs an den bekannten Beispielen entlang, vom heiligen Hieronymus bis zum Auftauchen der Brille im Leserbild; die genderspezifischen Formen der Lesedarstellungen mit Schwerpunkt auf dem weiblichen Leseakt. Neu und bisher nicht in der Forschung thematisiert ist die dem Leseakt immanente Instabilität des Sozialen. Die Argumentation geht von der Botschaft des Bildes aus, dass Lesende ruhig und friedlich, gar versöhnlich wirken,[122] und da sie sich vom Betrachtenden abwenden auch ungefährlich. Gleichzeitig provozieren sie damit, denn dem „Leser kann die Welt der Nichtleser zumindest im Moment des Lesens nichts anhaben"[123]. Die Lesenden entziehen sich der sozialen Interaktion und Kommunikation, verweist dadurch auf das Nicht-Soziale und verletzt den sozialen Zusammenhang durch den Leseakt. Er ist ein Provokateur und Zerstörer, ein destabilisierender Faktor von Gesellschaft.

Das Soziale steht auch im Zentrum der Bilder, die sich „An den Rändern des Dispositivs" befinden. Die Auflösung der buchkulturellen Ordnung, wie sie uns in der „Figur des Lesenden, der Lesetechnik, der räumlichen Korrelate, die durch ihre

---

118 Garrett Stewart: The Look of Reading. Book, Painting, Text. Chicago, London 2006.
119 Felix Klein: Die Sichtbarkeit des Lesens. Variationen eines Dispositivs. In: Grond-Rigler, Keller (Hrsgg.): Die Sichtbarkeit des Lesens (wie Anm. 105), S. 10–17.
120 Klein verwendet den Begriff nach Gilles Deleuzes Definition von Dispositiv; nachdem in einer „Lichtordnung" unterschiedliche Abstufungen von Sichtbarkeit in einem begrenzten Zeitraum feststellbar sind. Vgl. ebd., S.16.
121 Ebd., S. 17.
122 Vgl. diese Argumentation bei Christine Matter: Der Hohn des friedlichen Lesers. In: Grond-Rigler, Keller (Hrsgg.): Die Sichtbarkeit des Lesens (wie Anm. 105), S. 115–120, hier S. 117.
123 Ebd., S. 117.

Relation zueinander erst ein Narrativ ermöglichen"[124], in Literatur und bildender Kunst entgegentritt, zeigt Felix Keller anhand von Fallbeispielen aus der Literatur- und Kunstgeschichte, die viele anormale monströse Gestalten als manische Lesende kennen. Beginnend mit Matthäus Merian d. Ä., der im Kupferstich „Zauberey" zu einer politischen Flugschrift von 1626 eine Szene mit Hexen darstellt, die aus der Lektüre einer Art Arbeitsbibliothek ihre eigenen Texte als Handlungsanleitungen zusammenstellen, werden bis zu den untoten Zombies der Videosphäre Beispiele für die Brechung der Ordnung aufgezeigt. Unter den Begriffen Pathos, Auflösung und Öffnung von Leseszenen werden am Ende des Bandes Lesearten, Lesemotive, schließlich auch Lesemedien in ihrer bildlichen Aussage untersucht.

4   Neuere Ansätze und Desiderate

Trotz der in den letzten Jahren voranschreitenden kunst- und kulturwissenschaftlichen Auseinandersetzung mit Buch und Leseszenen als Motiv in Malerei und Fotografie, sind Desiderate zu konstatieren. Die Leseforschung hat Bilder bisher nur sporadisch genutzt und man kann kaum sagen, dass theoretisch ausreichend reflektiert wurde, inwiefern bildliche Zeugnisse einen Beitrag zur Leseforschung leisten oder die Frage nach der kulturellen Bedeutung des Lesens in einer Gesellschaft beantworten können.

Wissenschaftlich bisher unterbelichtet bleibt beispielsweise der Bereich der Lese-szenen in der Modefotografie und der Produktwerbung, obwohl dieses Phänomen seit Jahrzehnten auffällt und ein enormes Potenzial für die Untersuchung von Wert-zuschreibungen an Buch und Lesen birgt.[125] Das Motiv „Lesen und Mode" hat eine lange Tradition, die bis in die Zeit der Aufklärung zurückreicht, ohne dass es konse-quent im diachronen Längsschnitt aufgegriffen worden wäre. Ein Anfang ist jedoch gemacht worden. Ursula Rautenberg hat dieses Thema bereits 2005 in ihrer Studie zum zeichenhaften Buchgebrauch in der Alltagskultur aufgegriffen und anhand von zahlrei-chen Fallbeispielen den alltäglichen Umgang mit dem Buch und seinen symbolhaften Gebrauch analysiert.[126] Rautenberg ist eine der wenigen, die lese- und buchhistorische Fragen in Kombination stellen.[127]

---

124 Felix Keller: Die Anti-Leser. An den Rändern der buchkulturellen Ordnung. In: Grond-Rigler, Felix Keller (Hrsgg.): Die Sichtbarkeit des Lesens (wie Anm. 105), S. 148–165, hier S. 149.
125 Vgl. Nies: Bahn und Bett und Blütenduft (wie Anm. 10), S. 22–25 (Kap.: Die modische Dame trägt Buch schon zum Morgenkleid: Leser in der Werbung).
126 Ursula Rautenberg: Das Buch in der Alltagskultur. Eine Annäherung an zeichenhaften Buch-gebrauch und die Medialität des Buches. Erlangen 2005 (Alles Buch. Studien der Erlanger Buchwissenschaft; 15).
127 Dies gilt auch für ihre Abhandlung: Ursula Rautenberg: Das Lesen sehen. Bilder von Büchern und Lesern am Beginn der Frühen Neuzeit. In: Sven Hanuschek, u. a. (Hrsgg.): Die Struktur medialer Revolutionen. Festschrift für Georg Jäger. Frankfurt am Main 2000, S. 36–50.

Einen ersten Aufschlag explizit zum Thema ‚Modebildwerbung' mit Buch machte Friedhelm Beckmann schon 1991 und gelangte zu der sicherlich richtigen Erkenntnis, da „die von der Werbung vertretene Lektüreauffassung [...] sich an der Realität zu orientieren sucht, kann ihre Analyse zur Erhellung von Lesegewohnheiten durchaus nützlich sein"[128], auch wenn klischeehafte Vorstellungen nicht zwingend von der Leseforschung bestätigt werden können. Nikola Kaminski untersucht aktuell unter materialphilologischer Perspektive Mode-Kupferstiche in Journalen und Almanachen des 19. Jahrhunderts. Populäre Almanache und Journale haben nicht nur „heuristisches Potential für ein journalliterarisches Rezeptionsdispositiv"[129], sondern dienten zeitgenössisch als mediale Stabilisatoren für Rezeptionsmodi und -umstände. Da Mode- und andere Konsumwerbung in der Regel einen gesamtgesellschaftlichen oder milieugeprägten Konsens bedient, lohnt eine intensive Auseinandersetzung mit Buch und Lesen als Beiwerk in der bildlichen Inszenierung von Konsumgütern.

Über dieses Desiderat hinaus sind Leseorte, Lesezeiten und Leseatmosphären, die auf den Bildern inszeniert werden, noch zu wenig aus buchwissenschaftlicher Sicht untersucht worden. Wirkt Sommerlektüre anders als Lektüre an Winterabenden? Was sagen Ort und Zeit über den Umgang mit dem Buch? Wie ist es zu deuten, dass Leseszenen im Bild oftmals mit Genussmitteln wie Kaffee, Tee, Tabak oder Wein attribuiert werden?[130] Es fehlt auch eine Kategorisierung der Bilder, die über die Sozialformen des Lesens nach Assel und Jäger hinausgeht, und zwar inhaltlicher Art: Was steht im Zentrum? Der Leser oder die Leserin? Der Leseakt? Das Lesemedium? Mediale Aspekte kommen ebenso noch zu kurz. Wie wird im Film gelesen,[131] wie werden Leseszenen und Bücher in den sozialen Medien dargestellt,[132] und was sagt das über zielgruppenspezifische Vorstellungen vom Lesen aus?

Die u. a. von Fritz Nies vorgenommene Deutung der Wertschätzung von Buch und Lesen im Bild durch die Positionierung und Rahmung von Leseszenen liefert einen ersten Anhaltspunkt für eine weitere Typisierung ebenso wie die von Ulrich Johannes

---

128 Friedhelm Beckmann: Lektüre als Konsumanreiz? Leserdarstellungen in der Mode-Bildwerbung der Gegenwart. In: Buchhandelsgeschichte 1991/2, S. B49–B60, hier S. B59.
129 Nikola Kaminski: Leseszenen im Spiegel des Modebildes. Imagination und Inszenierung von Lektüre zwischen Journal und Taschenbuch (Wien, erste Hälfte des 19. Jahrhunderts). In: Irina Hron, Jadwiga Kita-Huber, Sanna Schulte (Hrsgg.): Leseszenen. Poetologie – Geschichte – Medialität. Heidelberg 2020, S. 501–527, hier S. 514.
130 Siehe zum Beispiel die rauchende Leserin bei Federico Faruffini, La lettrice (1*864/5).
131 Ansätze bei: Peter Friedrich: Repräsentationen des Lesens in Literatur, Kunst, Film und Fernsehen. In: Alexander Honold, Rolf Parr (Hrsgg.): Grundthemen der Literaturwissenschaft. Lesen. Berlin, Boston 2018, S. 397–422. Ferner: Timo Rouget: Leseszenen intermedial. Literarische und filmische Darstellungen des Lesens im Vergleich. In: Hron-Öberg, Kita-Huber, Schulte (Hrsgg.): Leseszenen (wie Anm. 129), S. 593–618.
132 Ute Schneider: Bücher zeigen und Leseatmosphären inszenieren. Vom Habitus enthusiastischer Leserinnen und Leser. In: Steffen Martus, Carlos Spoerhase (Hrsgg.): Gelesene Literatur. Populäre Lektüre im Medienwandel. München 2018, S. 113–123.

Schneider angestellten Überlegungen zur unterbrochenen Lektüre.¹³³ Der Band, den man als Quellensammlung mit begleitenden Essays charakterisieren könnte, ist durch die thematische Verengung zumindest in der Monografieform neu.¹³⁴ Ausgangspunkt der dort enthaltenen Überlegungen ist die Tatsache, dass Lesen ein geheimnisvoller Vorgang ist, und dass uns die Bilder von der unterbrochenen Lektüre – denn die dargestellten Personen lesen streng genommen im Augenblick nicht – etwas über die kulturelle Praxis des Lesens verraten können.

Die von Peter Friedrich vorgeschlagenen Rubriken von Leserbildern orientieren sich weitgehend an Assel und Jäger und rekurrieren auf binäre Stereotypen bildlicher und literarischer Repräsentationsformen (männlich/weiblich; Sinnlichkeit/Verstand; Buch/Leben; Theorie/Praxis; Kopf/Herz; Welt/Scheinwelt; Heilige Schrift/ketzerisches Buch).¹³⁵ Wünschenswert wäre des Weiteren eine Untersuchung von Bild- oder Motivzitaten im Längsschnitt. Wer greift welche ikonografischen Traditionen auf, wäre hier zu fragen. Dies ist in der klassischen Malerei ebenso aufschlussreich wie in der Fotografie. Wie Mariantonia Reinhard-Felice am Beispiel Jean-Baptiste Corot zeigt, stehen seine Lesenden im 19. Jahrhundert in der Tradition sowohl der lesenden Maria wie auch der Hl. Maria von Magdala; seine Lesenden in der Natur, die auch im Gehen lesen, verweisen auf die Lesezenen des 18. Jahrhunderts.¹³⁶ Die italienische Fotografin Vanina Sorrenti wiederum hat 1998 in der Modefotografie Motiv und Arrangement von Balthus' Gemälde *Le Salon* von 1942 nachgestellt.¹³⁷ Die Liste der Bildzitate ließe sich verlängern.

---

133 Ulrich Johannes Schneider: Der Finger im Buch. Die unterbrochene Lektüre im Bild. Bern, Wien 2020.
134 Denn als Aufsatz liegt schon vor: Schmidt: Der Finger in der Handschrift (wie Anm. 66), S. 85–125.
135 Vgl. Friedrich: Repräsentationen des Lesens in Literatur, Kunst, Film und Fernsehen (wie Anm. 131), S. 401.
136 Aufschlussreich ist der Beitrag von Mariantonia Reinhard-Felice: Das Buch der Natur. Gedanken zu Corots Lesenden. In: Mariantonia Reinhard-Felice (Hrsg.): Corot. L'Armoire Secrète. Eine Lesende im Kontext. München 2011, S. 53–69.
137 Vgl. das Foto in: Frauen sehen Frauen. Eine Bildgeschichte der Frauen-Photographie. Hrsg. von Lothar Schirmer. Mit einem Essay von Elisabeth Bronfen. München 2001, S. 152.

INSZENIERUNGEN DES BUCHS IM INTERNET

Julia Nantke

Das Buch als Werk – Zur Inszenierung von Büchern in digitalen Forschungsumgebungen

Die Digitalisierung hat mittlerweile umfänglich Einzug in die Literaturwissenschaften gehalten und bewirkt hier eine grundlegende Transformation der vormals maßgeblich buchförmigen Untersuchungsgegenstände. Systematisch entstehen große Sammlungen sowie themen- oder personenspezifische Kollektionen digitaler Texte, die zunehmend vor allem die wissenschaftliche Perspektive auf Literatur prägen (werden). Diese digitalen Sammlungen zeichnen sich meist durch eine niedrigschwellige Erreichbarkeit über Open Access-Portale im Internet aus und entsprechen einem wachsenden Bedarf an digital vorliegenden Texten, die auf elektronischen Lesegeräten rezipiert, maschinell durchsucht und mittels computergestützter Analyseverfahren erforscht werden können. Durch die Möglichkeiten der digitalen Repräsentation erlangen zudem neue Gegenstände wie beispielsweise Autorenbibliotheken eine gesteigerte Sicht- und Nutzbarkeit, indem diese ehemals reinen Archivalien auf Online-Plattformen einer breiten wissenschaftlichen Gemeinschaft zur Nutzung zur Verfügung gestellt werden können.

Die in jenen digitalen Sammlungen präsentierten Materialien sind in den meisten Fällen nicht für die Publikation in einer digitalen Umgebung erzeugt, sondern es handelt sich um ‚Übersetzungen' analoger, vor allem buchförmiger Texte in den digitalen Raum. Die im Zuge dieses Medienwechsels notwendige Übersetzungsleistung bezieht sich nicht nur auf den sprachlich vermittelten Inhalt der Texte, sondern ebenfalls auf deren Peritexte, das heißt auf „jene paratextuellen Elemente, welche mit dem jeweiligen Buchkörper gegeben sind".[1] Die Repräsentationen tragen damit grundlegend dem Umstand Rechnung, dass Text und Peritext in analogen Publikationen ineinander verschränkt vorliegen und sich nicht eindeutig voneinander trennen lassen. Das Buch fungiert in der digitalen Übertragung aber gerade nicht mehr als unerlässlicher materieller ‚Textträger', welcher die Rezeption überhaupt erst ermöglicht,[2] dabei allerdings als alternativloses Medienformat aus dem Fokus der Aufmerksamkeit rückt. Die Buchform wird in ihrer digitalen Repräsentation vielmehr als spezifische, historisch verortete mediale Form zum Objekt einer Inszenierung.

Diese Darstellungen von Büchern in digitalen Forschungsumgebungen prägen neben der privaten Inszenierung durch Leser*innen und der kommerziellen Präsen-

---

1 Georg Stanitzek: Buch. Medium und Form – in paratexttheoretischer Perspektive. In: Ursula Rautenberg (Hrsg.): Buchwissenschaft in Deutschland. Ein Handbuch. Berlin, Boston 2013, S. 157–200, hier S. 159.
2 So Gérard Genette in seinen einleitenden Bemerkungen zum Paratext. Vgl. Gérard Genette: Paratexte. Das Buch vom Beiwerk des Buches. Frankfurt am Main 2001, S. 9.

tation durch Verlage ebenfalls das Erscheinungsbild von Literatur im digitalen Raum und beeinflussen entscheidend, wie Bücher als Repräsentationen unseres kulturellen Gedächtnisses zukünftig wahrgenommen werden. Sie zeichnen sich dabei durch ein für mediale Übersetzungsprozesse charakteristisches Wechselspiel von Bewahren und Transformieren aus, in dem „die Grenzen einzelner Medien ebenso etablier[t] wie unterlaufen" werden.[3] Es kommt einerseits zur Ablösung genuin buchförmiger Strukturen durch digitale Paradigmen. Andererseits beziehen sich aber bestimmte Inszenierungsformen im Digitalen explizit auf die Buchförmigkeit der Gegenstände. Letztere wird dadurch zu einer ausdrücklich markierten Eigenschaft der Texte. Der vermeintlichen Ersetzung analoger Buchförmigkeit durch die Herstellung digitaler Sammlungen steht somit ein Relevanzgewinn gegenüber, den die Bücher als Ausgangsmedien der digitalisierten Literatur im Rahmen ihrer Repräsentation im Internet erlangen. Dabei ermöglichen die in der digitalen Inszenierung berücksichtigten oder sogar explizit hervorgehobenen Eigenschaften der repräsentierten Bücher Aussagen über die aktuelle wissenschaftliche Konzeptualisierung und Funktionalisierung des Buchs und die an dieser „Einheit von Material- und Formalobjekt"[4] als relevant erachteten Eigenschaften.

Den aufgestellten Thesen soll im Folgenden anhand konkreter Beispiele für verschiedene Formate digitaler Repräsentationen von Literatur nachgegangen werden, wobei die Inszenierung von Buchförmigkeit im Spannungsfeld zwischen Einzelobjekt und Reihe bzw. Sammlung[5] sowie die Realisierung von analogen und digitalen Paradigmen bei der Herstellung und Nutzung digitaler Formate im Zentrum der Untersuchungen stehen. Anhand der Beispiele soll gezeigt werden, wie die Inszenierungsformen in digitalen Forschungsumgebungen eine Etablierung der buchförmigen Materialität als genuiner Teil des jeweils repräsentierten Werks forcieren. Indem seine vormals funktionalen medialen Eigenschaften nun als werkrelevante Formen in der digitalen Darstellung bewahrt werden, überschreitet das inszenierte Buch die Werkgrenze, verstanden als „Umrisslinie einer Textmenge"[6] innerhalb derer die Ergebnisse bzw. das

---

3 Claudia Benthien, Gabriele Klein: Praktiken des Übersetzens und Rahmens. Zur Einführung. In: Dies. (Hrsgg.): Übersetzen und Rahmen. Praktiken medialer Transformation. Paderborn 2017, S. 9–16, hier S. 11. Vgl. zur editorischen Umsetzung von Buchtypografie als Übersetzung auch Roland Reuß: Spielräume des Zufälligen. Zum Verhältnis von Edition und Typographie. In: Text. Kritische Beiträge 11 (2006), S. 55–100, hier S. 57.
4 Stanitzek: Buch (wie Anm. 1), S. 158; vgl. dazu auch Ursula Rautenberg, Dirk Wetzel: Buch. Tübingen 2001 (Grundlagen der Medienkommunikation; 11), S. 8.
5 Bücher sind als Exemplare einer bestimmten Ausgabe eines Werks immer bereits Teil einer Reihe. In Bibliotheken, Archiven o. ä. bilden sie zudem einen Teil einer spezifischen Sammlung.
6 Lutz Danneberg, Annette Gilbert, Carlos Spoerhase: Zur Gegenwart des Werks. In: Dies. (Hrsgg.): Das Werk. Zum Verschwinden und Fortwirken eines Grundbegriffs. Berlin, Boston 2019, S. 3–26, hier S. 5. Zur Funktion des Werks als Grenze vgl. auch Raimar Stefan Zons: Über den Ursprung des literarischen Werks aus dem Geist der Autorschaft. In: Willi Oelmüller (Hrsg.): Kolloquium Kunst und Philosophie. Bd. 3. Paderborn 1983, S. 104–127, hier S. 106

Produkt eines künstlerischen Arbeits- und Schaffensprozesses verortet werden.[7] Dabei lassen sich anhand der untersuchten Beispiele bestimmte Inszenierungsstandards im Zuge der „Remediatisierung"[8] feststellen, die Spezifikationen bezüglich der konkreten Herstellung jener Umrisslinien erlauben. Gleichzeitig bilden die Multimodalität des Buchs und seine konstitutive und unauflösliche Verschränkung von Objekt und Text, Schreibendem und Rezipierendem[9] allerdings die Basis für die Inszenierung vielfältiger Bucheigenschaften, welche unterschiedlichen Werkkonzepten Vorschub leisten, die sich zwischen einer Perspektivierung als schriftbildliches Artefakt und einer Inszenierung als dynamischer Akteur im Prozess der Werkwerdung bewegen.[10]

Die Integration buchspezifischer Charakteristika in die Werk-Repräsentation bewirkt eine Reduktion der Buchform, trägt im Gegenzug aber zu einer Differenzierung des Werkkonzepts bei.

1 Die Buchseite als Bild im Deutschen Textarchiv

Das Deutsche Textarchiv (DTA) hat es sich zum Ziel gesetzt, die „Grundlage für ein Referenzkorpus der neuhochdeutschen Sprache" zu schaffen.[11] Im Zuge der Verlagerung von Lektüre- und Analysepraktiken in den digitalen Raum tritt es damit die Nachfolge analoger Bibliotheken an. Es übernimmt deren Doppelfunktion, gleichzeitig ein (virtueller) Raum zur Aufbewahrung von Literatur zu sein und als wissenschaftlicher Dienstleister für die strukturierte Bereitstellung und Nutzbarkeit des Bestands Sorge zu tragen. Das zumeist pragmatisch-abstrakte System der Sortierung und Präsentation der Bücher in analogen Bibliotheken wird dabei durch eine stärker ‚semantische' Ordnung ersetzt, die zunächst maßgeblich auf den Vorteilen der digitalen Speicherung und Sortierung basiert: Der Wegfall der buchförmigen Materialität im Digitalen ermöglicht eine alphabetische Anordnung sämtlicher verfügbarer Titel, da der gesamte Bestand einfach als alphabetische Liste ausgegeben und durchsucht sowie durch neue Titel ergänzt werden kann. Alternativ zu dieser alphabetischen Auflistung besteht die Möglichkeit des Zugriffs über eine Zeitleiste, auf der die Titel

---

sowie Gunter Martens: Das Werk als Grenze. Ein Versuch zur terminologischen Bestimmung eines editorischen Begriffs. In: editio 18 (2004), S. 175–186.

[7] Vgl. zu dieser Definition auch Andrea Polaschegg: Der Gegenstand im Kopf. Zur mentalistischen Erbschaft des Werkkonzepts auf dem Sparbuch literaturwissenschaftlicher Objektivität. In: Danneberg, Gilbert, Spoerhase: Gegenwart (wie Anm. 6), S. 399–418, hier S. 403.

[8] Jay David Bolter, Richard Grusin: Remediation. Understanding New Media. Cambridge, Massachusetts, London 2000.

[9] Vgl. Roger Chartier: The Order of Books. Stanford 1994, S. VII.

[10] Vgl. zu diesem Spannungsfeld auch die von Andrea Polaschegg rekonstruierten Werk- und Textkonzepte sowie ihre auf Husserl Bezug nehmende Definition der Untersuchungsgegenstände der Literaturwissenschaft als „*Gegenstände*, die sich allein als *Verläufe* wahrnehmbar machen". Polaschegg: Gegenstand (wie Anm. 7), S. 413 (Hervorhebung im Original).

[11] http://www.deutschestextarchiv.de [28.01.2021].

chronologisch sowie differenziert nach den Kategorien Belletristik, Gebrauchsliteratur und Wissenschaft aufgeführt sind. Auf der Startseite des DTA ist es weiterhin möglich, die Textkategorien oder den Veröffentlichungszeitraum zu konkretisieren und auf diese Weise die angebotene Literatur zu begrenzen. Nutzerinnen und Nutzer erhalten durch die digitalen Möglichkeiten zur variablen (Um-)Sortierung und Filterung einen Überblick über die zur Verfügung stehende Literatur, dessen Zuschnitt sich individuell dem jeweiligen Bedarf anpassen lässt. Bücher werden im Rahmen dieser virtuellen Zugriffsmöglichkeiten – wie auch bei der Recherche in Online-Katalogen analoger Bibliotheken – zu Titeln reduziert, die analoge Form tritt hier zunächst hinter die digitale Organisation zurück.

Beim Griff in das virtuelle Bücherregal ändert sich allerdings dieser Eindruck: Beim Anklicken eines Titels in der Zeitleiste öffnet sich ein Fenster mit einem digitalen Faksimile der Titelseite des ausgewählten Bandes. Die chronologisch-gattungsspezifische Sortierung wird also unmittelbar durch eine visuelle Repräsentation ergänzt, die das Aufschlagen des Buchs imitiert. Über das erneute Anklicken dieser Ansicht öffnet sich ebenso wie bei der Direktauswahl aus der Liste der verfügbaren Titel die Ausgangsseite des jeweiligen Titels. Auf dieser finden sich die bibliografischen Angaben sowie weitere „Informationen zum Werk", zum Digitalisat und zur Transkription, wobei durch die Verknüpfung mit Normdaten und den DTA-Textkategorien wiederum digitale Sortierungs- und Strukturierungsmuster genutzt werden.

Visuell dominiert wird die Seite hingegen wiederum durch die Abbildung der analogen Titelseite, die in der linken Hälfte der Seite platziert gemäß der westlichen Lektürerichtung die primäre Information darstellt. Die Abbildung verdoppelt für die menschlichen Nutzenden die bibliografischen Angaben und ergänzt diese durch eine Repräsentation ihrer ‚originalen' materiell-medialen Erscheinung. Während die Strukturierung des DTA also den Maßgaben digitaler Nutzungsszenarien entspricht, imitiert der Zugriff auf den einzelnen Text die Nutzung einer analogen Bibliothek, in der auf die digitale Recherche das Aufschlagen des analogen Bandes folgt. Die Titelseite als entscheidendes Instrument peritextueller Strukturierung dient in der digitalen Übersetzung weiterhin als Eingang in den Text. Grundlage für die Repräsentationen analoger Buchförmigkeit ist dabei das „Prinzip der Erstausgabe":

> Um den historischen Sprachstand chronologisch korrekt zu dokumentieren, werden zur Digitalisierung möglichst die in deutscher Sprache erschienenen Erstausgaben des jeweiligen Werks herangezogen, d. h. die erste gedruckte, selbstständige Publikation des jeweiligen Werks.[12]

Die Titelseite von Jean Pauls *Unsichtbarer Loge* verdeutlicht exemplarisch, in welchem Maße dies nicht nur für den historischen Sprachstand, sondern ebenso für den Medienzustand zum Zeitpunkt der Publikation gilt.[13]

---

12 http://www.deutschestextarchiv.de/doku/ueberblick [28.01.2021].
13 http://www.deutschestextarchiv.de/book/show/paul_loge01_1793 [28.01.2021].

Das Buch als Werk – Zur Inszenierung von Büchern in digitalen Forschungsumgebungen

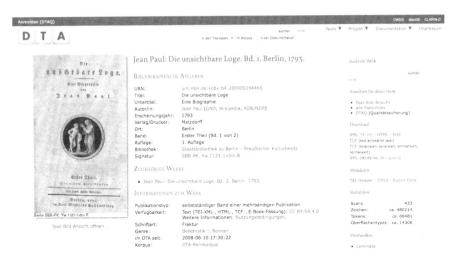

Abb. 1: Einstiegsseite zu Jean Paul: *Die unsichtbare Loge* im DTA

Jean Pauls Werk erscheint hier in Frakturdruck und mit einem Titelkupfer versehen. Das hochauflösende Digitalisat lässt auch die Qualität des gelblichen, leicht gerippten Druckbogens erahnen, durch den die Schrift der nächsten Seite hindurchschimmert. Dieser Eindruck bezieht sich zudem nicht nur auf die Ansicht der Titelseite, sondern beim Aktivieren der sogenannten „Text-Bild-Ansicht" lässt sich der gesamte Band in Form digitaler Repräsentationen des Erstdrucks virtuell durchblättern.

Das DTA inszeniert also *Die unsichtbare Loge* als gedrucktes Werk, wobei die maßgebliche Referenz die einzelne Druckseite bildet, deren materiell-medialer Paratext durch die Art der Inszenierung in den Fokus rückt. Als Inszenierung erscheint diese Ansicht insbesondere deshalb, weil die hier visuell transportierten Informationen offensichtlich auf eine unmittelbare Wirkung zielen: Nähere Informationen zur Drucktype oder auch zur Darstellung auf dem Titelkupfer liegen im Gegensatz zu den Informationen zum Genre des Textes oder zum Autor nicht in strukturierter – und das heißt auch maschinell verarbeitbarer – Form vor.[14] Sie existieren stattdessen ausschließlich als für die menschlichen Betrachter*innen gedachtes Bild, worauf bereits die Bezeichnung „Text-Bild-Ansicht" explizit verweist. Dieser Eindruck wird zusätzlich dadurch gestützt, dass bestimmte Eigenschaften buchförmiger Medialität nicht Teil der expliziten Inszenierung sind. Dies gilt zunächst für die Buchdeckel. Die Bücher im DTA präsentieren sich, wie dies auch für E-Books üblich ist, bereits aufgeschlagen.

---

14 Genette bemängelt allerdings bereits im Hinblick auf gedruckte Literatur das häufige Fehlen von Informationen bezüglich der typografischen Gestaltung; vgl. Genette: Paratexte (wie Anm. 2), S. 37. Diese Tendenz setzt sich im Digitalen fort.

Lesbar ist zudem, ebenfalls dem digitalen Paradigma folgend, immer nur eine Seite, wobei buchförmige Doppelseitigkeit und digitale Einseitigkeit sich ineinander verschränken: Die Doppelseite als buchtypische Ansicht wird im DTA ersetzt durch eine einseitige Ansicht, zu der – wiederum in tatsächlicher Verdoppelung der sprachlichen Informationen – die Transkription hinzutritt. Schrift-Bild und Text stehen als wechselseitig aufeinander bezogene Informationen zum Werk jeweils nebeneinander. Wie in den meisten digitalen Repräsentationen von Text tritt hingegen die Darstellung des Buchblocks in den Hintergrund.[15] Die maßgebliche Einheit zu der der jeweilige Text in Referenz gesetzt wird, ist im DTA neben der einzelnen Buchseite das Gesamtkorpus der digital vorgehaltenen Texte, nicht die materielle Gestalt des einzelnen Buchkörpers.[16] Die Länge des Textes, auf die im analogen Format nicht zuletzt Gewicht und Umfang des Bandes unmittelbar hinweisen, sowie die aktuelle Lektüre-Position in Relation zum Gesamttext kann im virtuellen Raum des DTA nur anhand eines Dropdown-Menüs am oberen Rand der Text-Bild-Ansicht ermessen werden.

Die Inszenierung des Buchs im DTA vernachlässigt also mit den Buchdeckeln, der Doppelseite und dem Buchblock gerade jene Merkmale analoger Buchförmigkeit, welche das Buch als dynamischen Gebrauchsgegenstand ausmachen. Es wird als analoges schriftbildliches Artefakt inszeniert, welches möglichst im ungenutzten – und das heißt auch: nicht-individualisierten – Originalzustand seiner Erstpublikation repräsentiert werden soll.[17] Es bildet als solches die statische Kulisse für eine Nutzung, welche maßgeblich auf der „Text"-Seite anhand digitaler Paradigmen erfolgt: Der Text

---

15 Buchdeckel und Buchblock sind zwar im DTA ebenfalls in Form von digitalen Abbildungen ohne weitere Angaben repräsentiert. Allerdings gelangt man zur Ansicht dieser Abbildungen nur auf Umwegen, indem man auf der Startseite des jeweiligen Bandes auf „alle Faksimiles" klickt und dann das entsprechende auswählt oder indem man nach Öffnen der „Text-Bild-Ansicht" von der Titelseite ausgehend ‚zurückblättert'. Die digitale Bibliothek der HAB Wolfenbüttel integriert hingegen digitale Abbildungen, die auch die Einbände und Buchrücken stärker einbeziehen. Zu prüfen wäre, inwieweit die Fokussierung auf mittelalterliche und frühneuzeitliche Bestände bzw. auf moderne Texte zu diesen Divergenzen in der Darstellung beiträgt. So bietet bspw. die Präsentation des *Codex Sinaiticus* im Netz Fotos mit Auflicht und mit schrägem Seitenlicht, damit die Materialität der Seite besser zur Geltung kommt (Knicke, Unebenheiten etc.), sowie eine auf Maschinenlesbarkeit angelegte physische Beschreibung; vgl. https://codexsinaiticus.org/de/project/edition.aspx9 [28.01.2021]. Ich danke Philipp Ajouri für den Hinweis auf diese Divergenzen in der digitalen Repräsentation materieller Eigenschaften.

16 Vgl. zur Beziehung von Körper und Schrift sowie zu den Verschiebungen im Rahmen der Digitalisierung auch Claire Clivaz: Covers and *Corpus* wanted! Some Digital Humanities Fragments. In: Digital Humanities Quarterly, Alliance of Digital Humanities 10.3 (2016), Abschnitt 1–24, http://digitalhumanities.org/dhq/vol/10/3/000257/000257.html [28.1.2021].

17 In den digitalisierten Exemplaren enthaltene Nutzungsspuren wie Bibliotheksstempel, Signaturen oder handschriftliche Eintragungen werden entsprechend nicht in die digitale Form übersetzt. Vgl. z. B. die handschriftliche Widmung auf dem Titelblatt von Friedrich Christoph Perthes: Der deutsche Buchhandel als Bedingung des Daseyns einer deutschen Literatur. 1816 http://www.deutschestextarchiv.de/book/view/perthes_buchhandel_1816?p=7 [28.01.2021].

existiert hier in verschiedenen Versionen („normierte Zeichen", „Originalzeichen", „XML-Ansicht"), er bietet mehrere Möglichkeiten zum Export sowie zur schreibweisentoleranten Volltextsuche. Der digital verdoppelte Text präsentiert sich damit als immateriell-variable Fort- und Umschreibung des analogen ‚Originals'. Schriftarten oder dem Text beigeordnete Abbildungen finden im Rahmen der digitalen Nutzung keine Berücksichtigung mehr, indem sie auf der „Text"-Seite nicht oder nur abstrakt repräsentiert sind.[18] Im Gegenzug trägt der digitale Text der stetigen Dynamik von Sprache Rechnung, indem historische Sprach- und Schriftstände versioniert an aktuelle Normen angepasst werden. Die performativen Varianzen auf der „Text"-Seite beziehen allerdings ihre Legitimation nicht zuletzt daraus, dass sie stets an die virtuelle Präsenz des analogen ‚Originalwerks' rückgekoppelt bleiben, was sich im Beibehalten der Aufteilung des Textes auf die Buchseiten sowie des Zeilenumbruchs als Organisationsstrukturen des Buchs ausdrückt. Nicht die Handschrift, sondern der einmal in Druckform fixierte Status eines Werks wird hier als Original zur begrenzenden Referenz der zu bewahrenden ‚Wissensstücke'[19] und zur Basis für die Dynamik digitaler Benutzung.

2 Das Buch als Teil der Werkgenese in der digitalen Edition

Digitale Editionen treten mittlerweile zumindest im Bereich der modernen Literatur unzweifelhaft die Nachfolge klassischer Printeditionen an. Für diese Tendenz kann eine Verschränkung aus pragmatischen, konzeptuellen und wissenschaftspolitischen Erwägungen verantwortlich gemacht werden, die im Ergebnis zu einer Vielzahl strukturell sehr unterschiedlicher Editionen geführt hat. Für diese greift eine binäre Differenzierung in Editionen die einem digitalen Paradigma folgen und solche, die es nicht tun,[20] deutlich zu kurz. Vielmehr ist für sämtliche im Internet rezipierbaren Editionen eine Mischung digitaler und analoger Ordnungsformen zu veranschlagen. Dies gilt zum einen deshalb, weil sich digitale Editionen in unterschiedlichen Graden von den Ordnungsformen der Gutenberg-Galaxis distanzieren bzw. diese beibehalten. Zum anderen beziehen digitale Editionen „im Zusammenhang mit den jüngsten Interessen der semiotisch interessierten Literaturwissenschaft an dem Phänomen Buchdruck und insbesondere Typografie"[21] zunehmend analog-buchförmige Versionen der edierten Werke in ihre Repräsentation ein.

---

18 Abbildungen werden auf der „Text"-Seite als „[Abbildung]" wiedergegeben.
19 „By surfing in the waters of the ‚web,' [sic!] it is eminently our responsibility to define, enclose and limit the pieces of knowledge we still want to keep, preserve and transmit." Clivaz: Covers and *Corpus* wanted! (wie Anm. 16) Abschnitt 19, http://digitalhumanities.org/dhq/vol/10/3/000257/000257.html [28.01.2021].
20 Vgl. zu dieser Unterscheidung Patrick Sahle: What is a Scholarly Digital Edition? In: Matthew James Driscoll, Elena Pierazzo (Hrsgg.): Digital Scholarly Editing. Theories and Practices. Cambridge 2016, S. 19–39, hier S. 26 f.
21 Wolfgang Lukas, Rüdiger Nutt-Kofoth, Madleen Podewski: Zur Bedeutung von Materialität und Medialität für Edition und Interpretation. In: Dies. (Hrsgg.): Text – Material – Medium.

Beide Tendenzen stehen dabei in wechselseitiger Beziehung zueinander. So halten viele der aktuellen digitalen Editionsprojekte wie etwa die *Faustedition*, *Musil online* oder das im Entstehen begriffene *Jean-Paul-Portal* an der maßgeblich durch die moderne Buchförmigkeit geprägten Ordnung von Literatur fest: Entscheidend sind die singuläre Autorin oder der singuläre Autor und das geschaffene Werk.[22] Im Kontrast zur massenhaften Repräsentation von literarischen Werken im DTA stehen hier jeweils Einzelwerke bzw. das Gesamtwerk einer Autorin / eines Autors im Zentrum der digitalen Repräsentation.[23] Gerade in diesen Editionen spielt ebenfalls die Inszenierung von analoger Buchförmigkeit eine gesteigerte Rolle. Die erweiterten Möglichkeiten der Integration und Vernetzung von digitalisierten Materialien führen hier dazu, dass nicht mehr nur Autografen, sondern zunehmend ebenfalls gedruckte Fassungen der Texte in der Edition repräsentiert werden. Sie werden in der *Faustedition* und auf *Musil online* jeweils unter dem Reiter „Archiv" als den Handschriften gleichwertige Werkstufen inszeniert, deren sprachliche Besonderheiten und materiell-mediales Erscheinungsbild im Fassungsvergleich zu berücksichtigen sind. Auch in der Ankündigung auf dem *Jean-Paul-Portal* heißt es explizit: „Die Editionen stellen die unterschiedlichen Druckfassungen von Hesperus, Vorschule und Siebenkäs synoptisch dar und verzeichnen sämtliche Varianten."[24] Die digitalen Editionen folgen damit Forderungen der literaturwissenschaftlichen Forschung, die parallel zum beschleunigten Medienwandel zunehmend die Relevanz des „bibliographic code"[25] für die Rezeption und Interpretation der Texte betont hat.[26]

Die Integration historischer Druckformate in die *Faustedition* und *Musil online* zeigen Unterschiede im Zusammenspiel analoger und digitaler Paradigmen und zeichnen ein ambivalentes Bild hinsichtlich der Inszenierung und Funktionalisierung von Büchern in digitalen Editionen. Die *Faustedition* bietet wie das DTA verschiedene Ansichten der Drucke des *Faust* zur Auswahl, wobei die rein ‚digitale' Ansicht mit

---

Zur Relevanz editorischer Dokumentationen für die literaturwissenschaftliche Interpretation. Berlin, Boston 2014, S. 1–22, hier S. 10. Vgl. zu den analogen Vorläufern dieser digitalen Tendenz ebd., S. 9.

22 Faustedition. Historisch-kritische Edition. Hrsg. von Anne Bohnenkamp, Silke Henke, Fotis Jannidis. Version 1.2 RC. Frankfurt am Main, Weimar, Würzburg 2019, http://faustedition.net [28.01.2021]; Musil online. Hrsg. von Anke Bosse, Artur Boelderl, Walter Fanta. Klagenfurt 2016, http://musilonline.at [28.01.2021]; Jean-Paul-Portal. Projektleitung: Barbara Hunfeld, http://www.jean-paul-portal.uni-wuerzburg.de/startseite/ [28.01.2021].

23 Gegenbeispiele digitaler Editionen wären z. B. die „digitale Quellenedition" des Sturm: Der Sturm. Digitale Quellenedition zur Geschichte der internationalen Avantgarde. Hrsg. von Marjam Trautmann und Torsten Schrade. Version 1. Mainz 2018, https://sturm-edition.de [28.01.2021], oder die Briefe und Texte aus dem intellektuellen Berlin um 1800. Hrsg. von Anne Baillot. Berlin 2015, https://www.berliner-intellektuelle.eu [28.01.2021].

24 http://www.jean-paul-portal.uni-wuerzburg.de/startseite/ [28.01.2021]. Noch abzuwarten bleibt allerdings, inwieweit sich die verzeichneten Varianten auch auf die Verwendung unterschiedlicher Drucktypen, Schriftgrößen, Durchschüsse etc. beziehen.

25 Vgl. Jerome J. McGann: The Textual Condition. Princeton 1991, S. 77.

26 Vgl. neben McGann einschlägig Chartier: Order (wie Anm. 9), S. 3 f.

Abb. 2: Ansicht der *Faust*-Ausgabe bei Göschen mit ausgewählter Parallelansicht von Faksimile und Transkription

scrollbarem Endlostext die Grundeinstellung bildet. Die visuelle Ebene der Drucke ist also der sprachlichen klar nachgeordnet. Die Buchpublikationen können allerdings bei entsprechender Vorauswahl als alleinige Repräsentationsformen des Drucks in Form der digitalen Faksimiles der einzelnen Buchseiten betrachtet oder in einer Parallelansicht mit der digitalen Transkription gelesen werden. Insbesondere die Parallelansicht verdeutlicht die Kombination der unterschiedlichen Paradigmen und daran geknüpften Nutzungsmodalitäten, wenn in der Inszenierung des gedruckten Buchs durch Klicken virtuell geblättert wird, wobei sich der digitale Text der Transkription jeweils gemäß der entsprechenden Stelle im Buch automatisiert ‚abspult'. Dass die digitalisierte gedruckte Seite hierbei ähnlich wie im DTA eher dem groben Eindruck denn der tatsächlichen buchmäßigen Nutzung dient, lässt sich aus der geringen Größe des Digitalisats schließen, welche die Lektüre sehr unbequem macht. Varianten zwischen verschiedenen Ausgaben werden zudem ausschließlich in Bezug auf die sprachliche Gestalt, das heißt auf den von Goethe explizit kontrollierten Teil des Textes verzeichnet. Die typografischen und buchgestalterischen Differenzen bleiben unmarkiert. Entsprechend finden, wie Abbildung 2 zeigt, auch die nicht von Goethe stammenden Illustrationen keinerlei Repräsentation auf der ‚digitalen Seite'.[27]

Stärker für die tatsächliche Nutzung konzipiert erscheint die Inszenierung der Drucke des *Manns ohne Eigenschaften* (MoE) auf *Musil online*. Die Plattform bietet

---

27 Vgl. http://faustedition.net/document?sigil=S&page=8&view=facsimile_text [28.01.2021].

neben dem durch die Kapitelunterteilung strukturierten digitalen Endlostext eine Sammlung der digitalisierten Teilveröffentlichungen des Werks in Zeitungen und Zeitschriften sowie Digitalisate der Erstausgabe. Eine Übersicht sämtlicher Digitalisate eines Bandes vermittelt einen ungefähren Eindruck der Textlänge und damit ein digitales Äquivalent zum analogen Buchumfang. Beim Anklicken einer Seite wird diese auf ‚Lektüreformat' vergrößert und es lässt sich wiederum durch Anklicken im repräsentierten Band weiterblättern. Wie in der *Faustedition* erfolgt allerdings auch hier die Repräsentation anhand von Einzelseiten. Die Wirkung des gedruckten Buchs wird auf diese Weise für die Lektüre auf Lesegeräten unterschiedlichen Formats optimiert und dabei an die Erscheinung von Text im E-Book angeglichen. In diesem Zusammenhang geht allerdings mit der Doppelseitigkeit ein sowohl semantisch als auch für die Benutzung relevantes Charakteristikum des gedruckten Buchs verloren.

Die digitalen Buch-Inszenierungen erfolgen, der grundsätzlichen Anlage der Editionen gemäß, explizit Autor-bezogen. Dabei bleiben die weiteren Akteurinnen und Akteure, welche durch die Integration der Bücher in die Edition ins Blickfeld geraten (könnten), unberücksichtigt. Die *Faustedition* integriert ausschließlich die von Goethe selbst verfügten Drucke, bleibt also eher auf die Produktions- denn auf die Rezeptionsperspektive bezogen. Eine Lesenden-Geschichte des *Faust* lässt sich auf diese Weise nicht schreiben. Auch der neuen Jean Paul Hybrid-Edition geht es um „die Darstellung der Schreibwerkstatt *des Autors*",[28] der auch die „digitale Bereitstellung aller relevanten Primärtexte zum Werk des Autors (in Bild und Text)" dient.[29] Das auf *Musil online* gezeigte Digitalisat repräsentiert nicht nur die Erstausgabe, sondern es handelt sich dabei um Musils Handexemplar des MoE.[30] *Musil online* inszeniert also nicht nur eine bestimmte Ausgabe, sondern es ist das singuläre, vom Autor benutzte Exemplar, welches im Zentrum der Inszenierung steht.[31] In den untersuchten digitalen Editionen erscheint also das gedruckte Buch ähnlich wie die handschriftlichen Entwürfe und Reinschriften als Teil des sich über mehrere Stufen entwickelnden literarischen Werks. Die allografe Herstellung von Büchern wäre im Zusammenhang einer solch prozessualen Inszenierung dazu geeignet, das tradierte Gespann von Autor/Autorin und Werk in Frage zu stellen und um Illustrierende, Verlegende, Buchdruckende, Rezensierende u. v. m. zu ergänzen. Diese an der Herstellung der Bücher sowie der Weiterentwicklung der Texte maßgeblich beteiligten Akteurinnen und Akteure des

---

28 http://www.jean-paul-portal.uni-wuerzburg.de/neue-werkausgabe/pilotband-hesperus/ [28.01.2021] (meine Hervorhebung).
29 http://www.jean-paul-portal.uni-wuerzburg.de/neue-werkausgabe/ [28.01.2021].
30 Auch die Weiterentwicklung des TEI-Annotationsmodells für *Musil online* zielt dezidiert auf eine Repräsentation des Schreibprozesses des Autors; vgl. Walter Fanta: Ein Schema für das Schreiben. Musils Nachlass als Modell. In: Julia Nantke, Frederik Schlupkothen (Hrsgg.): Annotations in Scholarly Editions and Research. Functions, Differentiation, Systematization. Berlin, Boston 2020, S. 57–86, https://doi.org/10.1515/9783110689112 [28.01.2021].
31 Der damit einhergehende höhere Stellenwert des konkreten Artefakts erklärt eventuell auch die festgestellten Differenzen in der Repräsentation zwischen *Faust*-Ausgabe und MoE-Exemplar.

Literaturbetriebs bleiben allerdings gänzlich unerwähnt. Das Netzwerk als digitales Paradigma par excellence ist hier ausschließlich als Textnetzwerk im Dienste tradierter Autorschaft präsent. Das literarische Werk in seinen unterschiedlichen Fassungen und Aggregatzuständen bildet den Rahmen für die sich darunter auffächernde Textvielfalt. Die Fokussierung auf Handexemplare und vom Autor verfügte Ausgaben verlängert dabei die Werkgenese bis zur Herstellung und Überarbeitung der Publikationen und perpetuiert so in der Inszenierung der Bücher die Vorstellung der singulären Autorschaft.[32]

3 Das Buch als Akteur in der digitalisierten Bibliothek

Während das DTA als Bibliothek ausschließlich im virtuellen Raum existiert, werden zunehmend ebenfalls die erhalten gebliebenen Bibliotheken von Schriftsteller*innen und Wissenschaftler*innen zum Gegenstand von Digitalisierungsprojekten.[33] Im Gegensatz zum DTA handelt es sich hierbei um Sammlungen, die bereits im analogen Raum bestanden, die aber durch ihre Überführung in den digitalen Raum eine ganz andere Sicht- und Nutzbarkeit erlangen. Privatbibliotheken als spezifische Zusammenstellungen von Büchern rücken dadurch, dass ihnen eigene digitale Portale und Erschließungsprojekte gewidmet werden, überhaupt erst in den literaturwissenschaftlichen Fokus. Gleichzeitig erfahren sie dabei eine Anpassung an digitale Raumorganisationsprinzipien. Die damit einhergehenden spezifischen Inszenierungsformen rücken vor allem den konkreten Bezug der jeweiligen Sammlung zu ihrem prominenten einstmaligen Besitzer in den Fokus. Projekte wie *Fontanes Handbibliothek*,[34] *Arendt Marginalia*,[35] *Derrida's Margins*[36] oder *Beckett Digital Library*[37] inszenieren nicht primär die digitalisierten Bücher als Werke unterschiedlicher Autorinnen und Autoren, sondern die Bibliotheksbesitzer Theodor Fontane, Hannah Arendt, Jacques Derrida und Samuel Beckett als Leserinnen und Leser. Aus diesem Umstand resultieren entscheidende Differenzen im Vergleich mit dem DTA und den digitalen Editionen, wobei gleichzeitig einige Konstanten in der Repräsentation der Bücher zu beobachten sind, die als grundlegende Charakteristika der digitalen Repräsentation gedruckter Literatur gelten können.

---

32 Vgl. zur Vereinbarkeit „[k]ollaborative[r] kulturelle[r] Prozesse wie [der] Herstellung eines literarischen Textes oder eines materiellen Buches" mit „singularisierenden Zuschreibungspraktiken wie der Zuschreibung individueller Autorschaft" Carlos Spoerhase, Erika Thomalla: Werke in Netzwerken. Kollaborative Autorschaft und literarische Kooperation im 18. Jahrhundert. In: Zeitschrift für deutsche Philologie 139.2 (2020), S. 145–163, hier S. 149.
33 Vgl. dazu die Beiträge in Michael Knoche (Hrsg.): Autorenbibliotheken. Erschließung, Rekonstruktion, Wissensordnung. Wiesbaden 2015 (Bibliothek und Wissenschaft; 48).
34 https://uclab.fh-potsdam.de/ff/ [28.01.2021]
35 https://www.bard.edu/library/archive/arendt/marginalia.htm [28.01.2021]
36 https://derridas-margins.princeton.edu/library/ [28.01.2021]
37 https://www.beckettarchive.org/library/home/welcome [28.01.2021]

Abb. 3: Startseite von *Fontanes Handbibliothek*

Während im DTA das möglichst unbenutzte Buch im Originalzustand seiner Erstveröffentlichung archiviert und präsentiert wird, die virtuelle Präsentation also eine bestimmte *Manifestation* eines Werks repräsentiert, präsentieren die digitalen Autorenbibliotheken wie auch das Portal *Musil online* gerade das spezifische, von einem bestimmten (ehemaligen) Besitzer/einer Besitzerin genutzte *Exemplar* eines Buchs.[38] Dabei interessiert entsprechend nicht nur und nicht vorrangig die verlegerseitig hergestellte paratextuelle Gestalt als zeithistorisches Zeugnis, sondern die im Falle des DTA nicht ‚mitinszenierten' Spuren der vormaligen Buchbenutzung werden zum zentralen Gegenstand der digitalen Inszenierung.

So ist der Zugriff auf die Bände in *Fontanes Handbibliothek* maßgeblich anhand der unterschiedlichen „Lesespur-Typen" strukturiert, denen verschiedene Farbcodes zugewiesen sind und in denen über die Suchzeile in der oberen rechten Ecke recherchiert werden kann. Die Visualisierung des digitalisierten Bestands ermöglicht auf der Startseite sofort einen groben Überblick darüber, wie viele Annotationen Fontanes jedes Buch enthält und welcher Art diese sind. Von den Büchern selbst sind hingegen zunächst höchstens die Autornamen sichtbar, sofern mehrere Bände des betreffenden

---

[38] Zur systematischen Differenzierung zwischen Manifestation und Exemplar in Bezug auf den Werkbegriff vgl. Arbeitsstelle für Standardisierung (Hrsg.): Funktionellen Anforderungen an bibliografische Datensätze. Leipzig, Frankfurt am Main, Berlin 2006. URN: urn:nbn:de:1111-20040721195 https://www.ifla.org/files/assets/cataloguing/frbr/frbr-deutsch.pdf [28.01.2021].

Autors vorhanden sind. Die Werktitel erscheinen grundsätzlich erst beim Überfahren der Visualisierung mit der Maus.

Auf den ersten Blick lässt sich deshalb feststellen, dass Fontane zwar mehrere Bände von Theodor Storm besaß, diese aber nur mit wenigen Anmerkungen versah. Die ersten beiden in seinem Besitz befindlichen Bände von Gustav Freytags *Soll und Haben* hingegen annotierte Fontane – wohl im Zusammenhang mit seiner Rezension zu dem Roman[39] – sehr umfänglich. Der genauere Blick in die Annotationen zeigt, dass vor allem „Markierungen" sowie vereinzelt schriftliche „Marginalien" vorhanden sind, welche in der durch die Projektverantwortlichen vorgenommenen Kategorisierung den Rubriken „Kommentar" und „Bewertung" zugeordnet werden. Ausgestellt wird hier also Fontanes Auseinandersetzung mit Freytags Roman und dabei exemplarisch das ‚Lesen mit dem Stift' als grundsätzliche Arbeitstechnik u. a. des Rezensenten literarischer Werke.[40] Die Bearbeitungsspuren, welche im Rahmen der digitalen Repräsentation in verschiedene Gruppen eingeteilt und transkribiert wurden und in der Benutzung einzeln angesteuert werden können, ermöglichen somit Einblicke in die Arbeitsweisen der Bibliotheksbesitzer*innen beim Verfassen eigener Texte.

Durch die Inszenierung als ‚das Buch von Fontane' tritt der Einzelwerkcharakter des jeweiligen Bandes in den Hintergrund. Die Präsentationsweise befördert vielmehr ein Durchklicken und Vergleichen der Marginalien,[41] wobei der gedruckte Text in einen Flickenteppich aus annotierten Textstellen zerfällt. Die einzelnen Buchseiten werden zwar wie im DTA und den Editionen in Form von digitalen Abbildungen repräsentiert, sind aber erst in einer sekundären Ansicht anzusteuern und dienen hier vor allem als Referenz für die Annotationen, die sich – in einer den bisher betrachteten Portalen vergleichbaren Doppelansicht – als Transkriptionen auf der rechten Seite finden. Die Ordnung des Buchs ist in der Präsentation eindeutig der Anordnung anhand der Nutzungsspuren unterworfen. *Derrida's Margins* repräsentiert dem Titel des Projekts entsprechend überhaupt nur jene Seiten, die Bearbeitungsspuren von Derrida enthalten.

Im Kontrast zu dieser Fragmentierung ist jedes Buch in den Gesamtzusammenhang der spezifischen Sammlung einer Privatbibliothek sowie als aktives Verbindungsglied in die Dynamik zwischen der Rezeption bestehender und der Produktion neuer Literatur eingebunden. Im Projekt *Derrida's Margins* funktioniert diese Verknüpfung sogar wechselseitig von der Bibliothek auf Derridas eigenen Text *De la grammatologie* sowie ausgehend von *De la grammatologie* auf die dort enthaltenen Referenzen auf andere Texte. Diese doppelte Perspektivierung determiniert wiederum die reprä-

---

[39] Vgl. Theodor Fontane: [Rezension zu] Gustav Freytag: Soll und Haben. Ein Roman in drei Bänden. In: Literatur-Blatt des Deutschen Kunstblattes 2 (1855), S. 59–63.

[40] Vgl. dazu auch die Projektbeschreibung auf der Startseite von *Derrida's Margins* (wie Anm. 34).

[41] Dies wird explizit befördert durch den für Fontanes Handbibliothek links oben anwählbaren ‚Vergleichsmodus', der eine „visuelle Anordnung basierend auf einer Ähnlichkeitsanalyse der Lesespuren verschiedener Bücher und Verfasser*innen" bereitstellt; vgl. https://uclab.fh-potsdam.de/ff/#modus=similarity?level=0?filter=null?auswahl=0 [28.01.2021].

sentierte Buchförmigkeit, indem die annotierten Stellen entweder in der originalen Seitenreihenfolge oder in der Reihenfolge, in der sie bei Derrida referenziert werden, angezeigt werden können.

Während die Bücher im DTA als statische Bilder präsentiert werden und in den Editionen bestimmte Werkstufen repräsentieren, erscheinen sie in den digitalisierten Privatbibliotheken als Objekte in Benutzung – mit Bruno Latour ließe sich von nichtmenschlichen Akteuren sprechen.[42] Das Buch besteht in dieser Inszenierung nicht als passives Objekt, sondern als Lese- und Denkmaschine,[43] die an der dialogischen Entwicklung eigener Ideen teilhat und verschiedene Stadien der geistigen und geisteswissenschaftlichen Arbeit miteinander verbindet. Digitale Organisationsformen des Sortierens und Visualisierens repräsentieren in der Inszenierung der Privatbibliotheken analoge Praktiken des Lesens, Analysierens, Kommentierens und Zitierens. Gerade die im DTA und den Werk-Editionen ausgeblendeten Akteur*innen und Praktiken rücken – allerdings nur über den Umweg der Prominenz der jeweiligen Bibliotheksbesitzer*innen und Buchnutzer*innen – in den Fokus. Inszeniert werden Buchförmigkeit als Möglichkeit der freien Kombinierbarkeit von fremdem Wissen und eigenen Überlegungen sowie der Prozess der Textproduktion im Netzwerk der beteiligten Akteurinnen und Akteure. Autorschaft erscheint „als kollektive[r] kreative[r] Vorgang", welcher „Textualität als netzwerkförmiges soziales Beziehungsgefüge" hervorbringt.[44]

4   Resümee – Das Buch in digitalen Forschungsumgebungen zwischen Artefakt und Akteur

Digitalisate gedruckter Bücher dienen vielfach der Repräsentation von Literatur in digitalen Forschungsumgebungen. Buchförmigkeit als Merkmal ursprünglich gedruckt publizierter Literatur erlangt auf diese Weise gerade in den digitalen Geisteswissenschaften eine neue Sichtbarkeit und einen höheren Status in Relation zur Literatur, der sie im analogen Raum standardmäßig zur Sichtbarkeit verhalf, wobei sie selbst weitgehend unsichtbar blieb.[45] Während literarische Werke klassischerweise unabhängig von ihrer Repräsentation in einer bestimmten (Buch-)Ausgabe betrachtet werden,[46] wirkt diese buchförmige Materialität nun als relevantes Merkmal des jeweils digital

---

[42] Vgl. Bruno Latour: Eine neue Soziologie für eine neue Gesellschaft. Einführung in die Akteur-Netzwerk-Theorie. Frankfurt am Main 2010, S. 81. Zum Status von Objekten als Akteuren in der Akteur-Netzwerk-Theorie vgl. auch ebd., S. 122 f.
[43] Roland Reuß: Die perfekte Lesemaschine. Zur Ergonomie des Buches. Göttingen 2014.
[44] Spoerhase, Thomalla: Werke (wie Anm. 32), S. 146.
[45] Vgl. Lukas, Nutt-Kofoth, Podewski: Materialität (wie Anm. 21), S. 13 f.
[46] Vgl. dazu die Differenzierung zwischen Druck und Handschrift in Reuß: Spielräume (wie Anm. 3), S. 57–62.

repräsentierten Werks.[47] Es handelt sich dabei allerdings stets um inszenierte Buchförmigkeit, in deren Rahmen bestimmte Eigenschaften des Buchs erhalten bleiben oder sogar explizit hervorgehoben werden, andere hingegen wegfallen oder nur noch als marginalisierte Überreste mitgeführt werden. Die digitalen Inszenierungen analoger Buchförmigkeit zeugen auf diese Weise von den (Forschungs-)Perspektiven, unter denen Bücher als (re)präsentationswürdige Objekte betrachtet und für bestimmte Zwecke funktionalisiert werden. Die Multimodalität des Buchs ermöglicht dabei allerdings Inszenierungen unterschiedlicher ‚Werkeigenschaften'.

Die Funktionen von Büchern in digitalen Forschungsumgebungen lassen sich – so das Ergebnis der vorangegangenen Untersuchungen – auf einer Skala zwischen schriftbildlichem Artefakt und dynamischem Akteur im Prozess der Werkwerdung verorten. Das Buch als Artefakt und Sammlungsgegenstand sowie insbesondere die einzelne Buchseite bilden in allen untersuchten Forschungsumgebungen Ordnungsstrukturen zur Verortung und Begrenzung von Text im Netz sowie zur In-Beziehung-Setzung von verschiedenen Werken und von Werken mit anderen Formen der Schriftlichkeit wie Notizen und Annotationen. Der im DTA vorrangig für die digitale Nutzung in immateriellen und unbegrenzt erweiterbaren Korpus-Verbünden vorgehaltene Text erhält durch das mit ihm verknüpfte Buch einen stabilen historisch-materiellen Bezugspunkt, der dessen Werkstatus verbürgt. Die Vielzahl an Ausgaben und Exemplaren eines Buchs, welche historisch entscheidend zur Marginalisierung der materiellen Erscheinung von Literatur sowie zum Erfolg der Vorstellung eines immateriellen literarischen Werks beigetragen hat, reduziert sich in diesem Zusammenhang auf eine spezifische singuläre Gestalt als Verkörperung des jeweiligen Werks und befördert die Werkwerdung des Buchs in seiner digitalen Repräsentation. Aspekte der Benutzung des Buchs werden dabei hingegen tendenziell ausgeblendet.

Eine stärker dynamische Inszenierung erfahren die Bücher im Rahmen digitaler Editionen. Hier repräsentieren sie komplementär zu den handschriftlichen Entwürfen und Reinschriften einen Teil oder den Endpunkt einer über das Ende des eigentlichen Schreibakts hinaus verlängerten Werkgenese. Gerade die Repräsentation verschiedener Buch-Ausgaben erzeugt dabei den Eindruck eines beobachtbaren Herstellungsprozesses, der wie der Akt der Textproduktion durch Varianten und Fassungen gekennzeichnet ist. Während in den Editionen trotz dieser Dynamik weiterhin der Artefakt-Charakter des Buchs als stabile Textstufe zentral bleibt, inszenieren die digitalisierten Autorenbibliotheken das Buch vorrangig als genutztes Objekt im Zuge literarischer und philologischer Arbeitspraktiken. Die Objekthaftigkeit des Buchs ist hier vor allem relevant als Ermöglichungsbedingung für die in den Vordergrund gerückten Praktiken des Kommentierens, Zitierens, Um- und Überschreibens.

---

47 Für die Periode seit der Etablierung des Buchdrucks wird damit auch dem Umstand Rechnung getragen, dass beim Verfassen der Texte deren buchförmige Erscheinungsweise potenziell mitgedacht wurde.

Die Integration des Buchs in die Werk-Repräsentation dient also in der Gesamtschau der Stabilisierung der digitalen Texte, wobei deren Dynamiken teilweise der digitalen Nutzung geschuldet sind, aber ebenfalls analoge Dynamiken des Um- und Überschreibens abbilden. Deshalb dynamisieren die Buch-Repräsentationen das philologische Werkkonzept, indem sie Veränderungen sichtbar machen. Das immaterielle Werk als Endprodukt der künstlerischen Produktion erfährt durch seine Bindung an konkrete schriftbildliche Erscheinungsweisen, die nicht nur in Papierqualität, Drucktype etc. variieren und so von bestimmten Produktionszusammenhängen zeugen, sondern weiterhin durch Spuren von Lektüre und Bearbeitung gekennzeichnet sind, eine zeiträumliche Kontextualisierung und wird auf diese Weise ebenfalls als Stufe und Teil des Zyklus von Produktion und Rezeption erkennbar. Diese Kontextualisierung des Werks hat allerdings bislang kaum Einfluss auf die Exklusivität der Verknüpfung von singulärer Autorschaft und Werk. Bücher werden auch im Rahmen der untersuchten digitalen Forschungsumgebungen ausschließlich mit Bezug auf die Text-Autor*innen als Werke inszeniert, die allerdings in verschiedenen Rollen – als Schreibende, Lesende, Rezensierende, Überarbeitende – auftreten. Anhand der Bücher werden mit der Herstellung und Rezeption neue Ebenen literarischen und philologischen Arbeitens sichtbar, die das Werkverständnis erweitern. Diese Sichtbarkeit bleibt allerdings auf die (vermeintlich) singulären Autorinnen und Autoren der Texte bezogen.

Entsprechend sind in der Inszenierung der Bücher Charakteristika kaum relevant, die zwar zentral für die Buchförmigkeit sind, aber jenseits der Tätigkeit der berühmten Autorinnen und Autoren liegen: Typografie, Buchgestaltung und Illustrationen sind zwar auf den digitalen Abbildungen der Bücher sichtbar, da sie aber – im Gegensatz etwa zu historischen Sprachständen oder sprachlichen Varianten – nirgendwo explizit benannt bzw. für die maschinelle Auswertung vorgehalten werden, können die gezeigten digitalen Abbilder lediglich den Ausgangspunkt für weitere Recherchen bilden.[48] Gänzlich unrepräsentiert bleibt in den untersuchten Beispielen zudem die konstitutive Doppelseitigkeit des Buchformats. Sie wird in den digitalen Forschungsumgebungen standardmäßig ersetzt durch eine neue Form der Doppelansicht bestehend aus Digitalisat und Transkription.[49] In dieser Ansicht wird das Buch in seiner Dimensionalität und Funktionalität wiederum reduziert sowie als Medium historisiert, indem der je nach Größe mehr oder weniger gut lesbaren Buchseite jeweils eine digitale Übersetzung zur Seite gestellt wird.

Dem Relevanzgewinn, den das Buch durch seinen Einbezug in den Werkzusammenhang erfährt, steht in den untersuchten Inszenierungen eine Komplexitätsreduktion in

---

48 Bereits Lukas, Nutt-Kofoth, Podewski, Materialität (wie Anm. 32), S. 14, verweisen auf die mangelnde „Berücksichtigung der Publikationsmedien als ganze, eigenständige Agenten".
49 Vgl. hierzu auch Julia Nantke: Konzepte digitaler (Re-)Präsentation von Literatur zwischen Pluralisierung und Standardisierung. In: Martin Huber, Sybille Krämer, Claus Pias (Hrsgg.): Forschungsinfrastrukturen in den digitalen Geisteswissenschaften. Wie verändern digitale Infrastrukturen die Praxis der Geisteswissenschaften? Frankfurt am Main 2019, S. 58–76, hier S. 63. URN: urn:nbn:de:hebis:30:3-526104.

Bezug auf seine Gestalt, die daran geknüpften Ausdrucks- und Nutzungsformen sowie die an seiner Herstellung beteiligten Akteurinnen und Akteure gegenüber. Die aktuellen Ansätze zur Repräsentation von Büchern in digitalen Forschungsumgebungen zeigen allerdings bereits das Potenzial einer solchen Inszenierung für eine stärker dezentrale Repräsentation von literarischen und philologischen Praktiken zwischen Produktion, Herstellung und Rezeption von Literatur. Die Einbindung historischer medialer Praktiken und Schriftzustände könnte zukünftig noch viel stärker dazu genutzt werden, Schreib-, Lektüre- und Herstellungspraktiken als Prozesse der Werkwerdung nachvollziehbar zu machen und das Netzwerk der an diesen beteiligten Akteurinnen und Akteure in den Blick zu rücken.

Anke Vogel

Cover Reveals bei Instagram – Emotional-ästhetische Neuinszenierung von Buchankündigungen

1 Ästhetisch und emotional – Das Erfolgsrezept von Instagram

„Auf Instagram findet ein reger Austausch zu verschiedensten Themen statt, so auch zum Thema Lesen und Bücher: Die #bookstagram-Community ist sehr aktiv und immer auf der Suche nach Leseinspiration."[1] So beschreibt Clarissa Niermann von der Content und Community Management Agentur bilandia die Bedeutung von Instagram für die Buchbranche. Die Foto- und Videoplattform erreichte 2020, rund zehn Jahre nach ihrer Einführung im Oktober 2010, weltweit rund eine Milliarde Nutzer, in Deutschland rund 21 Millionen.[2] Insbesondere jüngere Personen nutzen die Plattform intensiv: Im Jahr 2019 gaben 19% der deutschsprachigen Bevölkerung ab 14 Jahren an, Instagram mindestens wöchentlich zu nutzen; Frauen etwas häufiger als Männer (20% zu 17%). Bezogen auf die Altersgruppen, die Instagram regelmäßig nutzen, gibt es deutliche Unterschiede: Von den 14- bis 29-Jährigen gaben 59% Prozent eine mindestens wöchentliche Nutzung an, bei den 30- bis 49-Jährigen 17%, bei den 50- bis 69-Jährigen 5% und bei den ab 70-Jährigen wird überhaupt keine Nutzung angegeben. Bei der täglichen Nutzung sieht das Bild ähnlich aus: 13% der Befragten gaben an, Instagram täglich zu nutzen, Frauen und Männer lagen dabei gleich auf. Mit 47% ist wiederum die Gruppe der 14- bis 29-Jährigen deutlich am stärksten vertreten, während von den 30- bis 49-Jährigen nur noch 8% täglich Instagram nutzen und bei den 50- bis 69-Jährigen nur noch 2%.[3] Die Corona-Pandemie hat ab dem Frühjahr 2020 zu einer gesteigerten Social-Media-Nutzung geführt. Eine repräsentative Studie des Digitalverbands Bitkom ergab, dass drei Viertel der Internetnutzer ab 16 Jahren entsprechende Aktivitäten erhöht haben.[4]

---

1 Verkauft man über Instagram auch Bücher, Frau Niermann? In: buchreport Wissen 6 (2019), S. 13.
2 Vgl. Jan Firsching: Instagram Statistiken für 2020. Nutzerzahlen, Instagram Stories, Instagram Videos & tägliche Verweildauer. In: Futurebiz vom 07.07.2020. https://www.futurebiz.de/artikel/instagram-statistiken-nutzerzahlen/ [30.08.2020].
3 Vgl. ARD/ZDF-Onlinestudie: Nutzung von Social Media/WhatsApp 2020 https://www.ard-zdf-onlinestudie.de/social-mediawhatsapp/ [05.04.2021]
4 Nina Paulsen, Marie Anne Nietan, Sebastian Klöß: Social-Media-Nutzung steigt durch Corona stark an. bitkom.org vom 27.05.2020. https://www.bitkom.org/Presse/Presseinformation/Social-Media-Nutzung-steigt-durch-Corona-stark-an [30.08.2020].

Manuel Faßmann und Christoph Moss haben in einer Studie mit mehreren Fokusgruppen Unterschiede zwischen verschiedenen Social-Media-Kanälen herausgearbeitet, wobei für Instagram eine starke Prägung durch die Community festgestellt wurde. Insbesondere die Inszenierungsmöglichkeiten scheinen den Reiz der Plattform auszumachen; die Präsentation einer virtuellen perfekten Welt wird von den Nutzern angestrebt.[5] Von der jungen weiblichen Nutzergruppe wird „Instagram als Inspirationsquelle für das übergeordnete Thema Lifestyle" genutzt. „Aus diesem Grund wird an Instagram auch ein wesentlich höherer ästhetischer und künstlerischer Anspruch gestellt, als das bei Facebook und Twitter der Fall ist."[6] Nach Laura Maleyka operiert die Bildkommunikation auf Instagram über einen Code des Schönen. Instagram leistet ihrer Einschätzung nach einen Übersetzungsprozess, bei dem vermeintlich gewöhnliche Motive in außergewöhnliche Motive transformiert werden.[7] „Als visuelle Fotoplattform ist Instagram" Niermann zufolge, „bestens geeignet, schöne Produkte zu zeigen."[8]

Gut gestaltete Buchcover scheinen also per se geeignet für diesen Kommunikationskanal. Im Vergleich zu anderen Social-Media-Kanälen wird Instagram als am emotionalsten bewertet, was darauf zurückzuführen ist, dass er mit Bildern und Fotos assoziiert wird, die als emotionale Beitragsart empfunden werden.[9] Für Facebook wurde festgestellt, dass Bilder eine Steigerung der Interaktion zwischen 120% und 180% bewirken, „was den allgemeinen Trend für Bildwelten in Social-Media-Kanälen erklärt".[10]

In den letzten Jahren zeichnet sich ein „pictorial turn" in der Kommunikation auf sozialen Netzwerken ab. Seit 2010 verzeichneten insbesondere Plattformen, auf denen Bilder im Vordergrund stehen (Pinterest, Instagram, Snapchat und Youtube), große Mitgliederzuwächse. „Damit scheint insbesondere die bildvermittelte Kommunikation von Privatem einen populären Resonanzraum geschaffen zu haben."[11] Instagram stellt „einen Marktplatz für Waren dar, die mithilfe von Bildern – insbesondere in Form von bildbasierten, autobiografisch anmutenden Narrativen bzw. Fiktionswelten sogenannter ‚Influencer' – beworben werden".[12]

---

5 Vgl. Manuel Faßmann, Christoph Moss: Instagram als Marketing-Kanal. Die Positionierung ausgewählter Social-Media-Plattformen. Wiesbaden 2016, S. 27-28.
6 Ebd., S. 28.
7 Vgl. Laura Maleyka: „Instagram ist halt ne App für Bilder und wer findet Bilder denn nicht schön?" Privatheit und Öffentlichkeit in bildzentrierter Kommunikation auf Social Network Sites. In: Patrik Ettinger, u. a. (Hrsgg.): Intimisierung des Öffentlichen. Zur multiplen Privatisierung des Öffentlichen in der digitalen Ära. Wiesbaden 2019, S. 191-210, hier S. 198.
8 Verkauft man über Instagram auch Bücher, Frau Niermann? (wie Anm. 1), S. 13.
9 Vgl. Faßmann, Moss: Instagram als Marketing-Kanal (wie Anm. 5), S. 27.
10 Ebd., S. 13.
11 Maleyka: „Instagram ist halt ne App für Bilder und wer findet Bilder denn nicht schön?" (wie Anm. 7), S. 192.
12 Katja Gunkel: Der Instagram-Effekt. Wie ikonische Kommunikation in den Social Media unsere visuelle Kultur prägt (Dissertation, Goethe Universität Frankfurt am Main). Bielefeld 2018, S. 33–34.

Voraussetzung dafür, Zugriff auf die der Foto- und Videosharing Community Instagram zu haben und als Influencer aktiv werden zu können, ist eine Registrierung. Danach können (Bewegt-)Bilddateien hochgeladen und mit Filtern und anderen Werkzeugen bearbeitet werden. Beschreibungstexte (Captions) können 2.200 Zeichen umfassen, zudem können 30 Hashtags gesetzt werden. Darüber hinaus werden das Kommentieren, Liken und Folgen anderer Nutzer möglich, Nutzer und Accounts können in Bildern markiert werden.[13] Die Video-App Instagram TV (IGTV) steht seit 2018 zur Verfügung und ermöglicht mittlerweile das Einbinden umfangreicherer Videos. Das Ansehen von Bildern und Videos ist auch ohne Registrierung möglich.

2 Storytelling oder impression management? Instagram als Kanal für Buchkommunikation

Nachdem die Studie „Buchkäufer, quo vadis?" des Börsenvereins des deutschen Buchhandels im Jahr 2018 einen erheblichen Verlust von Buchkäufern in den Altersgruppen 20 bis 49 Jahre festgestellt hat, bei einer parallel gestiegenen Internetnutzung[14], wird einmal mehr Hoffnung auf das Internetmarketing gesetzt, um Buchkäufer dort abzuholen, wo sie sich ohnehin bewegen. Bei jüngeren Zielgruppen ist dies mit momentan steigender Beliebtheit Instagram. Buchhandel und Verlagshäuser sind auf die #bookstagram-Community aufmerksam geworden und arbeiten zunehmend mit Influencern[15] zusammen. Während die Bookstagrammerin Isabella Caldart noch im Mai 2020 fehlende Beachtung durch Belletristikverlage beklagte,[16] intensivierte das Buchhandelsunternehmen Hugendubel seine Bemühungen um Kooperationen mit Influencern. In einem Gespräch mit der Journalistin Belinda Duvinage äußert Franziska Hansel von Hugendubel, dass durch Instagram ein neuer Raum jenseits von Litera-

---

13 Vgl. Faßmann, Moss: Instagram als Marketing-Kanal (wie Anm. 5), S. 14.
14 Vgl. die Kernergebnisse der Studie: Buchkäufer, quo vadis? Börsenverein des deutschen Buchhandels. Frankfurt am Main 2018. https://www.boersenverein.de/markt-daten/marktforschung/studien-umfragen/studie-buchkaeufer-quo-vadis/ [16.03.2021].
15 „Vom englischen ‚influence' (deutsch: Einfluss) kommend, bedeutet Influencer eine Person, die andere durch ihr Tun und Handeln beeinflusst. Status und Popularität dieser Person spielen hierbei eine entscheidende Rolle (Grabs und Sudhoff 2014, S. 229). Einen Influencer definiert die Fähigkeit, durch seine Autorität bzw. Beliebtheit Meinungen und/oder Verhalten anderer zu beeinflussen. Influencer sind Multiplikatoren, die Produkte, Marken und ihre Werbebotschaften über diverse Kommunikationskanäle, vor allem aber über das Internet, weiterverbreiten. Deshalb ist Influencer-Marketing auch ein schmaler Grat zwischen Werbung und authentischer Berichterstattung im journalistischen Sinn. Multiplikatoren können ihre Botschaften in einem Bild auf Instagram, mit einem Facebook-Posting, auf einer Pinnwand bei Pinterest oder auf ihrem eigenen Blog verbreiten." Marlis Jahnke: Ist Influencer Marketing wirklich neu? In: Dies. (Hrsg.): Influencer Marketing. Für Unternehmen und Influencer. Strategien, Plattformen, Instrumente, rechtlicher Rahmen. Wiesbaden 2018, S 1-13, hier S. 4.
16 Isabella Caldart: Nicht mal ein Like. In: boersenblatt.net vom 22.05.2020. https://www.boersenblatt.net/archiv/1868342.html [30.08.2020].

turhaus und Feuilleton geschaffen wurde, wodurch Literatur nahbarer würde.[17] Und auch der bekannte Bookstagrammer Florian Valerius nimmt ein verstärktes Interesse von Buchhandel und Verlagen war und hält Instagram für ein Medium, das gut geeignet ist, um Hemmschwellen abzubauen. Der Buchhandel muss seiner Einschätzung nach nahbar und menschlich sein. „Dafür sind Social-Media-Kanäle großartig, weil man einen persönlichen Kontakt per Du pflegen, das Team und die Buchhandlung zeigen kann."[18] Allerdings würden die Bemühungen von Bookstagrammern kaum monetär vergütet, was ohnehin aufgrund der Infragestellung von Glaubwürdigkeit schwierig sei.[19] „Bookstagram-Follower sind kritisch, anspruchsvoll und hinterfragen gern."[20] Einladungen zu Lesungen, Veranstaltungen oder in das Verlagshaus erscheinen aber als unkritische Formen der Belohnung.

Das Buch sei als Produkt weder mit Kosmetik oder Bekleidung gleichzusetzen, die „schnell in die Kamera gehalten werden oder auf dem neuesten Bild beim herbstlichen Spaziergang platziert werden"[21], vielmehr seien sie durch ihren Inhalt geprägt, so dass selbst Bilder von Büchern deren Geschichte weitererzählen könnten. So sieht es Anja Spägele von der Content- und Community Management Agentur bilandia. Bilder auf #bookstagram, der „Instagram-Spielwiese für Bücherwürmer"[22] seien „meistens passend zur Geschichte in Szene gesetzt und die Rezensionen ausführliche Auseinandersetzungen mit der Welt, die sich durch das Produkt meist neu eröffnet hat."[23] Dem gegenüber steht allerdings die Nutzung sozialer Netzwerke zum Zwecke des *impression management* (dem Versuch, sich anderen Menschen gegenüber vorteilhaft darzustellen), das sich durch visuelle Praxen der Selbstinszenierung und -darstellung konstituiert.[24] Auf „einem Bücherregal präsentierte Bücher – egal, ob sie nun bis zum Ende gelesen wurden oder nicht – sagen weiterhin auch so einiges über die Identität einer Person aus. Genau das wollen Bookstagrammer mit der gesamten Welt teilen – oder zumindest mit ihren zigtausenden Followern."[25] Der Hashtag #shelfie ist

---

17 Vgl. Belinda Duvinage: #Shelfie. Das Buch als Objekt der Begierde. In: wuv.de vom 13.05.2020. https://www.wuv.de/wuvplus/shelfie_das_buch_als_objekt_der_begierde [30.08.2020].
18 Florian Valerius zitiert nach Isabella Caldart: Buchhändler:innen nutzen Instagram. „Social Media rettet uns jetzt". In: taz online vom 03.04.2020. https://taz.de/Buchhaendlerinnen-nutzen-Instagram/!5673477/ [30.08.2020].
19 Vgl. Duvinage: #Shelfie (wie Anm. 17).
20 Ebd.
21 Ideen fürs Storytelling: Warum Influencer-Marketing auch Content-Marketing ist. In: boersenblatt.net vom 10.09.2019. https://www.boersenblatt.net/bookbytes/archiv/1720928.html [30.08.2020].
22 Pierina Bossert: Bookstagram. Die Instagram-Spielwiese für Bücherwürmer. Xeit vom 07.04.2017. https://blog.xeit.ch/2017/04/bookstagram-die-instagram-spielwiese-fuer-buecherwuermer/ [30.08.2020].
23 Ideen fürs Storytelling (wie Anm. 21).
24 Vgl. Gunkel: Der Instagram-Effekt (wie Anm. 12), S. 27.
25 Elizabeth Grenier: „Bookstagram". Der Literaturclub in den Sozialen Medien wächst. In: dw.com vom 23.10.2019. https://p.dw.com/p/3Rim5 [30.08.2020].

[…] eine Wortneuschöpfung aus dem – englischen ‚Shelf' (Regal) und dem Selbstporträt ‚Selfie'. [Sie …] tauchte bei Instagram 2014 das erste Mal auf und ist zum Hype in der Bookstagramming-Community geworden. Als Shelfie werden (oft aufwendig inszenierte) Fotos von vollgepackten Bücherregalen in allen Varationen [sic!] bezeichnet. Mittlerweile findet man auf Instagram 1,9 Millionen Posts, die mit #Shelfie getaggt wurden.[26]

Für Shelfies werden Bücherregale beispielsweise nach Farben sortiert oder mit Dekorationsobjekten (u. a. Funko Pops[27]) präsentiert. Ebenfalls als Element des *impression management* kann die Präsentation von Bücherstapeln angesehen werden; neben nach verschiedenen Kriterien sortierten Stapeln werden auch häufig „Stapel ungelesener Bücher" (SUB) präsentiert, deren Abbau durchaus Wettbewerbscharakter annehmen kann.

Bookstagram-Accounts sind mittlerweile vielfältig und beziehen sich auf verschiedene Genres. Im Mai 2020 waren bei Instagram 41,8 Millionen Beiträge mit dem Hashtag #Bookstagram gelistet, 1,9 Millionen Beiträge zu #Shelfie.[28]

Bookstagrammer zelebrieren das Medium Buch regelrecht, setzen es in ihren Feeds und Stories visuell in Szene, fotografieren die Cover wie Lifestyle-Artikel. Sie kombinieren Ästhetik mit oft sehr ausführlichen und authentischen Besprechungen, Buchtipps und fundierten Diskussionen. Denn: Oft üben Bookstagrammer wie [Florian] Valerius auch im realen Leben einen Beruf [in diesem Fall: Leiter der Uni-Filiale von Stephanus Bücher in Trier] aus, der mit Literatur zu tun hat.[29]

Für die Inszenierung haben sich gewisse Standardelemente durchgesetzt, die „das Cover des Buches in einen gemütlichen Kontext […] stellen".[30] Dafür werden häufig Accessoires eingesetzt wie Decken, Kissen, Kerzen, Lichterketten, warme Getränke wie Tee oder Kaffee, Lesezeichen, Blumen, Pflanzen oder Tiere.

Auch Anspielungen auf Harry Potter sind beliebt.[31] Verschiedene Stilrichtungen wie Vintage, Pastell oder Floral haben sich ausgeprägt. Die Nutzung von Filtern zur Optimierung der Fotos ist gängige Praxis.[32] Bei einigen Kanälen, wie beispielsweise dem von James Trevino[33], steht weniger das einzelne Buch im Fokus, stattdessen werden Bücher kunstvoll arrangiert.

---

26 Duvinage: #Shelfie (wie Anm. 17).
27 Bei Funko Pops handelt es sich um Vinyl-Figuren, die etwa 10 cm hoch sind. Sie werden häufig gesammelt und als Dekoration von Bücherregalen eingesetzt. Die ursprünglich aus den USA kommenden Figuren verkörpern Charaktere aus Serien, Filmen oder Games.
28 Vgl. Duvinage: #Shelfie (wie Anm. 17).
29 Ebd.
30 Grenier: „Bookstagram" (wie Anm. 25).
31 Vgl. So machen Sie gute Buchfotos! In: NetGalley 5/2020. http://blog.netgalley.de/gute-buchfotos/#1590404484819-a6b8ce53-3a14 [30.08.2020]; sowie Grenier: „Bookstagram" (wie Anm. 25).
32 Vgl. So machen Sie gute Buchfotos! (wie Anm. 31).
33 Instagram-Kanal von James Trevino: https://www.instagram.com/james_trevino/ [06.04.2021].

58   Anke Vogel

Abb. 1: Liesa Rebbigs Post zu „Schuldig" von Kanae Minato mit für Flatlays typischen Accessoires. Der Honig als Bezug zum Covermotiv ist vergleichsweise ungewöhnlich. Quelle: liesa.rebbig. Instagram-Kanal. Post vom 18.05.2019. https://www.instagram.com/p/Bxmr5dRojKr/ [11.12.2020].

3   „The art of the cover reveal" – Enthüllungen als besondere Form der Coverdarstellung bei Instagram

Buchcover spielen bei der Buchdarstellung auf Instagram grundsätzlich eine wichtige Rolle. Viele Posts werden als Flatlays realisiert, also als Fotos von Büchern, die auf einen ansprechenden Hintergrund gelegt und mit verschiedenen Accessoires versehen abgelichtet werden. Mitunter werden passende Dekorationsartikel („bookish goodies") bereits mit dem Buch geliefert: Entweder kostenlos vom Verlag im Rahmen der Blogger Relations oder auch gegen einen Kaufpreis bzw. eine Abonnementgebühr in den in Deutschland zunehmend populären kuratierten Buchboxen.[34] Das Auspacken von Buchboxen vor laufender Kamera, das sogenannte „Unboxing", das u. a. aus den

---

34 „Eine Buchbox ist eine *Überraschungsbox*, in der sich sowohl ein Buch, als auch passende Goodies befinden. Das können Lesezeichen, Buchkerzen, Schmuckstücke, Prints, Postkarten, Stifte etc. sein. Der Fantasie sind hierbei keine Grenzen gesetzt. Diese können sowohl Fandom inspiriert als auch allgemein gehalten sein. Die Beigaben sind jedoch meist *exklusiv* und nur in einer solchen Box erhältlich. Beim Kauf weiß der Käufer (meist) nicht, welches Buch und vor allem, welche Items ihn erwarten." Deutsche Buchboxen. Süchtig nach Büchern. Monis

Bereichen Technologie und Spielzeug übernommen wurde, ist derzeit noch überwiegend bei Youtube zu finden, vermutlich weil das Hochladen von längeren Videos dort früher möglich war als bei Instagram. Unter den Hashtags #bookboxunboxing (1.865 Beiträge, Stand 8/2020) bzw. #buchboxunboxing (7 Beiträge, Stand 8/2020) finden sich aber auch vereinzelt Fotos von Unboxings bei Instagram, bei denen maßgeblich die Inhalte der Boxen ansprechend drapiert und dann fotografiert wurden.[35] Daneben findet sich in der Beschreibung häufig eine Bewertung des Inhalts. Bei Bewegtbild-Unboxings ist in der Regel eine Person zu sehen, welche die in der Box enthaltenen Gegenstände einzeln entnimmt, in die Kamera hält und mit einem entsprechenden Kommentar bewertet.[36] Über Affiliate-Programme können die Instagrammer oder Youtuber eine Umsatzbeteiligung erhalten, wenn ihre Besprechung einen Kauf auslöst, allerdings reagiert die Bookstagram-Community nicht durchgängig positiv auf die Einbindung von Werbung.

Eine weitere besondere Form der Coverpräsentation stellt das Cover Reveal dar. Unter dem Hashtag #coverreveal (rund 240.000 Beiträge, Stand 8/2020) bzw. #coverenthüllung (1.128 Beiträge, Stand 8/2020) finden sich äußerst unterschiedliche Beiträge. Grundsätzlich ist darunter aber die Idee zu verstehen, der Öffentlichkeit (schrittweise) ein bisher noch nicht gezeigtes Coverdesign zu präsentieren. Ein gutes Timing zwischen Autor*innen und Verlagen ist dabei nötig, um das schmale Zeitfenster zwischen der Finalisierung des Coverdesigns und dem Einstellen in Buchhandelskataloge nutzen zu können.[37] Nach mitunter längerer Entwicklungszeit das Cover für das eigene Buch zu sehen, kann für einen Autor ein aufregender Moment sein, weshalb sich, so in den „News for Authors" von Penguin Random House zu lesen, immer mehr Autor*innen dafür entscheiden, diesen Moment mit ihren Fans in einem dramatischen „Cover-Reveal" zu teilen. Derartige Cover-Enthüllungen könnten dazu beitragen, vor der Veröffentlichung eines Buches für Aufsehen und Dynamik zu sorgen. Außerdem seien sie einfach umzusetzen.[38] Grundsätzlich können sie über eine eigene Mailingliste realisiert werden oder über Social-Media-Plattformen, sie können aber auch (teilweise gegen Bezahlung) in Auftrag gegeben werden.[39] „Cover reveals can be extravagant events

Buchblog. https://suechtignachbuechern.de/deutsche-buchboxen/ [30.08.2020] (Hervorhebung im Original).
35 Vgl. zum Beispiel: Unboxing FairyLoot im Kanal bookish.boushh April 2020. https://www.instagram.com/p/CBN-c9jANU1 [30.08.2020].
36 Vgl. Zum Beispiel: Leseflut Buchbox. Unboxing. In Youtube-Kanal liberiarium vom 23.02.2017. https://youtu.be/-8sOwllpJM0 [30.08.2020].
37 Vgl. Karen Pavlicin-Fragnito: Cover Reveals. April 2019. http://karenpavlicin.com/cover-reveals/ [30.08.2020].
38 Maggie Oberrender: The Art of the Cover Reveal. In: News for Authors. penguinrandomhouse.com Februar 2014. https://authornews.penguinrandomhouse.com/the-art-of-the-cover-reveal/ [30.08.2020].
39 Vgl. Joanna Penn: How to Use Your Book Cover to Sell More Books. In: The Creative Penn vom 27.02.2019. https://www.thecreativepenn.com/2019/02/27/how-to-use-your-book-cover-to-sell-more-books/ [30.08.2020].

involving bloggers and giveaways, to simple reveals where the author shares the cover across social."[40] Mittlerweile finden sich Agenturen, die u. a. Cover-Reveal-Touren organisieren und so sicherstellen, dass bereits vor der eigentlichen Veröffentlichung bzw. noch vor der üblichen Bewerbung eines Buches „Buzz" in den Social-Media-Kanälen erzeugt wird, in dem sich verschiedene Instagrammer an einem Cover Reveal beteiligen, wie folgendes Beispiel zeigt:[41]

> Hi everyone! We are super excited to be organizing the Cover Reveal of *Blood and Honor* by Miranda Lyn on August 28th & we'd love your help! For fans of adventure, battle toughened fae, budding romance, and glory-destined heroines comes the first novel in the Fae Rising trilogy. Releases on January 4th, 2021! You can catch a small sneak peek of the cover in the banner above but we cannot wait to share the full cover with you! Check below the synopsis of the book and definitely sign-up to reveal the cover if you are interested.
>
> We are looking for 10 Bookstagrammers (and book bloggers!) to help us reveal the cover of *Blood and Honor*. Those who sign up and get chosen for the cover reveal will receive eARCs as a thank you for participating! ♥ As always, this is open internationally!
>
> **PLEASE NOTE:** The cover reveal will be happening on August 28th, 2020 (next Friday!) so make sure you are available on that date.[42]

Die Gestaltung der Cover Reveals reicht von der simplen Präsentation des noch nicht veröffentlichten Covers über die Erstellung von attraktiven Graphiken[43] bis hin zu kleinen Animationen, die teilweise schon in Richtung Buchtrailer weisen.

Joanna Penn beschreibt auf ihrer Ratgeber-Plattform für Autor*innen insbesondere „Romance" und „YA Fantasy" als die beiden Genres, die besonders geeignet sind für erfolgreiche Cover-Enthüllungen.[44] Penguin Random House konstatiert eine besonders hohe Wirksamkeit grundsätzlich bei Fiction Titeln, insbesondere dann, wenn sie zu einer Reihe gehören und eine bereits etablierte Fangemeinde aufweisen. Ferner seien Cover Reveals dann gut geeignet, wenn sich das Cover eines Taschenbuchs deutlich von dem der Hardcover-Ausgabe unterscheidet.[45] Ein Beispiel für ein erfolgreiches Non-Fiction-Cover-Reveal lieferte Michelle Obama, die rund ein halbes Jahr vor dem weltweiten Erscheinungstermin das Cover ihrer

---

40 Marketing 101. Cover Reveals Done Right. In: Aurora Publicity vom 29.03.2015. https://www.aurorapublicity.com/marketing-101-cover-reveals-done-right/ [30.08.2020].
41 Siehe dazu beispielsweise die kanadische Agentur Xpresso book tours https://xpressobooktours.com/about/ oder die mexikanische Agentur mtmc tours https://mtmctours.com/about-us/ [19.04.2021].
42 Cover Reveal Sign-Ups. Blood and Honor by Miranda Lyn. In: mtmc tours vom 19.08.2020. https://mtmctours.com/2020/08/19/cover-reveal-sign-ups-blood-and-honor-by-miranda-lyn/ [30.08.2020].
43 Penn: How to Use Your Book Cover to Sell More Books (wie Anm. 39).
44 Ebd.
45 Vgl. Oberrender: The Art of the Cover Reveal (wie Anm. 38).

Cover Reveals bei Instagram – emotional-ästhetische Neuinszenierung von Buchankündigungen

Abb. 2: Instagram-Post von Michelle Obama mit dem Cover Reveal zu „Becoming". Quelle: michelleobama. Instagram-Kanal. Post vom 24.05.2018. https://www.instagram.com/p/BjKXmgqg9Dn/c/17865203659922334/ [11.12.2020]

Autobiographie, des Bestsellers *Becoming* (deutschsprachige Ausgabe bei Goldmann, 2018) auf Instagram enthüllte.[46]

Besonders häufig scheinen Cover Reveals derzeit von Selfpublishern eingesetzt zu werden, was dadurch zu erklären ist, dass sich derartige Aktionen mit niedrigen Kosten durchführen lassen. Auffällig ist außerdem, dass viele der beworbenen Titel (auch) als E-Book zu beziehen sind, auch die Darstellung von Covern auf E-Readern und/oder Smartphones (teilweise parallel zum Cover des gedruckten Buches) ist gängig.[47]

Um einen möglichst großen ökonomischen Effekt zu generieren, sollten, so die Empfehlung der Buchmarketing Agentur Aurora Publicity, Links zu Vorbestellmöglichkeiten oder mindestens weiteren Informationen zum Buch in die Cover Reveals integriert werden. Ferner könnten Cover Reveals auch dazu genutzt werden, Abonnent*innen das Gefühl einer exklusiven Vorschau zu geben und Wertschätzung

---

46 Michelle Obamas Autobiographie Becoming erscheint weltweit am 13. November. In: BuchMarkt.de vom 25.05.2018. https://www.buchmarkt.de/buecher/michelle-obamas-autobiographie-becoming-erscheint-weltweit-am-13-november/ [30.08.2020].
47 Vgl. z. B. das Cover Reveal zu *Feel my Soul* von Michelle Schrenk und Emily Ferguson. Instagram: emily_ferguson_autorin vom 08.12.2019. https://www.instagram.com/p/B5o0FZFiIHq/?utm_source=ig_web_copy_link [30.08.2020].

Abb. 3: Cover Reveal in einer Instagram-Story. Quelle: carlsenverlag. Instagram-Kanal. https://www.instagram.com/stories/highlights/17941296529308821/ [11.12.2020].

zu vermitteln.[48] „Many authors do giveaways with their cover reveals to engage their existing readers and attract new ones."[49]

Entsprechend dem englischsprachigen Hashtag #coverreveal finden sich bei genauerer Analyse überwiegend englischsprachige Posts bei Instagram, eingesprengt finden sich aber auch Einträge in verschiedenen anderen Sprachen. Eine systematische Suche nach Einträgen deutschsprachiger Verlage ist daher kaum durchführbar. Alternativ können derzeit nur Instagram-Kanäle als einschlägig vermuteter Verlage nach Cover Reveals durchsucht werden.

---

48 Vgl. Marketing 101 (wie Anm. 40).
49 Oberrender: The Art of the Cover Reveal (wie Anm. 38).

Der zum schwedischen Medienunternehmen Bonnier gehörende Kinder- und Jugendbuch Verlag Carlsen hat sein Social-Media-Marketing früh professionalisiert. Passend zur Zielgruppe ist der Verlag auch auf Instagram mit verschiedenen eigenen Kanälen vertreten, der Jugendbuch-Kanal (carlsenverlag) konnte innerhalb von sieben Jahren eine hohe Zahl an Abonnent*innen generieren – 2019 wurde die Marke von 50.000 Abonnent*innen überschritten, im Dezember 2020 waren es bereits über 82.000. Der größte Teil dieser aktiven Instagrammer ist zwischen 18 und 25 Jahren alt, weshalb eine von lockerer und nahbarer Sprache, Emoticons und Interaktion geprägte Tonalität nach Einschätzung der Teamleiterin Social Communications des Carlsen Verlags wichtig ist.[50] Auf dem Kanal carlsenverlag gibt es einen eigenen Navigationspunkt „CoverReveal2020". Dort werden die Cover geplanter Neuerscheinungen jeweils auf einem grün-weiß gestreiften Hintergrund präsentiert, der Erscheinungstermin ist oben rechts in einem grünen Kreis hinterlegt, unter der Coverabbildung findet sich jeweils ein kurzer Teaser, zudem gibt es einen Schieberegler, über den die Abonnenten angeben können, wie gut ihnen das gezeigte Cover gefällt.

Mit geringem Aufwand werden hier Cover vorgestellt und über die Bewertungsfunktion ein Feedback der Zielgruppe eingeholt.

Der Suhrkamp Verlag, der einen sehr guten Ruf in der Bookstagramming-Community besitzt und eine intensive Beziehungspflege zu Bloggern und Influencern betreibt, sieht bezahlte Kooperationen insbesondere im Bereich Kinder- und Jugendbuch als erfolgversprechend, wobei nicht die üblichen Bookstagrammer als Zielgruppe in den Fokus geraten, sondern beispielsweise Eltern.[51] Grundsätzlich scheint Suhrkamp seine Neuerscheinungen weniger über Cover Reveals zu bewerben, sondern erstellt Stories, die von den Inhalten her an eine Doppelseite einer Verlagsvorschau erinnern.

4 Fazit

Ein weiterer Kinder- und Jugendbuchverlag, der Coppenrath Verlag aus Münster, bedient sich eines anderen Marketinginstruments, das jedoch auch in Instagram integrierbar ist. Er verfolgt das „Ziel: Dem potenziellen zukünftigen Leser einen ersten, visuellen Vorgeschmack"[52] auf Bücher zu geben und setzt seit Sommer 2019 verstärkt auf den Einsatz von Buchtrailern:

> Schon vor einiger Zeit haben wir erkannt, dass Videos in der heutigen Zeit, gerade in den Sozialen Medien, immer mehr Wert gewinnen und nicht mehr wegzudenken sind. Wir setzen den Trailer daher sowohl Online [sic!] ein, bieten ihn aber auch gerne den Buchhändlern an.

---

50 „Es kommt stark auf die Tonalität an". Interview mit Carlsen-Teamleiterin Ute Nöth über Instagram. In: boersenblatt.net vom 05.07.2019. https://www.boersenblatt.net/archiv/1687660.html [30.08.2020].
51 Vgl. Duvinage: #Shelfie (wie Anm. 17).
52 Coppenrath Verlag setzt auf „packende" Buchtrailer zu Schwerpunkttiteln. In: BuchMarkt.de vom 24.01.2020. https://www.buchmarkt.de/meldungen/der-coppenrath-verlag-setzt-auf-packende-buchtrailer-zu-schwerpunkttiteln/ [30.08.2020].

Denn auch immer mehr Buchhändler sind auf Facebook und Instagram vertreten. In den größeren Läden gibt es sogar Screens, auf denen Buchtrailer abgespielt werden.[53]

Vor dem Hintergrund der Einführung von IGTV erscheint das einerseits sinnvoll, andererseits sollte die Nutzungssituation von Instagram im Blick behalten werden:

> Das Smartphone ist stets an der Seite der Generation Z und lockt bei jedem Anschalten dazu, kurz die neuesten Inhalte auf den Kanälen zu prüfen. Als Unternehmen kann man hier beim Planen des eigenen Contents darauf bauen, dass User Beiträge in kurzer Zeit sichten und schnell entscheiden, ob sie ihnen gefallen. Dabei sind für die Generation Z hauptsächlich kurzlebige, dynamische Inhalte (,Snackable Content') zu empfehlen, da diese kurz die Aufmerksamkeit der Nutzer erregen und sofort geteilt oder gespeichert werden können.[54]

Gut gestaltete Cover Reveals stellen durchaus derartige „Snackable Contents" dar und bieten die Möglichkeit, bereits vor dem Erscheinen Aufmerksamkeit auf neue Bücher zu lenken. Im deutschsprachigen Buchmarkt werden Buchenthüllungen bisher noch spärlich eingesetzt – hier gibt es noch Potential. Um eine optimale Verbreitung zu erreichen, empfiehlt sich die Einbindung von Influencern in Cover-Reveal-Aktionen. Deren Kreativität kann zur Verbreitung des Covermotivs und der Erzeugung von Aufmerksamkeit weit vor dem eigentlichen Erscheinungstermin eines Buches genutzt werden. Grundsätzlich muss jedoch darauf geachtet werden, dass Bookstagrammer schnell verärgert reagieren, wenn sie eine Ansprache als nicht-glaubwürdig empfinden. Ferner ist derzeit nicht absehbar, wie lange Instagram die Plattform der Wahl für die anvisierte Zielgruppe bleibt. Die Kurzvideo-App TikTok etwa weitet derzeit ihre Beliebtheit bei Kindern und Jugendlichen deutlich aus. Ob eine weitere Neuinszenierung von Buchankündigungen gelingt, bleibt abzuwarten.

---

53 Ebd.
54 Till Finke: Social-Media-Nutzung in der Generation Z – der Zielgruppe von morgen. In: construktiv.de. https://www.construktiv.de/social-media/social-media-nutzung-in-der-generation-z/ [30.08.2020].

Christoph Benjamin Schulz

Die Zukunft des Buches ist noch nicht vorbei – Zur Parallelität analoger und digitaler Inszenierungen von Bookishness in der aktuellen literarischen Praxis

Leidenschaftliche Warnungen, dass die zunehmende Digitalisierung das gedruckte Buch obsolet werden lässt und schließlich verdrängen könne, erfreuen sich großer Beliebtheit – sowohl in den Feuilletons als auch in den Wissenschaften. Und weil der Diagnose, dass die Digitalisierung fortschreitet, schwer zu widersprechen ist, scheint auch der Vision vom Ende des gedruckten Buches zunächst kaum etwas entgegen zu setzen zu sein. Gleichzeitig – und auch wenn sich daraus nicht zwingend prognostizieren lässt, wie es langfristig um analoge Bücher, das traditionelle Verlagswesen und das Funktionieren des etablierten Buchmarktes bestellt sein wird –, ist seit einigen Jahren ein anhaltender und sogar zunehmender Trend zu verzeichnen, in dessen Folge aufwändig gestaltete gedruckte Bücher eine Konjunktur erleben. Oft handelt es sich um illustrierte Ausgaben, Graphic Novels und diverse Gattungen von Spielbilderbüchern.

Dieser Ausblick auf die Zukunft des Buches ist nicht als ein weiteres Statement hinsichtlich der Konkurrenz von Analogem und Digitalem zu verstehen. Stattdessen widmet er sich den Dialogen zwischen dem analogen Buch und digitalen Medien. Dass es diesen Dialog gibt, scheint angesichts einer Rhetorik des alternativlosen Entweder-oders, die viele einschlägige Prognosen prägt, bisher wenig Beachtung zu finden. Vielleicht ist die Praxis, die publizistische Praxis im Allgemeinen und die literarische im Speziellen, hier komplexer und erfinderischer als die Theorie glauben machen könnte. Das Interesse an der Begegnung von Analogem und Digitalem, die Inszenierungen von Schnittstellen, sind in unterschiedlichen inhaltlichen Kontexten zu beobachten und kommen in unterschiedlichen Buchphänomenen und Publikationsformaten zum Ausdruck. Dazu gehört beispielsweise, was man als *digital bookishness* bezeichnen könnte: Die digitale Simulation buchspezifischer Materialität, die in der Vergangenheit in Ansätzen schon in einigen Computerspielen zu beobachten war und nun verstärkt in Apps und sogenannten Enhanced E-Books als virtueller Effekt eingesetzt wird.[1] *Digital bookishness* erschöpft sich dabei nicht in der Mimikry gedruckter Publikatio-

---

[1] Zum Format des Enhanced E-Book vgl. u. a. Jessica Upmeier: Enhanced E-Books. Ein neuer Produkttyp auf dem Buchmarkt. München 2013; Sylvia K. Miller: Enhanced E-Books. How Books Are Coming Alive in the Digital Environment. In: Sue Polanka (Hrsg.): No Shelf Required. 2. Use and Management of Electronic Books. Chicago 2012, S. 115–126; Harald Reil: Enhanced E-Books. Die Bücher der Zukunft bieten ein Multimediales Spektakel. München 2013.

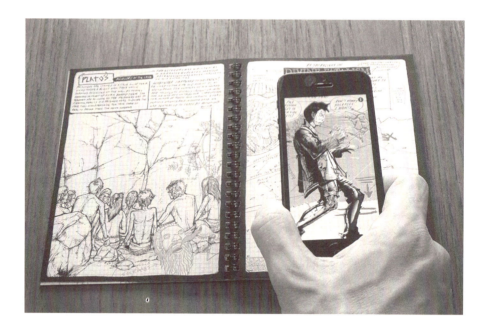

Abb. 1: Stuart Campbell: *Modern Polaxis* (Selbstverlag 2014). Photo: Stuart Campbell

nen auf digitalen Oberflächen. Denn die kunstvolle Illusion visualisiert und inszeniert ein ästhetisches Potenzial, das der mit weitem Abstand größte Teil gedruckter Publikationen mit analogen Mitteln gar nicht nutzt und das mit Blick auf die sinnlichen Qualitäten eines Kodex allzu oft brach liegt. Darüber hinaus sind *digitally enhanced publications* und *augmented reality books* zu nennen, bei denen Analoges und Digitales in der Rezeption ineinandergreifen.[2] *Tablets und Smartphones werden hier als die analogen Bücher* ergänzende technische Medien eingesetzt.[3] Betrachtet man das Buch unter der Kamera eines Tablets oder Smartphones, verlebendigen sich auf dem Touchscreen beispielsweise Photos zu Filmsequenzen, können weitere Bildergalerien betrachtet oder dargestellte Orte mit Landkarten koordiniert werden.

---

2 Diese drei Phänomene habe ich in dem Beitrag „Digital Bookishness and Digitally Enhanced Publications Against the Backdrop of Apologies of the Book during the Advent of Digital Media" zu der Publikation *Refresh the Book. The Book as an Enhanced Space of Communication* vorgestellt, das ich mit Viola Hildebrand-Schat und Katarzyna Bazarnik herausgebe, und die Ergebnisse des gleichnamigen DFG-Netzwerks zusammenfasst. Der Titel erscheint 2021 bei Brill.

3 Eine andere Form das analoge Buch ergänzender technischer Medien stellen Lesestifte wie der Tiptoi des Ravensburger Verlags dar.

Abb. 2: Amaranth Borsuk, Brad Bouse: *Between Space and Page* (Los Angeles 2012). Photo: Siglio Press

Der Australier Stuart Campbell, der unter dem Künstlernamen Sutu arbeitet, nutzt diese Möglichkeiten in seinem 2014 erschienenen Comic *Modern Polaxis* auf eine literarisch interessante Weise.[4] Erzählt wird die Geschichte eines paranoiden Zeitreisenden in Form eines Journals, in das der Protagonist seine Aufzeichnungen eingetragen hat. Seine Verschwörungstheorien hat er in einer Schicht versteckt, die sich auf einem Touchscreen zeigt, wenn er das Buch mit einem mit der entsprechenden App ausgestatteten iPad oder iPhone scannt (Abb. 1).

Dieses Beispiel mag exemplarisch zeigen, dass die technischen Möglichkeiten mehr als nur Effekte und Features sein können. Eine andere Form der Koordination von Analog und Digital erreichen die Autorin Amaranth Borsuk und der Softwareentwickler Brad Bouse in dem Buch *Between Space and Page* (Los Angeles 2012). Die Seiten enthalten abstrakte Graphiken, die die Kamera eines Computers, ausgehend von der für das Buch lancierten Website, als QR-Codes erkennt und auf dem Bildschirm als dreidimensionale skulpturale Textfiguren zeigt (Abb. 2).[5]

Im Folgenden geht es um die Parallelität und die Gegenüberstellung von analogen und digitalen Realisierungen aktueller literarischer Werke. Es geht um Romane und

---

4   Das Buch ist im Selbstverlag erschienen und kann über die Website bestellt werden https://modernpolaxis.com/. Vgl. zudem die Website von Stuart Campbell https://www.sutueatsflies.com/art/polaxis [04.04.2021].
5   Vgl. hierzu die Website zu diesem Projekt https://www.betweenpageandscreen.com/about [28.01.2021]; und die Website der Autorin http://www.amaranthborsuk.com/publications/between-page-and-screen/ [28.01.2021].

Graphic Novels der letzten zwei Dekaden, die mehr oder minder gleichzeitig, mitunter im Abstand von wenigen Jahren, in analogen Büchern und als Enhanced E-Books oder als Apps für Smartphones und Tablets publiziert wurden.

Im Unterschied zu E-Book-Readern wie Kindle oder Tolino, bei denen man zwar verschiedene Funktionen, wie das Markieren von Textpassagen, unterschiedliche Helligkeiten, das Einfügen von Notizen oder Stichwortsuchen aktivieren und sich den Text in unterschiedlichen Typographien anzeigen lassen kann, deren technisches und ästhetisches Potenzial damit allerdings weitgehend ausgeschöpft zu sein scheint, eröffnen Tablets und Smartphones einen viel größeren Spielraum – und zwar sowohl auf der Ebene der Textkonzeption als auch auf denen der Darstellung und der Rezeption. Dazu gehören Text-Bild- respektive Text-Filmkombinationen, Animationen von Texten, Soundtracks, die Vernetzung von hypertextuellen Ebenen und interaktive narrative Strukturen sowie Bedienungsfunktionen, die sie gerade in künstlerischer Hinsicht zu interessanteren und vielleicht auch zukunftsweisenderen Lesemaschinen machen.

Bemerkenswert an den vorzustellenden Beispielen ist das Interesse der Autoren, ihre Werke nicht für das eine *oder* das andere zu schreiben; Werke nicht *nur* gedruckt oder *nur* digital zu publizieren, sondern durch das Anbieten von beiden Fassungen die spezifischen Eigenschaften und Möglichkeiten analoger und technischer Dispositive zur Diskussion zu stellen.[6] Dabei wird sich zeigen dass die parallele Entwicklung von analogen und digitalen Realisationen dazu zu führen scheint, dass sich die Reflexionen über deren jeweilige Potenziale verschränken und gegenseitig befruchten: Die Reflexionen über die Materialität literarischer Werke inspirieren nicht nur die Entwicklung innovativer digitaler Formate, die Erfahrungen mit der Entwicklung virtueller Inszenierungen wirken mitunter auch auf die Konzeption analoger (Buch-)Formate und die Art und Weise, etwas in gebundenen Büchern zu *erzählen*, zurück.

In dem Facettenreichtum und der Originalität der Koordination zwischen Analogem und Digitalem, wie auch in der Gleichzeitigkeit entsprechender Realisierungen, scheint sich ein grundsätzliches Bedürfnis zu manifestieren, sich nicht zwischen dem Einen und dem Anderen entscheiden zu müssen. Demnach handelt es sich, das sei als These formuliert, nicht um ein Übergangsphänomen im Rahmen eines Ablösungsprozesses. Dafür spricht der hohe und kostenintensive Aufwand bei der Entwicklung von Enhanced E-Books und interaktiven Apps. „We're finding that the effort behind these types of books is a magnitude of somewhere between seven and 15 times as much effort as a typical illustrated e-book," wird Liisa McCloy-Kelley, Leiterin der Abteilung *Book Development & Innovation* bei der Verlagsgruppe Random House

---

6 Vor diesem Hintergrund stehen die digitalen als alternative Realisierungen neben den gedruckten Büchern, ohne dabei den Charakter von Derivaten aufzuweisen, wie dies bei Computerspielen auf der Basis literarischer Vorlagen oft der Fall ist. Digitale Romane sind bekanntlich kein neues Phänomen und seit der Verfügbarkeit von Heim-PCs von vielen Autoren entwickelt worden. Sie wurden zunächst auf Disketten und CD-ROM veröffentlicht und heute vor allem als Apps und Enhanced E-Books.

zitiert.⁷ Wünschenswert wäre, dass aufseiten der Verlage eine digitale ‚Publishing as craft'-Tradition entsteht, in deren Rahmen auch dafür Sorge getragen würde, dass eine langfristige Verfügbarkeit gewährleistet ist.

1   S. – *Ship of Theseus* von Doug Dorst und J. J. Abrams

Eine der hinsichtlich der Inszenierung von Bookishness eindrucksvollsten analogen Publikationen der letzten Jahre ist ein Buch mit dem auf einen Buchstaben reduzierten Titel *S.*, das aus einer Zusammenarbeit des Filmregisseurs J. J. Abrams und des Schriftstellers Doug Dorst hervorgegangen ist (New York 2013). Vermeintlich handelt es sich um das Faksimile eines Exemplars von V. M. Strakas Roman *Ship of Theseus*, 1949 beim Verlag Winged Shoes Press in New York erschienen, mit einer Einleitung des Übersetzers F. X. Caldeira. Einem gestempelten Eintrag zufolge, stammt das Exemplar aus den Beständen der „Laguna Verde High School Library". Da sowohl der Autor Straka, als auch der Roman und der Übersetzer, und nicht zuletzt der Verlag und die Bibliothek, frei erfunden sind, handelt es sich um eine nicht nur in literarisch-narrativer sondern vor allem auch in buchgestalterischer Hinsicht trickreich inszenierte Herausgeberfiktion.⁸ Zwei Leser, College Senior Jennifer und Graduate Student Eric, führen durch Unterstreichungen und Kommentare in den Marginalien einen Dialog in dem Buch und über das Buch – sodass hier ein komplexes literarisches Gebilde aus der (angeblichen) literarischen Vorlage und den handschriftlichen Eintragungen entsteht. Hinzu kommen 22 zwischen die Seiten gelegte Dokumente: Zeitungsausschnitte, alte und neue Postkarten, Photographien, Servietten mit Notizen und Briefe, die auf Papieren unterschiedlicher Qualitäten gedruckt sind. Dabei wird der Anschein erweckt, dass verschiedene Druck- und Reproduktionsverfahren angewendet wurden: von einfachen Photokopien bis hin zu digitalen Photodrucken auf dem charakteristischen beschichteten Hochglanzpapier. Viele dieser Zeugnisse sind auf unterschiedliche Weise gefaltet, um zwischen den Buchdeckeln Platz finden zu können. Für die industrielle Buchproduktion bedeutet dies einen enormen Aufwand und viel Handarbeit in der Fertigung. Da sich dieses Buch aufgrund seiner komplexen materiellen Anlage einer Digitalisierung und der

---

7   Zitiert nach Kim O' Connor: The Ghost in the Machine. Avant-Garde Novelist Mark Z. Danielewski is Changing the Way We Read E-Books (3.12.2012). https://slate.com/technology/2012/12/mark-z-danielewskis-the-fifty-year-sword-enhanced-e-book-will-change-kindle-and-ipad-reading.html [04.04.2021].
8   Arata Takeda: Die Erfindung des Anderen. Zur Genese des fiktionalen Herausgebers im Briefroman des 18. Jahrhunderts. Würzburg 2008; Uwe Wirth: Die Geburt des Autors aus dem Geist der Herausgeberfiktion. Editoriale Rahmung im Roman um 1800: Wieland, Goethe, Brentano, Jean Paul und E. T. A. Hoffmann. München 2008; Stefan Mommertz: Die Herausgeberfiktion in der englischsprachigen Literatur der Neuzeit. München 2000 (Dissertation).

damit einhergehenden Entmaterialisierung zu verweigern scheint, wurde es verschiedentlich programmatisch als Anti-E-Book bezeichnet.⁹

Dessen ungeachtet erschienen im gleichen Jahr neben einem Hörbuch zwei unterschiedliche digitale Versionen: eine einfache für den E-Reader Kindle Fire und ein interaktives Enhanced E-Book für Tablets und Smartphones, das zusammen mit Paul Keppel von der Firma Headcase Design entwickelt wurde. Wie sich zeigen wird, scheinen in diesem Fall beide die Apostrophierung von S. als Anti-E-Book letztlich zu unterstützen. Der Version für den Kindle Fire ist ein Vorwort der beiden Autoren vorangestellt, das die Defizite der digitalen Fassung anspricht und die Bedeutung der materiellen Qualitäten der analogen Fassung betont:

> Please Note: A fundamental part of the experience for the characters in S. is that of holding, reading, and sharing a physical book. Their experience of reading books – of reading *this book* – is a tactile one, one where they jot notes in the margin and can begin to communicate, back and forth, upon the pages themselves. Theirs is a world of found items, clues, pieces of ephemera, and the intimacy of handwriting on paper. The physical version of S. offers its readers all of this in precisely the way the characters offer it to each other. The Kindle Fire version attempts to work with platform limitations to replicate the experience of the physical book. Every handwritten note is here, as there are the images of the other items throughout. But please know that the experience of looking at the digital reproductions of these items is decidedly different from that of reading and holding the physical book of S.; of flipping through the novel within it; of holding and examining the ephemeral clues throughout it. While the Kindle Fire experience of S. isn't identical to the physical book, we hope you enjoy this version of the adventure.¹⁰

Dass eine Fassung für einen E-Reader angesichts der buchgestalterischen Originalität und der Virtuosität ihrer Umsetzung nicht nur für bibliophile Leser*innen unbefriedigend bleibt, nimmt nicht wunder: Die Seiten lassen sich nacheinander anzeigen, und

---

9 Vgl. Richard Kämmerlings: Der Star-Wars-Regisseur in der Gutenberg-Galaxis. In: Die Welt (13.10.2015). https://www.welt.de/kultur/literarischewelt/article147520773/Der-Star-Wars-Regisseur-in-der-Gutenberg-Galaxis.html [04.04.2021]; Lisa Eckstein: Das ultimative Anti-E-Book? Der Roman S. – *Das Schiff des Theseus* von J. J. Abrams und Doug Dorst. Mainz 2017; Sara Tanderup: „A Scrapbook of you + me". Intermediality and Bookish Nostalgia in J. J. Abrams and Doug Dorst's S. In: Orbis Litterarum (3.3.2017). https://onlinelibrary.wiley.com/doi/full/10.1111/oli.12125 [04.04.2021]; Oliver Zöllner: Das Buch als hyperreales Metanarrativ. Die neue Haptik eines alten Mediums. Der Roman S. von J. J. Abrams und Doug Dorst oder das *Schiff des Theseus* als Spiel mit der Wirklichkeit. Portalbeitrag auf der Website der Hochschule der Medien, Stuttgart. https://www.hdm-stuttgart.de/science/view_beitrag?science_beitrag_ID=204 [04.04.2021].

10 Dies betont J. J. Abrams auch noch einmal in einem Interview der beiden Autoren mit der Zeitschrift *The New Yorker*: „It's intended to be a celebration of the analog, of the physical object. In this moment of e-mails, and texting, and everything moving into the cloud, in an intangible way, it's intentionally tangible. We wanted to include things you can actually hold in your hand: postcards, Xeroxes, legal-pad pages, pages from the school newspaper, a map on a napkin." Vgl. Joshua Rothman: The Story of S. Talking With J. J. Abrams and Doug Dorst. In: The New Yorker (23.11.2013). https://www.newyorker.com/books/page-turner/the-story-of-s-talking-with-j-j-abrams-and-doug-dorst [04.04.2021].

Die Zukunft des Buches ist noch nicht vorbei 71

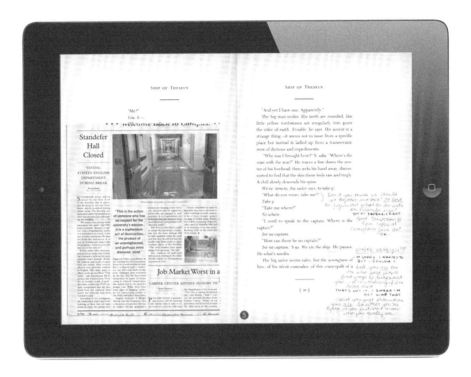

Abb. 3: Doug Dorst und J. J. Abrams mit Paul Keppel: *S. – Ship of Theseus* App (2013)

die eingelegten Dokumente erscheinen im Verlauf des Buches als eigene, unpaginierte Seiten, als „Found Material" gekennzeichnet. Eine Ansicht der Doppelseiten ist genauso wenig möglich, wie der Einsatz von Farbe für die vergilbten Seiten und die Polychromie der handschriftlichen Notizen von Jennifer und Eric. Dies ist bei der Lektüre mit der Kindle-App auf Tablets und Smartphones immerhin möglich.

Die Enhanced E-Book-Fassung für mobile Touchscreens, der ein fast identisches Vorwort vorangestellt ist, geht ein (kleines) Stück weiter: Mit jedem Umblättern der Seiten, das virtuell gut gelöst ist, zeigt sich zunächst kurz der gedruckte Text auf den vergilbten Doppelseiten, dann werden die Notizen und Kommentare der beiden Protagonisten eingeblendet und gleichsam auf die Buchseiten *projiziert*. Die eingelegten Dokumente verdecken das Layout, können aber verschoben werden, sodass der darunterliegende Text sichtbar wird und lassen sich durch Anklicken umdrehen (Abb. 3).

Interessant ist, dass die Kommentar- und Dokumentenebenen ein- und ausgeblendet werden können und dergestalt auch der zugrundeliegende Roman als eigenständiges Werk gelesen werden kann. Wie Doug Dorst betont, sollte der Roman auch unabhängig von den handschriftlichen Eingriffen und den eingelegten Ephemera für sich stehen können: „I wrote *Ship of Theseus* first, all the way through—everyone agreed that it really had to be able to stand on its own—and then I layered in the marginal notes."[11]

Das in narrativer und gestalterischer Hinsicht innovative (Buch-)Konzept von *S.* hätte sich dazu angeboten, die technischen Möglichkeiten von Tablets und Smartphones auszuschöpfen und weiter zu entwickeln. Angesichts der virtuellen Inszenierung von Bookishness, wie man sie von anderen Apps und Enhanced E-Books kennt,[12] bleibt jedoch auch diese Fassung weit hinter den Möglichkeiten dieses Mediums zurück.[13]

2 *The Fifty Year Sword* und *Only Revolutions* von Mark Z. Danielewski

Mark Z. Danielewski gehört zu einer jungen Generation literarischer Autoren, in deren Schaffen die Buchgestaltung von dem Verfassen des eigentlichen Textes nicht (mehr) zu trennen ist. Das galt schon für seinen Debütroman *The House of Leaves* (London 2000) – und es gilt vielleicht mehr noch für seinen zweiten Roman *Only Revolutions* (New York 2006), der, wie sein Vorgänger, nicht nur durch das aufwändige Layout und den polychromen Druck auffällt, sondern auch deshalb, weil man das Buch aufgrund seiner palindromatischen Anlage sowohl von vorne als auch von hinten lesen kann. Im gleichen Jahr erschien ein Audiobuch mit einem Soundtrack des Komponisten Danny Elfman und Ende 2015 eine interaktive E-Book-Version für Tablets und Smartphones, von der später noch die Rede sein wird.

Zuvor war 2012 bereits, parallel zu der amerikanischen Printausgabe, die interaktive E-Book-Fassung seiner Novelle *The Fifty Year Sword* (New York 2012) erschienen – das erste Enhanced E-Book Danielewskis. Das analoge Buch ist mit viel Aufmerksamkeit für Details gestaltet: Für die Fadenheftung wurde ein leuchtend roter Zwirn verwendet, der im Verlauf des Buches verschiedentlich im Falz aufscheint. Der Umschlag ist mit zahlreichen Nadelstichen durchstochen, die ein abstraktes Muster bilden. Das Enhanced E-Book reiht sich in eine *Editionsgeschichte* medial sehr unterschiedlicher Realisierungen dieses Romans ein. In einer ersten Fassung erschien er zunächst 2005 in den Niederlanden in dem in Amsterdam ansässigen renommierten Literaturverlag De Bezige Bij, in einer vergleichsweise kleinen Auflage von 2.000 Exemplaren. Davon gehörten 51 Exemplare in der Tradition bibliophiler Publikationskultur zu einer Vorzugsausgabe.[14] Die amerikanische Buchhandelsausgabe wurde mit einigen Jahren Verzögerung im Oktober 2012 in einer überarbeiteten Fassung publiziert. Aus diesem Anlass entstand eine weitere Vorzugsausgabe mit einer *nepalese*

---

11 Ebd.
12 Siehe hierzu noch einmal die in meinem Aufsatz „Digital Bookishness and Digitally Enhanced Publications" besprochenen Beispiele, vgl. Anm. 2.
13 Vgl. die Website zu diesem Projekt https://melcher.com/project/s/ [28.01.2021].
14 Kasey Carpenter: Allways. An Interview with Mark Z. Danielewski. In: The Millions (15.10.2012). https://themillions.com/2012/10/allways-an-interview-with-mark-z-danielewski.html [04.04.2021].

binding, also mit offenem Buchrücken, der die mit dem roten Faden vernähten Lagen sichtbar bleiben ließ, eingelegt in eine aufwändig produzierte Schatulle.[15]

Es ist eine Gruselgeschichte, erzählt von fünf Stimmen, die Danielewski sowohl typographisch inszeniert als auch mit Reproduktionen von auf Papier gestickten Illustrationen versehen hat. In der materiellen Gestaltung des Buches spiegelte sich für Danielewski nicht nur eine Qualität des literarischen Konzepts und der bedrohlich düsteren Atmosphäre der Geschichte wider, die typographische Inszenierung bringt zudem das Potenzial für performative Umsetzungen zum Ausdruck:

> I always recognized that it was this story of five voices, which had been cut to pieces and then stitched back together into one whole narrative. In the actual book, you see these colored quotation marks and they indicate that it's a different speaker with each quotation mark — and sometimes there are quotation marks nested within quotation marks, which reveal that there are two or three speakers sometimes — so in my mind, it was always a very acoustic experience. Initially, I even thought it would make a great radio show —[16]

Noch vor Erscheinen der amerikanischen Ausgabe feierte Halloween 2010 eine Bühnenfassung im REDCAT Theater in der Walt Disney Concert Hall in Los Angeles Premiere, an der neben den Schauspielern, respektive Sprechern, auch die Schattentheaterkünstlerin Christine Marie und ihr Ensemble beteiligt waren.[17] Die Performance, die im Radio übertragen wurde, erinnert an eine Art Sprechoper, bei der Danielewski als Dirigent auftrat. Die Musik, die der amerikanische Pianist Christopher O'Riley für eine dieser Aufführungen entwickelte, fand später bei dem von Danielewski mit der E-Book-Produzentin Lillian Sullam entwickelten Enhanced E-Book als Soundtrack Verwendung. Hinsichtlich der Digitalisierung reflektiert Danielewski in verschiedenen Interviews sowohl über seine Rolle als Autor als auch über die technischen Möglichkeiten der Umsetzung, deren dramaturgischen Funktionen und narrativen Potenziale:

> My role was to take what I had designed in InDesign, [and] things as crude as paper and thread, and help transfer all of that to a format that seemed amenable to an ebook format, and then to actually begin to deepen that experience. Lillian and I worked very closely. I'd suggest possibilities for a certain sequence and we'd look at how that would resonate thematically while not being an example of using one too many tricks.[18]

---

15 Ebd.
16 Katherine Manderfield: Author Mark Z. Danielewski on *The Fifty Year Sword*, the Written Word, and One of the Scariest Moments of His Life (30.10.2011). https://laist.com/2011/10/30/laist_interview_mark_danielewski_on.php [04.04.2021].
Vgl. auch die Ankündigung auf der Website des *Roy and Edna Disney/CalArts Theater*. https://www.redcat.org/event/mark-danielewski-0 [28.01.2021].
17 Ebd. Wie Danielewski im Gespräch mit Kasey Carpenter berichtet, war zwischenzeitlich auch eine Graphic Novel in Arbeit: „I almost went the graphic novel route – I had been working with two or three graphic artists – but it never really fit." Vgl. Dies.: Allways (wie Anm. 14).
18 Brian Howard: Pub Buzz. The Revolution Will Be Digitized. A Look at the Ebook Conversion Process of Mark Z. Danielewski's *The Fifty Year Sword*. In: BookBusiness (1.1.2013). https://www.bookbusinessmag.com/article/pub-buzz-mark-z-danielewski-50-year-sword-enhanced-ebook/all/ [04.04.2021].

Zu den angesprochenen *tricks* gehören, dass sich einige der gestickten Illustrationen als Animationen über die virtuellen Seiten ausbreiten. Hinzu kommen zahlreiche Animationen von Textpassagen wie nervös zitternde Zeilen, herunterfallende Buchstaben, Passagen, die aufscheinen, verschwinden, unscharf werden oder auseinanderfliegen. Eine wichtige atmosphärische Qualität steuert der angesprochene Soundtrack bei. Auch wenn diese Zusammenfassung der Stilmittel und Effekte den Eindruck einer opulenten Inszenierung entstehen lassen könnte, sind diese insofern subtil eingesetzt, als sie sich meist sehr langsam, fast schleichend entwickeln und mitunter erst auffallen, nachdem sie sich bereits zu entwickeln begonnen haben. Oft werden sie nicht unmittelbar mit dem virtuellen Umblättern der Seiten ausgelöst, sondern setzen erst mit einiger Verzögerung ein, sodass schnelle Leser angesichts der überschaubaren Textmenge weiterblättern könnten, bevor sie der Animation überhaupt gewahr werden. Angesichts des technisch Möglichen beschreibt Danielewski die Entwicklung als einen Prozess der künstlerischen (Selbst-) Beschränkung:

> We didn't want to get too ahead of the text itself so that it became an animated movie of sorts. That's where we spent the most time [on the project], determining what not to do. At what point are we moving too many letters around? At what point is there too much sound? At what point are we interfering too much with the whole experience?[19]

Dass sich Danielewski sowohl der materiellen Struktur von gedruckten Büchern, deren ästhetischen Potenzials und sinnlicher Qualitäten, als auch der Möglichkeiten, einem Text in digitaler Form noch einmal ganz anders begegnen zu können, bewusst ist – ohne sich letztendlich final für das Eine oder das Andere entscheiden zu müssen –, bringt er an anderer Stelle zum Ausdruck:

> The way of playing with that canvas, that experience of revealing something, how the graphic composition is related to left, to right. You lose that in an e-book. You are going to lose some compositional value. So while some things will be lost, perhaps some new elements will be created or found. And maybe that's an argument for making it into a series or a movie. It would invigorate certain elements.[20]

Als Danielewskis zweites Enhanced E-Book kam 2015 eine interaktive Fassung des eingangs angesprochenen Romans *Only Revolutions* (New York 2006) auf den Markt. Es ist die Geschichte zweier junger Liebender, Sam und Hailey, als ein phantastischer 200 Jahre andauernder, die Geschichte der Vereinigten Staaten durchstreifender Roadtrip,

---

19 Ebd. An anderer Stelle sagt Danielewski: „From the beginning, [eBook producer Lillian Sullam] and I agreed that we would only use those elements which complemented the themes of the story. We also agreed to keep taking the various platforms to their limit. My father taught me to imagine first and then — and only then — turn to technology to realize it. And that's pretty much how I still work. I'm not about to spend this sliver of life keeping up with technology. Let's all do technology a favor and make it keep up with us." Zitiert nach: Jason Boog: How Mark Z. Danielewski Scored *The Fifty Year Sword* (16.10.2012). https://www.adweek.com/galleycat/mark-z-danielewski-christopher-oriley-scored-the-fifty-year-sword/60113 [04.04.2021].
20 Carpenter: Allways (wie Anm. 14).

in dessen Verlauf die beiden jedoch stets 16 Jahre alt bleiben.[21] Die gedruckte Fassung weist hinsichtlich der Anlage des Buches eine bemerkenswerte Besonderheit auf, denn man kann es sowohl von vorne nach hinten wie auch von hinten nach vorne lesen. Auf der einen Seite beginnt es mit der Geschichte von Sam, auf der anderen mit der von Hailey. Beginnt man die Lektüre mit der Perspektive von Hailey, steht ihr Bericht in der oberen Hälfte; darunter und auf dem Kopf stehend ist die Geschichte von Sam zu lesen. Die Perspektiven der beiden Protagonisten werden also getrennt voneinander erzählt und verlaufen gestalterisch parallel. Die letzte Seite der einen Geschichte ist die erste Seite der anderen (Abb. 4).

Es wird empfohlen, das Buch alle acht Seiten umzudrehen, um zwischen den beiden Geschichten wechseln zu können. Begleitet werden die beiden Berichte von Chronologien stichpunktartiger historischer Bezüge in den Marginalspalten links und rechts vom Falz, die sich durch die Verwendung einer anderen Typographie absetzen. Zu den gestalterischen Finessen gehören neben dem ungewöhnlichen Layout auf der Mikroebene beispielsweise die doppelte Paginierung und Differenzierungen in der Typographie, wie Kursivierungen, Sperrungen, Farb- und Fettdrucke.[22] Während die Buchstaben zu Beginn der Geschichten ungewöhnlich groß sind, werden sie zunehmend kleiner. Das Verhältnis ist also ein umgekehrt proportionales. In Haileys Geschichte sind der Buchstabe O und die Zahl 0 stets in einem Goldton, in der von Sam in einem Grünton gesetzt. In der Mitte des Buches, auf den Seiten 177 bis 184, kehrt sich diese farbliche Zuweisung kurzzeitig um. Die ersten Buchstaben der Kapitelanfänge von Haileys Bericht ergeben zusammengesetzt die Zeile „Sam und Hailey und Sam und Hailey und Sam und Hailey und" – und in dem Bericht von Sam wird diese Akzentuierung gespiegelt, sodass die Zeile mit dem Namen von Hailey beginnt. Die Bedeutung zirkulärer Strukturen spiegelt sich nicht zuletzt in der numerischen Tektonik von Buch, Layout und Text wider: Das Buch hat 360 Seiten, mit 36 Zeilen und 360 Buchstaben pro Seite. Die Betonung einer zirkulären Struktur und der Kreisform von 360 Grad als Symbol für Vollständigkeit erfolgt also auf unterschiedlichen Ebenen.

In dem Enhanced E-Book laufen die beiden Geschichten auf dem Touchscreen links und rechts eines imaginären Falzes parallel nebeneinanderher, wie auf den beiden Seiten einer Doppelseite – getrennt durch eine Mittelachse, in die die Chronologien historischer Ereignisse gesetzt sind. Innerhalb der Kapitel kann vertikal nach oben gescrollt werden. Ein horizontales Wischen über den Touchscreen ermöglicht hingegen das Springen zwischen den Kapiteln. In jedes Kapitel sind zwei Buttons eingesetzt, mit denen Soundtracks von Christopher O'Riley aktiviert werden können. Bis auf das Spiel mit den sich im Laufe der Geschichten ändernden Größen der Buchstaben wurden die

---

21 Zudem verlaufen die beiden Reisen historisch nicht parallel. Sams Reise dauert von 1863 bis 1963; die von Hailey von 1963 bis 2063.
22 Das Wort Haus ist stets in Blau und „the creep", der Antagonist der beiden Erzähler, in Lila. Sam wird mit der Zoologie und Hailey mit Botanik assoziiert, was im Fettdruck zum Ausdruck kommt.

Herumwirbelnd beugen sich **Mandelweiden**
herab und lächeln mir Trost zu:
— *Du übertriffst alles.*
Fahnenerlen und **Gras**:
— *Bist schlichtweg unfassbar.*
                    Unterstützender Applaus.
Und von meinen schmalen Armen, meinen
flinken Zehen sind alle total begeistert. Aprils
Freie Radikale kochen in diesen knochenglatten
Felsschalen & wilden Becken, umringelt von
Süßholz & **Flieder**.
           — *Du bist unser Ziel*, raspelt die **Kratzdistel**.
An meinem Finger prallen
Pfefferminze & **Katzenminze** aufeinander.
           Gletscher ergießen sich.
                    Immerhin ein Anfang.

Zahnlilien machen meinen Frühling fröhlich.
Mohnblüten platzen.
           Ich bin eine neue Landplage,
           löse Hochwasser aus, tosende
           Sturzbäche. Kinderspiel.
                              Ich.

23. Nov 1963

Bethesda.
Gawler.
Mahagoni & Silber.
Ehrenwache.
Katafalk. Manhassets
Macdougal East.
10:30 & 75.
Evelyn Woods.
Thomas C. Chatmon
verurteilt.
Italienischer Vertrag.
Expansion der Araber.

– *Karadschi ist ein
elendes Nest!*

Eisenhower, Truman &
Kabinettsmitglieder.
Oberster Gerichtshof
& Senatoren.

Ganze Nation unter Schock.

– *die den Frieden zu ihrer
Sache gemacht haben.*
– *bis an den Rand des Atomkriegs.*
– *UnS hinter ihn stellen und
ihm helfen, soviel wir können.*

Brand in Fitchville, 63 tot.

– *die leiden werden.*
– *seine Arbeit fortsetzen,
über diese Stunde hinaus.*
– *Feind der Demokratie.*
– *wir fühlen uns alle
ziemlich verlassen.*

---

21. Nov. 1963

Wind in San Fernando.
Richard Claiborn & 20 S.
Louis Saunders tot. 3 sowjetische Kampfflugzeuge.
Daragaz 8.1 iranisches Flugzeug, 2 tot.
Der Min & chinesische Nationalisten, 10 tot.
Hühnchenkrieg. Cyrille Adoula &
die schweizerische Botschaft. Tahir Yahya, Syrien &
die Vereinigte Arabische Republik. William Pesar tot.
Wehrmutsäle.
— *So schnell, dass...*
— *vollständige Hilfe.*
James Barry Lewis.
Tokio, liberale Demokraten &
Hayato Ikeda. Big Lift zu Ende
– *raus hier.*
Duo in San Antonio.
— *Eroberung des Wehrmuns muss
und wird weitergehen.*
– *Ich will, dass sie alle die Hände reichen.*
Houston, Albert Thomas.
Pikes Peak, 1 tot.

Das Strafgericht für meinen schrecklichen Verlust wird gegen
dieses übervölkerte Land entfesselt. Ein alter Schrecken,
der leidenschaftlich auf das Entzücken des
Endes aus ist.
Doch denen, die Haley hegen würden, von solcher
Schönheit & flüchtigen Gegenwart dazu gedrängt, mehr zu tun,
werden meine kühlen Schreie die sanften Sturen küssen,
und meine Tränen werden ihre zarten Wangen küssen,
und dann, wenn die Liebe ihrer Güte, die nur
die Güte jemals findet, mein Ohr überschüttet, könnte ich eine Weile
hinunterschlüpfen und zwischen Haileys Baldachinen von Gold spielen.

Augenblicklich.
Und meine Vergeltung.
würde.

Abb. 4: Mark Z. Danielewski: *Only Revolutions* (New York 2006), hier in der deutschen Übersetzung (Stuttgart 2012)

Die Zukunft des Buches ist noch nicht vorbei

24. Nov. 1963

Manschettenknöpfe & eine Haarlocke.
Kapitän Fritz,
J. R. Leavelle
& L. C. Graves.

Rubensteins 38er Kaliber.
– Du hast den
Präsidenten getötet, du Schwein.
– Jack, du.

– Wann wird das alles
enden?

Connallys 20 Streifenpolizisten
auf der Autobahn in Texas.

John-John & Caroline.

Steigbügel, umgedrehte
Militärstiefel & Sardar.

Mike Mansfield.
Earl Warren.
John McCormack.

Kranz. Fahne, Lippen &
eine kleine Hand.

Mary Anne Marczak.
13:07.

Lee Harvey Oswald tot.

LBJ, Südvietnam &
US-Strategie.

Sondereinsatztruppe im
Lager Hiephoa, 37 tot.

– nicht nachgeben bei.
– um sie zurückzubekommen.

250 000.

Vom Gipfel oben knallen meine Grüße
hinunter auf schneebestäubte Felsen
    und lösen Bäche aus, die unter mörderisch
verschlungenen Strudeln dahinschlllammen.
Vorbei an Hochplateaus nationaler Schande.
    Und von den steinzerschlagenen Geröllhalden
        aus, jenseits derer die **Douglasien**
    aufsteigen, bringe ich den Ball ins Rollen,
                indem ich mich trolle.
Meine feurige Bergspitze schleimt:
    – *Sie!*
  Tausend **Westflachsknospen**
finden schmelzende Nebelschleier als Geschenk
                für mich.
Ich werde nichts opfern.
Denn es gibt keine Krisen. Außer mir.
Und nur einen einzigen Verstoß.
Mich. Natürlich freuen sich
    Gänseblümchen & Steinbrech darüber:
        – *Vorwärts, Gebieterin.*
                Dies unterstützt
mein **Ackersenf.**

---

19. Nov. 1963

– Schäden denen, die drohen
Überschwemmungen auf Haiti, 500 tot.
Baathisten draußen.
Terroristen in Caracas, 7 tot.
Atlantic Citys Surfside Hotel, 25 tot.
UnS Interferismus
– Verpflichtungen, UnS eine
Regierung durch Volk und für das Volk
zu erhalten, endem nie
China & Moskau. Lateinamerika-Atomwaffen.
Lady Strange.
Kongos 2 sowjetische Diplomaten.
Chen Yi & Kambodscha.
– gerechter und patriotischer Kampf
Haupt, Williston & Beane.
Honolulus UN-Generalversammlung
& Sudarka. Schaukelstuhl.
– Sonders Dezember.
Michael Collins & Thomas Libby.
– Hatte meine Hand

Sie, Sie, Sie. Künftige Lüftchen beschwören
    mich, zu bleiben.
Doch ich bin keine Zukunft. Ich bin keine Vergangenheit.
Nur immer gegenwärtig auf diesem Weg.
Ich opfere alles für das,
was ihre Jahreszeiten an Verlierendem bestreuern.
    Sie, seufze ich
vom Gipfel des Berges.
Jetzt neben ihr. Meine einzige Rolle. Und für diese Freiheit
verbreite ich meine Polarkälte, erreiche selbst die wärmsten Zeitalter,
eine Warnung ins Kreuz jeglichen Lebens,
das durch Beeinträchtigung von Haileys Spiel, so eigensinnig
in diesem pflanzlichen Ansturm von Umlaufbahn & Ranke,
zwischen diesen Kaskadenklippen kriegerischen Eises mich wachrufen.

typographischen Akzentuierungen übernommen. Dafür, dass man ein Tablet nicht von vorne nach hinten und von hinten nach vorne blättern kann, eine Eigenschaft analoger Bücher, die sich digital nicht simulieren lässt, wurde eine Entsprechung entwickelt: Dreht man den horizontal ausgerichteten Touchscreen um 180 Grad, vertauschen sich die beiden Seiten. Wenn Sams Geschichte in der einen Position links stand, wechselt sie mit dem Umdrehen auf die rechte Seite. Zudem ist das Enhanced E-Book wie eine historisch-kritische oder wenigstens eine kommentierte Ausgabe angelegt. Sie verfügt über zwei Vorworte, von Sarah Shun-Lieb Bynum und Michael Robbins, sowie über eine Kommentarfunktion. Kenntlich gemacht durch Unterstreichungen von Worten, Begriffen oder Textpassagen sind 300 Pop-Up-Kommentare von Julia Panko und Noam Assayag eingefügt, von denen manche zusätzlich mit anderen Textstellen oder mit anderen Kommentaren verknüpft sind: „[…] ‚road signs' […] link to other places in the eBook, encouraging readers to follow themes such as Identity, Freedom, Sex & Violence, Time Travel, and Romance throughout the text."[23] Mitunter wird hier auch auf Sekundärliteratur Bezug genommen, die am Ende in einer Bibliographie zusammengestellt ist.[24]

3 *Meanwhile* von Jason Shiga

Jason Shigas Graphik Novel *Meanwhile* (New York 2010) hat mit ihrem Erscheinen weltweit Aufsehen erregt. Bevor er als Autor von Comics in Erscheinung trat, schloss Shiga ein Studium in *Pure Mathematics* an der University of California in Berkeley ab.[25] Die Leidenschaft für mathematische Strukturen und Rätsel, für Probleme der Logik und Denksportaufgaben, ist in vielen seiner Comics zu erkennen. Besondere Erwähnung verdienen einige seiner Arbeiten aufgrund ihrer unkonventionellen materiellen Formen: Hierzu gehören beispielsweise Cartoons in Gestalt komplexer Papierfaltungen, die sich entweder endlos umfalten oder auf unterschiedliche Weise und in verschiedene Richtungen entfalten lassen, und die er, weil Verlage sie wegen der komplizierten Produktion ablehnten, von Hand anfertigte und auf Comic Con-

---

23 So heißt es in der „Note to the Reader" dieses E-Books und auf der Website des Verlagskonzerns Penguin Random House. https://www.penguinrandomhouse.ca/books/36527/only-revolutions-by-mark-z-danielewski/9780307539359 [28.01.2021].
24 Apps und Enhanced E-Books sind in den letzten Jahren wiederholt für historisch-kritische, kommentierte und mit Bonusmaterial ergänzte Ausgaben von literarischen Werken genutzt worden.
25 Die biographische Notiz am Ende des Buches *Meanwhile* lautet: „Jason Shiga graduated from the University of California at Berkeley with a degree in pure mathematics. He is the author of more than twenty comic books and the inventor of three board garmes, two card tricks, the greedy mug, the bus clock, and the world's second-largest interactive comic, which spanned twenty-five square feet. His puzzles and mazes have appeared in *McSweeny's* and *Nick Magazine*."

ventions und in einschlägigen Läden vertrieb.²⁶ *Hello World!* (Selbstverlag 2003) ist in buchgestalterischer Hinsicht interessant, weil die Seiten dieses durch eine Ringbindung gebundenen Kodex durch Schnitte mittig horizontal getrennt sind, sodass der obere und der untere Teil unabhängig voneinander geblättert werden können. Diese Anlage erinnert an sogenannte Mix-and-Match-Bücher, wie man sie als Spielbilderbücher des 19. Jahrhunderts kennt, und bei denen durch drei horizontale Einschnitte, Kopf, Rumpf und Unterkörper von unterschiedlichen Figuren chimärenhaft kombiniert werden können. Doch hat Shiga mit *Hello World!* für diese Gattung ein trickreiches narratives Konzept entwickelt und sieht in dessen materieller Struktur einen Bezug zum Computer:

> Le livre fonctionnait comme un ordinateur basique: avec une carte mémoire, un processeur, etc. Les pages étaient divisées en deux, ce qui fait que l'on pouvait lire une partie des pages sans tourner l'autre partie. Et cette autre partie devait servir de mémoire, de carte pour stocker les informations – c'est ainsi que l'on pouvait s'orienter dans le livre.²⁷

Meanwhile, das Werk, um das es im Folgenden geht, steht in der Tradition der *Choose your own Adventure Literature* und vergleichbarer *Spielbücher*, bei der die Leser*innen zwischen unterschiedlichen Entwicklungen entscheiden und den Verlauf der Geschichte mitbestimmen können. Mit 3.856 möglichen Enden dürfte es sich um eines der komplexesten Exemplare dieser Art handeln. Mit Blick auf Gattungskonventionen hat Shiga einige Tricks inszeniert, von denen nur einer exemplarisch angeführt sei, nämlich *geheime* Doppelseiten, zu denen keine der Geschichten führt.²⁸ Ausgangspunkt aller möglichen Geschichten dieses Buches ist die Frage, ob die Leser*innen den jungen Protagonisten an einem Eisstand Schokolade oder Vanille essen lassen. Wählen sie Vanille, werden sie auf der kommenden Seite gleich wieder nach Hause geschickt und die Geschichte erfährt ein schnelles aber gutes Ende. Wählen sie Schokolade, trifft der Junge auf einen verrückten Wissenschaftler, der eine Zeitmaschine, einen gedankenlesenden Helm und eine Weltuntergangsmaschine entwickelt hat. Die Wahl von Schokolade kennt angesichts von 3.855 möglichen Verläufen nur ein Happy End, die anderen 3.854 führen ins Desaster.

Das Buch basiert auf einem Flowchart-Diagramm, in dem Shiga die zahlreichen Entscheidungsmöglichkeiten und deren sich verzweigende Entwicklungen graphisch ausgearbeitet hat. Die Idee eines solchen Programmstrukturplans, der eine Folge von Operationen zur Lösung einer Aufgabe nachvollziehbar macht, verwundert angesichts von Shigas mathematischem Hintergrund nicht. Sie ist darüber hinaus aber auch von

---

26 Vgl. Jason Shiga im Interview mit Voitachewski. In: Du9. L'autre Bande dessiné (7.2.2013). https://www.du9.org/entretien/jason-shiga/ [04.04.2021].
27 Ebd.
28 Ebd. führt Shiga diesbezüglich aus: „Dans l'introduction, j'insiste sur le fait qu'il ne faut pas tricher en lisant le livre. Je dis même que les tricheurs seront punis. En effet, j'ai placé des faux codes, et j'ai dupliqué des pages dans le livre. Quand vous le lisez, il vous arrive de tomber sur une page et de penser que vous êtes déjà passé par là… alors qu'en réalité ça n'est pas le cas! Mais effectivement, certaines pages ne sont accessibles qu'en trichant!"

Abb. 5: Jason Shiga: *Meanwhile* (New York 2010)

Die Zukunft des Buches ist noch nicht vorbei

Scott McClouds Idee eines *Infinite Canvas* inspiriert.²⁹ Der Aufbau dieser Vorlage überträgt sich insofern auf das Layout der Publikation, als die einzelnen Panels lose über die Seiten verstreut angeordnet und durch Röhren (*tubes*) miteinander verbunden sind. Die Zeilen sind also nicht von links nach rechts, die Seiten nicht von oben nach unten und das Buch nicht von vorne nach hinten zu lesen. Die Röhren führen die Leser*innen kreuz und quer über die Seiten sowie dank eines komplizierten Registerschnitts auch vorwärts und rückwärts durch das Buch (Abb. 5).

Während Register, wie man sie von Nachschlagewerken kennt, gemeinhin ebenmäßig von oben nach unten verlaufen und einen punktuellen Zugriff auf gesuchte Passagen ermöglichen, mutet der Registerschnitt hier vergleichsweise chaotisch an: Manche Seiten haben gar keine, andere bis zu drei Laschen, deren Positionen sich durch die Notwendigkeit ergeben, die Geschichte an einer bestimmten Stelle auf einer anderen Seite weiterzuführen. Das ständige Hin- und Herblättern und die permanenten Richtungswechsel – sowohl auf den Seiten als auch zwischen den Buchdeckeln – sorgen für eine produktive Desorientierung der Leser*innen, die schon kurz nach Beginn der Lektüre den Überblick verlieren, an welcher Stelle einer Geschichte sie sich gerade befinden. Gerade die Gestaltung dieser Graphic Novel verdeutlicht dabei auch die Anschlussfähigkeit zu Konzepten labyrinthischen Erzählens in der experimentellen Literatur.³⁰

„In the electronic media era, it's refreshing to encounter a work that makes such unique use of the physical nature of the book", so heißt es in der Rezension von *Publishers Weekly*: „Young readers will likely spend hours finding new ways to wend a path through the pages of this innovative book."³¹ Auch wenn Shigas Buch die Struktur des Kodex zweifellos auf sehr originelle Weise nutzt, spielten digitale Prozesse bei der Entwicklung eine zentrale Rolle, denn die Übertragung des Flowcharts auf Buchseiten bedurfte komplexer Berechnungen:

---

29 Vgl. hierzu die Darstellung der App auf der Website von Zarfhome https://zarfhome.com/meanwhile/ [28.01.2021]; sowie die Erklärung des Begriffs auf der Website von Scott McCloud https://www.scottmccloud.com/4-inventions/canvas/index.html [28.01.2021].

30 Zu labyrinthischen Texten der visuellen Poesie vgl. Ulrich Ernst, Jeremy Adler: Das Labyrinthgedicht als Sondertypus visueller Poesie. In: Dies.: Text als Figur. Visuelle Poesie von der Antike bis zur Moderne. 2. durchges. Aufl. Weinheim 1987, S. 168–182; Ulrich Ernst: Labyrinthe aus Lettern. Visuelle Poesie als Konstante europäischer Literatur. In: Wolfgang Harms (Hrsg.): Text und Bild, Bild und Text. Stuttgart 1990, S. 197–215. Zu narrativen Formen labyrinthischer Texte vgl. Monika Schmitz-Emans: Labyrinthbücher als Spielanleitungen. In: Erika Fischer-Lichte, Gertrud Lehnert (Hrsgg.): [(v)er]SPIEL[en]. Felder – Figuren – Regeln. Berlin 2002 (Paragrana. Internationale Zeitschrift für Historische Anthropologie; 11, Heft 1), S. 179–207; sowie Dies.: Texte und Labyrinthe, Texte als Labyrinthe. Komparatistische Perspektiven. In: World Literature Studies 5.22 (2013), S. 3–13; Brigitte Burrichter: Erzählte Labyrinthe und labyrinthisches Erzählen. Romanische Literatur des Mittelalters und der Renaissance. Wien, Köln 2003.

31 Vgl. die Rezension in Publishers Weekly (3.1.2010). https://www.publishersweekly.com/978-0-81098-423-3 [04.04.2021].

> *Meanwhile* began as a series of seven increasingly complex flowcharts. Because of asymmetries in the branching, a special notation had to be invented for the final three charts. Once the outline of the story was structured, a computer algorithm was written to determine the most efficient method to transfer it to book form. However, the problem proved to be NP-complete. With the use of a V-opt heuristic algorithm running for 12 hours on an SGI machine, the solution was finally cracked in spring 2010. It was another six months before layouts were finished, again with the aide of homebrew computer algorithms.[32]

Kurz nach der Veröffentlichung des gedruckten Buches, für dessen Gestaltung Shiga selbst und Chad W. Beckerman verantwortlich zeichneten, begannen Shiga und Andrew Plotki von der Firma Zarfhome Software mit der Entwicklung einer App für Tablets und Smartphones, die 2012 veröffentlicht wurde. Die App basiert auf dem ursprünglichen Flowchart, von dem der Touchscreen einen kleinen Ausschnitt zeigt (Abb. 6).

Dieser Ausschnitt kann durch Scrollen in alle Richtungen verschoben werden, sodass der Eindruck entsteht, die diagrammatische Darstellung würde entweder unter dem Touchscreen verschoben oder man flöge mit dem Touchscreen wie mit einer Drohne über dem Diagramm. Mit zwei Fingern kann der Ausschnitt zoomartig verändert werden, sodass das gesamte Diagramm en miniature angezeigt werden kann. Steigt man in die Geschichte ein, wird man durch das Antippen der einzelnen Panels von einem zum Nächsten geführt, indem dieses aufleuchtet. Bei zu treffenden Entscheidungen zwischen alternativen Wegen leuchten zwei Panels auf. Zudem wartet die App mit verschiedenen Funktionen auf, die die Navigation betreffen: Man kann sich eine zusammenfassende Ansicht des bisherigen, von den jeweiligen Entscheidungen geprägten, Verlaufs der Geschichte anzeigen lassen, den aktuellen Stand der Lektüre in dem gesamten Flowchart verorten lassen und zu der letzten getroffenen Entscheidung zurückkehren. Die App ermöglicht also eine bessere Nachvollziehbarkeit der Entscheidungen und eine größere Transparenz in der individuellen Lektüre. Und sie ermöglicht dergestalt eine (Lektüre-)Erfahrung, die sich von der des gedruckten Buches deutlich unterscheidet. In einer Besprechung der App bringt der Rezensent Filipe Salgado zum Ausdruck, dass seine Lektüre der digitalen Fassung ein neues Interesse an der analogen Publikation zur Folge hatte.

> While playing it, I kept wanting to read the actual book again. I wanted to see how the book managed to turn these disparate paths into one, and make all these panels coherently connect. I liked seeing panels from several different paths exist on the same page, hinting at other stories I had yet to see.[33]

Indem die App auf einem Diagramm basiert, ist die digitale Realisierung möglicherweise näher an der ‚ursprünglichen' (Arbeits-)Fassung von *Meanwhile* und zeigt den Stand vor der Übertragung des Diagramms in ein gedrucktes Buch. Vielleicht ist es in diesem Fall aber gerade die vergleichsweise komplizierte Übertragung des Flowcharts

---

32 Notiz im Impressum von *Meanwhile*.
33 Filipe Salgado: Review *Meanwhile*. https://killscreen.com/previously/articles/review-meanwhile/ [04.04.2021].

Abb. 6: Jason Shiga mit Andrew Plotki: *Meanwhile* App (2012). Photo: Zarfhome Software

in die Form eines sequenziellen und seinen Inhalt sequentialisierenden Kodex, die die analoge Buchfassung in ästhetischer Hinsicht und mit Blick auf die originelle Nutzung der Struktur der Seiten nachhaltiger in Erinnerung bleiben lässt. In einem Interview hat Shiga darauf hingewiesen, dass die Qualitäten von Büchern und die haptischen Erfahrungen im Umgang mit Comics einen wichtigen Bestandteil seiner Lesebiographie darstellten und seine Leidenschaft geprägt haben: „[…] part of what I like about comics is the physical experience of holding a book in your hand, flopping down in an armchair, and thumbing through the book. For me, that's always been an important part of reading comics. The iPad kind of changed my opinion."[34]

4 *Here* von Richard McGuire

Richard McGuires Graphic Novel *Here* (New York 2014) beruht auf einem narrativen Konzept, das der Autor 1989 für einen sechsseitigen Comic entwickelte, der in dem von Art Spiegelman und seiner Frau Françoise Mouly herausgegebenen Avantgarde-Comic-Magazin *Raw* (Volume 2, #1) erschien. Obwohl es sich lediglich um eine sechsseitige ‚Kurzgeschichte' handelte, wurde ihre bahnbrechende Qualität sofort erkannt und sie wurde zu einer Referenz vieler experimenteller Comickünstler*innen und Autor*innen. In der Tageszeitung *The Guardian* schrieb Chris Ware 2014 rückblickend:

> *Here* blew apart the confines of graphic narrative and expanded its universe in one incendiary flash, introducing a new dimension to visual narrative that radically departed from the traditional up-down and left-right reading of comic strips. And the structure was organic, nodding not only to the medium's past but also hinting at its future.[35]

Die Panels zeigen zunächst eine Zimmerecke; der gleiche Ausschnitt, die gleiche Perspektive. Man könnte von einer Art Basispanel sprechen, das im Folgenden modifiziert wird, indem eine Panels-im-Panel Struktur integriert wird: bis zu vier kleine Panels, die je andere zeitliche Ebenen zeigen. Die Anlage erinnert an eine Rahmenhandlung mit unterschiedlichen Binnenhandlungen. Die historische Zeit ist in der oberen linken Ecke jedes Panels angegeben. Die Handlungsstränge in dem Basispanel vermischen sich dergestalt mit Ereignissen, die zu anderen Zeitpunkten an diesem Ort stattgefunden haben – oder stattfinden werden. Da die zeitlichen Sprünge nicht chronologisch verlaufen, sondern unvermittelt in die Vergangenheit gerichtet sind oder in die Zukunft weisen, ist eine

---

34 Jeanette Roan: „I Love Second Acts in Comics". An Interview with Jason Shiga. In: The Comics Journal (20.6.2016). http://www.tcj.com/interview-with-jason-shiga/ [04.04.2021].
35 Vgl. Chris Ware on *Here* by Richard McGuire. A Game-Changing Graphic Novel. In: The Guardian (17.12. 2014). https://www.theguardian.com/books/2014/dec/17/chris-ware-here-richard-mcguire-review-graphic-novel [04.04.2021]; Ders.: Richard McGuire and *Here*. A Grateful Appreciation. In: Comic Art 8 (2006), S. 5–7; Thierry Groensteen: Les lieux superposés de Richard McGuire. In: Urgences 32 (1991), S. 95–109; Leanne Shapton: Split Screens. An Interview with Richard McGuire. In: The Paris Review (12.6.2015). https://www.theparisreview.org/blog/2015/06/12/split-screens-an-interview-with-richard-mcguire/ [04.04.2021].

stringente Entwicklung im engeren Sinne kaum nachzuvollziehen. Bei der ersten Lektüre mag zudem verwirren, dass sich auch das Basispanel gelegentlich ändert: Das Interieur verschwindet, und gezeigt werden stattdessen apokalyptische Landschaften, Urwälder, Indianer bei der Jagd und frühe Siedlungen. Was zunächst wie ein Bruch aussieht, resultiert daraus, dass zwischen den Szenen mitunter hunderttausende von Jahren vergehen und an diesen Stellen der Ort gezeigt wird, bevor das Haus, von dessen Wohnzimmerecke die Geschichte ihren Ausgang nimmt, gebaut wurde. Was die Panels verbindet und die Geschichte zusammenhält, ist der Blick auf diesen spezifischen Ort, der gleich bleibt, auch wenn er zu unterschiedlichen historischen Momenten immer wieder anders aussieht. Die angesprochene Radikalität besteht in der Verschachtelung unterschiedlicher zeitlicher Ebenen und der daraus resultierenden simultanen Darstellung sich asynchron abspielender Ereignisse. 2014 erschien die zu einer Graphic Novel weiterentwickelte Buchfassung, die über die Comic-Szene hinaus schnell zu einem Kultbuch avancierte.

> The result of 15 years of careful consideration and work, *Here* expands on the DNA of McGuire's original short story over hundreds of lush, overwhelming, complex, complicated yet unpretentious pages; it's an amalgam of vibrant hues and textures, drawing approaches, narrative lines and surfaces that feels in its totality like the first successful attempt to visually recreate the matrix of memory and human understanding of time. […] The book has 304 pages of interconnected, overlapping storylines which are multivalent and varied, encompassing the lives of Native Americans and colonialists and moving from pre-human epochs to projected futures and species: to enumerate them would be like isolating notes from a musical composition to try to understand their emotional power.[36]

In der Buchfassung füllt das Basispanel die Doppelseiten und zeigt, wie in der Kurzgeschichte, zu Beginn die Ecke eines Wohnzimmers im Jahr 1957. McGuire hat in Interviews lanciert, dass es sich um einen Raum in der elterlichen Wohnung im Jahr seiner Geburt handelt. Die Zeitspanne der Handlung(en) reicht von 500.957.406.073 vor unserer Zeitrechnung bis ins Jahr 2033. Auch die Graphic Novel weist die Panels-im-Panel-Struktur der Kurzgeschichte auf, wobei mitunter sehr viel mehr Panels integriert sind (Abb. 7).

Über die zeichnerische und literarische Autorschaft hinaus akzentuiert Ware die Bedeutung der künstlerischen (Gesamt-)Konzeption des Buches: „With those first six pages in 1989, McGuire introduced a new way of making a comic strip, but with this volume in 2014, he has introduced a new way of making a book."[37] Ulises Carrión hatte 1975 die für die Etablierung des Buches als einem künstlerischen Medium, als sogenanntes Künstlerbuch, weitreichend einflussreiche Abhandlung *The New Art of Making Books* publiziert,[38] in der er das Schreiben literarischer Texte als „old art of making books" gegen eine „new art" abgrenzte. Die neue Kunst des Büchermachens geht über die Entwicklung experimenteller Formen des Erzählens oder der Darstellung von Inhalten sowie sich daraus ergebender alternativer Lektüremodelle noch hinaus. Carrión entwickelt den Gedanken Stéphane Mallarmés weiter, dass die Seite des Buches

---

36 Vgl. Ware: *Here* by Richard McGuire (wie Anm. 35).
37 Ebd.
38 Ulises Carrión: Quant aux livres / On Books. Genf 2008.

Die Zukunft des Buches ist noch nicht vorbei 87

Abb. 7: Richard McGuire: *Here* (New York 2014)

als Raum zu begreifen sei. Er versteht den Aufbau des gebundenen Buches als (Ab-)Folge von Zeit-Räumen, deren sequenzielle Struktur bei der Konzeption von Inhalten im Sinne einer selbstreflexiven Ebene berücksichtigt werden soll. Das Spiel mit der sequenziellen Struktur des Buches ist in dieser Graphic Novel bemerkenswert. Jedes Umblättern wirft neue Momentaufnahmen auf. Mitunter vergehen mit dem Umblättern einer Seite in der ‚Rahmenhandlung' auf den Doppelseiten Millionen von Jahren, während die ‚Binnenhandlungen' an einigen Stellen an Daumenkinos erinnernde sequenzielle und durch schnelles Blättern filmisch animierbare Bewegungssequenzen zeigt. Indem die Geschichte nicht, oder nur sehr punktuell linear verläuft, kann man dieses Buch auch kreuz und quer zwischen den Buchdeckeln blätternd lesen.

Nachdem *Here* 2014 parallel zu der Buchfassung auch als einfaches E-Book für E-Reader erschien, folgte 2015 eine interaktive digitale *enhanced edition* für Tablets und Smartphones.[39] Während die erste E-Book-Fassung nur aus den digitalisierten Seiten des Buches bestand, die man, wie in diesem Format üblich, durch Antippen

---

39 Das Museum für angewandte Kunst in Frankfurt am Main richtete von Januar bis September 2016 mit *ZeitRaum. Nach Here von Richard McGuire* eine auf diesem Comic

virtuell blättern konnte, entwickelten McGuire und der Softwareentwickler Stephen Betts mit dem Enhanced E-Book eine Fassung, die völlig anders funktioniert als das gedruckte Buch und die technischen Möglichkeiten konsequent weiterentwickelt.[40] „I was really lucky", so McGuire, „to work closely with a programmer and develop this along side of the book version. They are both non-linear in their storytelling, but the digital version goes even further in that direction." McGuire unterscheidet dabei dezidiert zwischen unterschiedlichen digitalen Buch- respektive Publikationsformaten, ihren jeweiligen technischen Möglichkeiten sowie auch dem, was sie durch Kontexte, in denen sie verwendet werden, suggerieren können:

> […] it's not an app, it's an ‚ebook'. If it was an app, it would seem more like a game and I didn't want it to be a game. We had a lot of discussion about this kind of things. We discussed many options in it's development. I'm also a musician, so that was suggested at one point to add a sound track. But for me, that was a different thing, this is a reading experience. I wanted to introduce animation, but very subtly, very small movements that only happen occasionally. The animation is timed by the program, so it doesn't happen every time, when it happens it's a real surprise, a real event, and it's something moving in real time. You can page through the story back or forward like a normal book, or you can touch the panel and it continues the dialogue thread of that story. Or if you click on the date on the upper left corner, it starts to randomize and new combinations happen that don't exist in the book. It's still surprising to me, and there are thousand and thousand of possibilities. It's interesting because the combinations start to create new meanings. Sometimes the new combinations of dialogues are really funny. It is mostly randomize, but we worked carefully on the some of the logic behind the randomization. For instance, there are ‚groupings' that work better together so the program favors some things over others, but the same combinations don't happen every time, that would be too predictable and become boring.[41]

Das Enhanced E-Book wird mit Blick auf die Steigerung des virtuell Möglichen als eine verbesserte Fassung verstanden, die der komplexen Anlage dieser Graphic Novel eher gerecht werden kann als das gedruckte Buch: „The story was always non-linear, but it seems tailor-made for new media. The e-book deconstructs the book."[42] Und er

---

basierende installative Ausstellung aus. Vgl. die Website zu diesem Projekt https://www.museumangewandtekunst.de/de/besuch/ausstellungen/2016/zeitraum/ [04.04.2021].
40 Being *Here* With Richard Mcguire. Richard McGuire was invited by the FLIC Pro to present his book and ebook *Here* (20.2.2016). http://transbook.org/en/magazine/here-richard-mcguire/ [04.04.2021]. Zur Bedienung erfolgt einleitend der folgende Hinweis: „This ebook is an adventure. It is the deconstruction of *Here*. The story is non linear, it experiments with the formal properties of comics, using multiple panels. You can swipe the pages, read the book in order, or shuffle or reshuffle the pages to allow new combinations and connections to arise. You're your own guide in *Here* where time and space are anything but finite and the only limit is the screen itself." Zitiert nach ebd.
41 Vgl. Being *Here* With Richard Mcguire (wie Anm. 40).
42 Steven Heller: The One-Room Time Machine. Richard McGuire's Innovative 1989 Comic Strip *Here*, Depicting one Location over Centuries, Returns as a Museum Exhibition and Book. In: The Atlantic (25.9.2014).
https://www.theatlantic.com/entertainment/archive/2014/09/richard-mcguires-time-machine-with-a-view/380736/ [04.04.2021].

betont: „It really enhances the book experience."[43] Wie Danielewski geht es ihm nicht um ein Feuerwerk, sondern um einen subtilen Einsatz von Effekten.[44]

Neben der zuvor schon angesprochenen Parallelität in der Entwicklung von analogem Buch und Enhanced E-Book ist bemerkenswert, dass die Erfahrungen im Umgang mit frühen PCs und den virtuellen Fenstern von Windows schon die Entwicklung der ungewöhnlichen narrativen Struktur der Kurzgeschichte inspiriert und sich darüber auch in das gedruckte Buch eingeschrieben haben:

> […] in einem Kurs von Mark Newgarden und Paul Karasik, entwickelte ich eine Geschichte, in der die einzelnen Panels zweigeteilt waren – auf der einen Seite des Panels geht die Zeit vor-, auf der anderen Seite rückwärts. Etwa zur selben Zeit kaufte ein Freund einen Computer, und seine Erklärungen dieser frühen Windows-Version waren ein weiterer Aha-Moment: Warum soll ich mich auf die Vor- und Rückwärtsbewegung beschränken, wenn ich in vielen einzelnen Panels mit ebenso vielen Zeitebenen spielen und frei von einer Zeit in die andere hüpfen kann?[45]

5 *Sens* von Marc Antoine Mathieu

So konsequent und originell wie kaum ein anderer Autor hat Marc Antoine Mathieu die Materialität des Kodex und die Struktur der Seiten zu Mitspielern vieler seiner Comics und Graphic Novels gemacht. Das gilt insbesondere für die Serie um die Figur des Julius Corentin Acquefacques, in der seit 1990 sieben Teile erschienen sind.[46] 2018 publizierte der französische Verlag Delcourt unter dem Titel *3 Rêveries* eine Box mit den drei Comics *Homo Temporis*, *Homo Logos* und *Homo Faber*, für die Mathieu je eine andere Buchform verwendete: Das erste ist ein Leporello, das zweite eine Buchrolle und das dritte ein Stapel loser Seiten, der nur durch eine Banderole zusammengehalten wird. *Sens* (Paris 2014), das Werk, um das es im Folgenden gehen

---

43 Vgl. Being *Here* With Richard Mcguire (wie Anm. 40). In einer Rezension, die auf der Website von *Screendriver – The Digital Comics Directory* veröffentlicht wurde, heißt es: „The interactive eBook edition is the long-awaited fulfillment of a pioneering comic vision." https://screendiver.com/directory/here-by-richard-mcguire/ [04.04.2021].
44 Vgl. hierzu auch Steven Heller: The One-Room Time Machine (wie Anm. 42).
45 Christian Gasser: „Die Suche nach der einfachsten Lösung." Ein Gespräch mit Richard McGuire. In: Strapazin. Das Comicmagazin. https://www.strapazin.de/inhalt88/txt_mcguire.htm. Vgl. hierzu auch: Lee Konstantinou: A Theory of *Here*. In: The Account. A Journal of Poetry, Prose, and Thought. 4 (2015). https://theaccountmagazine.com/article/a-theory-of-here [04.04.2021].
46 David Beikirch, Matthias Wagner K (Hrsgg.): Kartografie der Träume. Die Kunst des Marc-Antoine Mathieu. Berlin 2017; Kathrin Hahne: Bande dessinée als Experiment. Dekonstruktion als Kompositionsprinzip bei Marc-Antoine Mathieu. Frankfurt am Main 2016; Frank Leinen: Spurensuche im Labyrinth. Marc-Antoine Mathieus Bandes dessinées zu Julius Corentin Acquefacques als experimentelle Metafiktion. In: Frank Leinen, Guido Rings (Hrsgg.): Bilderwelten – Textwelten – Comicwelten. Romantische Begegnungen mit der Neunten Kunst. München 2007, S. 229–263; Rolf Lohse: Ingenieur der Träume. Medienreflexive Komik bei Marc-Antoine Mathieu. Bochum 2014.

soll, ist eine Bildergeschichte in der Tradition der *Wordless Novels*.[47] Sie zeigt nur ein Bild pro Seite und kommt ohne jeglichen Text aus – also auch ohne die für Comics charakteristischen Sprechblasen. Eine Blütezeit erlebten diese Bildromane in den 1920er und 30er Jahren. Insbesondere Frans Masereel, der mehrere solcher Bücher entwickelte, ist hier als historische Referenz zu nennen. Mit dem Aufkommen des Nationalsozialismus in Deutschland verschwanden sie jedoch. Im Amerika der Nachkriegszeit war die sozialistische Gesinnung vieler Autoren und der entsprechend geprägte Blick auf die Gesellschaft der Zensur ein Dorn im Auge. Erst als sich der Comic in den 1960er und 70er Jahren als sogenannte neunte Kunstform zu etablieren begann, und die ersten Comics als Graphic Novels in Buchlänge erschienen, gelangte dieses Phänomen wieder in ein größeres Bewusstsein.

In *Sens* folgen die Leser*innen einem weitgehend anonymisierten Protagonisten, der durch eine Landschaft irrt, die außer der Horizontlinie und Pfeilen kaum Orientierung erlaubt.[48] Auf seinem Weg entdeckt er Pfeile über Pfeile, die ihn in unterschiedliche Richtungen schicken: aufgestellte Pfeile, wie man sie in Städten findet, Pfeile in Form von Schatten, Ruinen in Form von Pfeilen, Labyrinthe aus Pfeilen und sich aus Pfeilen auftürmende Gebirge. Er treibt auf Eisschollen in Form von Pfeilen und wird von einem wie ein fliegender Teppich davonfliegenden Pfeil hinweggetragen. Die Linearität des Umblätterns vom Anfang bis zum Ende des Buches steht dabei in einem ostentativen Kontrast dazu, wie der Protagonist kreuz und quer durch die Welt der Erzählung geschickt wird.[49] Parallel zu dem gedruckten Buch erschien ein einfaches E-Book, das auf entsprechenden E-Readern seitenweise betrachtet werden kann. 2016 folgte eine von Mathieu und den Spieldesignern Charles Avats und Armand Lemarchand entwickelte und von *Arte* und *Red Corner* koproduzierte Virtual-Reality-Fassung unter dem Titel *S.E.N.S.^{VR}*.[50] Diese kann sowohl über den Touchscreen eines Smartphones

---

47 Vgl. zudem die folgende instruktive Zusammenstellung: Mike Rhode, Tom Furtwangle, David Wybenga: Stories Without Words. A Bibliography with Annotations. Michigan State University Libraries *(25.7.2003)*. https://comics.lib.msu.edu/rhode/wordless.htm [04.04.2021].

48 Der Titel des Buches ist übrigens eine Art Verlegenheitstitel: In der Publikation taucht er an keiner Stelle auf.

49 2015 konzipierte Mathieu für den Ausstellungsort *LiFE* in Saint-Nazaire eine museal-installative räumliche Inszenierung, wie ein begehbarer Parcours mit animierten Videosequenzen: https://lelifesaintnazaire.com/archives/saison-2014-2015/sens/ [04.04.2021]. Vom 3. Juni bis zum 15. Oktober 2017 richtete das Museum für Angewandte Kunst in Frankfurt am Main die Ausstellung *Kartografie der Träume. Die Kunst des Marc-Antoine Mathieu* aus: „Die Ausstellung führte in das Werk dieses außergewöhnlichen Erzählers ein und erweiterte die Leseerfahrung der Irritation, des Labyrinthischen und Surrealen in den (Museums-) Raum hinein." Zitiert nach: https://www.museumangewandtekunst.de/de/besuch/ausstellungen/kartografie-der-traeume-die-kunst-des-marc-antoine-mathieu/ [28.01.2021].

50 Zu der VR-Fassung vgl. auch die folgenden Interviews: Fabien: The other reality of SENS VR. Interview mit Marc Antoine Mathieu. In: Fabbula. https://fabbula.com/sensvrmarcantoinemathieu/ [04.04.2021]; Ders.: Interview with Armand Lemarchand, Marie Blondiaux, Charles Ayats, UMTBH. In: Fabbula. https://fabbula.com/sens-vr-entering-drawn-world/ [04.04.2021]; „La VR est une autre manière de penser le dessin". Entretien

Die Zukunft des Buches ist noch nicht vorbei 91

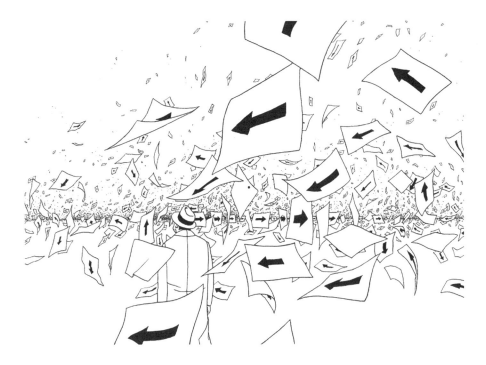

Abb. 8: Marc Antoine Mathieu mit Charles Avats und Armand Lemarchand: *S.E.N.S.^{VR}* (2016)

oder Tablets als auch mit den VR-Brillen Samsung Gear VR und Oculus Rift sowie mit einem Cardboard-Headset ‚gespielt' werden. In der von Arte veröffentlichten Presseerklärung wird *S.E.N.S.^{VR}* als erstes auf einem Comic basierendes VR-Spiel angekündigt, dessen innovative Qualität in der Kombination von Graphic Novel, Computer- respektive Videospiel und Virtual Reality bestehe.[51]

> SENS^{VR} unfolds the spirit and graphic universe of the book in 3D with its character, scenery, hand drawn lines, and play on light and shade…, and rethinks the script along with the strange relationship between the reader and the character. The game takes liberties as it cuts across the codes of the various genres: those of comic books, video games, and virtual reality.[52]

S.E.N.S.^{VR} ist das Beispiel unter den hier vorgestellten, das sich als interaktives VR-Setting am weitesten von der gedruckten Fassung und von der Erfahrung des Lesens

avec Marc Antoine Mathieu. In: Centre national du cinéma et de l'image animée (3.7.2020). https://www.cnc.fr/creation-numerique/actualites/marcantoine-mathieu-sens-vr---la-vr-est-une-autre-maniere-de-penser-le-dessin_1239168 [04.04.2021].
51 Vgl. https://sens.arte.tv/images/press/DP_SENS_ALL.pdf [04.04.2021].
52 Vgl. https://sens.arte.tv/images/press/DP_SENS_ENG.pdf [04.04.2021].

analoger Bücher entfernt. Es besteht aus drei Episoden von etwa 10 Minuten Dauer. Auch wenn der Einsatz von Virtual-Reality-Brillen die Authentizität des Erlebnisses im Vergleich dazu, sich einen Touchscreen vor die Augen zu halten, sicher noch steigert, sei im Folgenden auf die zuletzt genannte Möglichkeit eingegangen. Hält man das Tablet auf Augenhöhe und dreht sich um die eigene Achse, kann man sich in dem virtuellen Panorama umschauen (Abb. 8).

Es wird empfohlen, sich auf einen drehbaren Stuhl zu setzen, um möglichst fließend die Richtung(en) wechseln zu können. Jedes Zittern der Hände wird genauso auf den Bildschirm übertragen, wie die Geschwindigkeit von Richtungswechseln nach links, rechts, oben und unten. Ein winziger Punkt in der Mitte des Touchscreens erlaubt die Steuerung und Bewegung der Betrachter*innen. Entdeckt man einen Gegenstand und bringt diesen mit dem Orientierungspunkt in Deckung, kann man sich auf dieses Ziel zubewegen und ggf. Prozesse auslösen, wie beispielsweise das Drücken eines Knopfes oder einer Türklinke. Mathieu betont in dieser Hinsicht, dass das Verhältnis von ‚reiner' Raumerfahrung, die ihm ein besonderes Anliegen war, und spielerisch-interaktiven Elementen bei der Entwicklung diskutiert wurde.

> Je voulais que *S.E.N.S VR* soit une création purement d'espace, aussi bien philosophique que poétique, laissant le plus de liberté d'interprétation possible. Une rêverie. Arte insistait au contraire sur l'aspect ludique et interactif. Nous avons donc trouvé un compromis: nous avons intégré un jeu très discret où il faut chercher, derrière certains objets, des signes qui une fois rassemblés forment un mot ou une phrase.[53]

Wie für McGuire impliziert auch für Mathieu die digitale eine Steigerung der künstlerischen Konzeption gegenüber der analogen Fassung.

> […] j'ai senti qu'il était possible de partir encore plus dans l'inconnu, et ça a été le cas. De nombreux éléments de la bande dessinée changent lorsqu'on la transpose en VR. La narration n'est par exemple pas la même car elle est immersive. Il y a également des contraintes physiologiques car l'utilisation trop prolongée de la VR peut donner des vertiges. Malgré les contraintes pour le scénario, la VR permet une ouverture des champs narratifs ainsi que des expériences sensorielles et émotionnelles très intéressantes. L'expérience VR est différente de la bande dessinée et ces différences auraient pu être encore plus importantes si le budget avait été extensible.[54]

Die VR-Fassung konfrontiert die Leser*innen in der *Lektüre* mit einem deutlich höheren Maß an Unsicherheit und Verunsicherung als die analoge Buchfassung. Das liegt zum einen daran, dass sie sich erst einmal orientieren und herausfinden müssen, wie sie sich in dem virtuellen Umfeld bewegen können. Das liegt aber auch daran, dass aus den gedruckten Bildern Animationen geworden sind, die die Landschaft und die darin dargestellten Dinge filmisch verändern: Perspektiven stürzen, die Pfeile setzen sich in Bewegung oder erschließen sich als solche nur aus einem bestimmten Blickwinkel,

---

53 Entretien avec Marc Antoine Mathieu (wie Anm. 50).
54 Ebd.

Die Zukunft des Buches ist noch nicht vorbei 93

Abb. 9: Marc Antoine Mathieu mit Charles Avats und Armand Lemarchand: S.E.N.S.^{VR} (2016)

den die Leser*innen erst suchen müssen. Aus der Beobachtung des Protagonisten im analogen Buch wird dergestalt ein Begleiten der Figur auf ihrer Reise, bei der in positiver Hinsicht irritierender Weise nicht immer ganz klar ist, wer wem folgt (Abb. 9).

6 *Das Hochhaus* von Katharina Greve

Das Hochhaus von Katharina Greve begann am 29. September 2015 als digitaler Comic Strip auf einer eigens für dieses Projekt eingerichteten Website, auf der ein virtuelles Bauvorhaben wöchentlich vom Keller aus um eine Episode in die Vertikale wuchs. Die Zimmer der Wohnungen stellen die Panels dar, in denen sich der Alltag der Bewohner*innen abspielt.

> DAS HOCHHAUS ist ein digitales Comic-Bauprojekt. Der Schnitt durchs Gebäude zeigt eine Momentaufnahme des Lebens seiner Bewohner zu ein und demselben Zeitpunkt. *Das Hochhaus* hat insgesamt 102 Etagen. […] Jede Woche dienstags wuchs das Haus um eine Etage, bis es am 5. September 2017 mit dem Dachgeschoss abgeschlossen wurde.[55]

Der architektonische Aufriss zeigt einen Querschnitt durch die Gesellschaft. 2016 erhielt die Autorin für dieses Werk den *Max und Moritz Preis* des Comic Salons in Erlangen als bester deutschsprachiger Comic.[56] Die Jury würdigt dabei sowohl die Originalität des Inhalts als auch die hinsichtlich von Gattungskonventionen des Comics formale Innovation des Projekts:

> Die studierte Architektin Katharina Greve verbindet in ihrem Projekt die pointierte Unmittelbarkeit des Einbildwitzes auf erfrischende Weise mit dem Potenzial der längeren Bilderzählung, komplexe Geschichten zu erzählen. Auch wenn die Fertigstellung der Erzählung für den Herbst 2017 geplant ist, zeichnet sich bereits jetzt ab, dass die vielfältig miteinander verbundenen Episoden am Schluss etwas ergeben, was die Grenzen der Kunstform formal erweitert.[57]

Die digitale Fassung, deren Entstehungsprozess online über 102 Wochen verfolgt werden konnte, ist nach wie vor über die Website abrufbar. Mit dem Abschluss des Baus wurde der Comic 2017 zudem in zwei unterschiedlichen analogen Buchformen publiziert: Als (vergleichsweise) konventioneller Kodex im Berliner Avant Verlag und

---

55 Vgl. die Website dieses Projekts https://das-hochhaus.de/info.php [28.01.2021].
56 Christian Gasser: Wer die Stockwerke emporsteigt, kann etwas erleben. In: Neue Zürcher Zeitung (16.11.2017). https://www.nzz.ch/feuilleton/das-hochhaus-als-mikrokosmos-ld.1328765 [28.01.2021]; Thomas von Steinaecker: „Mehr Licht!", blöde Kuh! In: sueddeutsche.de (9.10.2017). https://www.sueddeutsche.de/kultur/comic-mehr-licht-bloede-kuh-1.3687935 [28.01.2021]; Tanja Laninger: Mit Mordgelüsten im Keller startet Katharina Greves Webcomic. In: Berliner Morgenpost (29.9.2015). https://www.morgenpost.de/kultur/article205810961/Mit-Mordgeluesten-im-Keller-startet-Katharina-Greves-Webcomic.html [28.01.2021].
57 So ist auf der Website des 17. Internationalen Comic-Salons Erlangen (2016) zu lesen. http://2016.comic-salon.de/de/bester-deutschsprachiger-comic-strip [28.01.2021].

Die Zukunft des Buches ist noch nicht vorbei 95

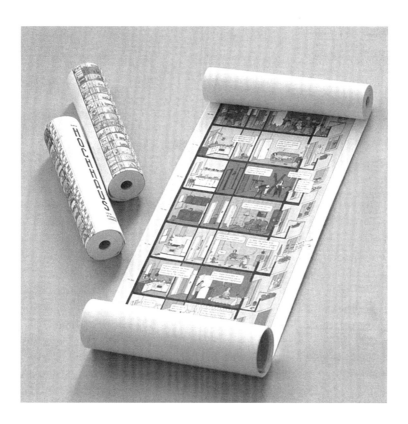

Abb. 10: Katharina Greve: *Das Hochhaus* (Berlin 2017). Photo: Round not Square

als 700 cm lange Buchrolle in dem ebenfalls in Berlin ansässigen Verlag Round not Square, der sich auf das Verlegen von Buchrollen spezialisiert hat (Abb. 10).[58]

Damit liegt dieses Werk in drei hinsichtlich ihrer materiellen Formen sehr unterschiedlichen Realisierungen vor. Die Gestaltung des Umschlags weist die Buchausgabe zwar als Hochformat aus; jedoch ist der Innenteil horizontal angelegt, sodass das Buch um 45 Grad gewendet werden muss. Von da aus können die Seiten von unten nach oben geklappt werden, um den Bau des Hauses zu verfolgen. Die Rolle bedarf mit 7 Metern Länge nicht nur einigen Fingerspitzengefühls, sondern auch Platzes, um in ihrer Ausdehnung zur Geltung kommen zu können. Im Unterschied zu den beiden

---

58 Vgl. die Website des Verlags. https://round-not-square.com/ [28.01.2021]. Zu der Rollen-Fassung vgl. Andreas Platthaus: Ihre beste Rolle. In: Blog der Frankfurter Allgemeine Zeitung (2.1.2018). https://blogs.faz.net/comic/2018/01/02/ihre-beste-rolle-1147/ [28.01.2021].

Buchausgaben, die mit dem Keller beginnen, setzt die Lektüre des Comicstrips auf der Website im Dachgeschoss ein – also mit dem Ende des Projekts –, von wo aus abwärts zu scrollen ist. Zusätzlich gibt es am rechten Rand des Bildschirms ein Etagenverzeichnis, mit dem die verschiedenen Ebenen gezielt angesteuert werden können. Der Strip wird dann automatisch nach oben respektive unten verschoben, wobei sich durch diese ‚Kamerafahrt' Assoziationen zu einem Aufzug einstellen. An diesem Beispiel ist nicht nur bemerkenswert, dass es sich ursprünglich um ein digitales Projekt handelt, das anschließend in analoge Formate übertragen wurde, sondern auch, dass zwei unterschiedliche analoge Fassungen vorliegen. Mit der Rolle wurde dabei eine Buchform gewählt, die in der Spätantike zunehmend durch den Kodex abgelöst wurde, die dem Inhalt hier aber in überzeugender Weise gerecht wird.

7   Fazit

Die vorgestellten Beispiele sind ein Indiz für den eingangs angesprochenen Trend, in dessen Folge gestalterisch aufwändige und komplexe literarische Werke in den letzten Jahren eine Konjunktur erleben. Viele akzentuieren ihre Bookishness durch den vielschichtigen Einsatz analoger Möglichkeiten der Buchgestaltung. Gleichzeitig belegen sie das Interesse von Autor*innen und Verlagen, aktuelle literarische Werke in analogen *und* in avancierten digitalen Realisierungen wie Apps und Enhanced E-Books anzubieten. Hierin mag sich sowohl das Eingehen auf die Interessen und die Vorlieben unterschiedlicher Leserschaften widerspiegeln, von Bibliophilen und *digital natives*, wie sich sicher auch der Umstand niederschlägt, dass Analoges und Digitales aktuell in allen Lebensbereichen ineinandergreifen. Nicht zuletzt sind es natürlich auch die technischen Möglichkeiten, die für Autor*innen attraktiv sind und mit denen sie einen Blick auf die Zukunft des Erzählens werfen können, das nicht an das gedruckte Buch gebunden ist.

Dabei sind es bezeichnenderweise detailreich gestaltete analoge Bücher und unkonventionelle narrative Konzepte, die zu der Entwicklung origineller digitaler Apps und Enhanced E-Books geführt haben. Sie gehen nicht nur weit über das hinaus, was auf Papier möglich ist, sondern auch über das, was man von einfachen E-Books für E-Reader kennt: Sie begnügen sich nicht mit der Mimikry ansprechend gelayouteter Buchseiten oder der nostalgischen Evokation vergilbten Papiers. Sie erschöpfen sich nicht in dem Versuch, analoge Bücher (nur) durch eine Illusion zu ersetzen. Indem sie die technischen Möglichkeiten von Tablets und Smartphones für innovative, intermediale oder multimodale Inszenierungen literarischer Werke nutzen, erlauben sie die Weiterentwicklung experimenteller literarischer Konzepte und innovativer Formen des Erzählens durch die Einbindung von Akustik und Soundtracks, von Animationen und filmischen Elementen sowie von interaktiven Strukturen. Über die Veränderungen hinsichtlich des gesellschaftlichen Verständnisses und der sozialen Funktionen von Büchern hinaus bleibt die Entwicklung digitaler Formate nicht ohne Auswirkungen auf analoge Formate. Interessanter als die Prognose, ob das eine das andere überlebt, ist zu konstatieren, dass und wie sich das analoge Buch mit den technischen Entwicklungen verändert und neue Impulse erhält. Dies wird insbesondere dann offensichtlich, wenn man das zunehmende Interesse für die Materialität von Büchern und avancierte Buchgestaltung als eine Konsequenz aus der konstruktiven Auseinandersetzung mit den Folgen der Digitalisierung versteht.

Bemerkenswert ist, dass die Buchrolle in diesem Zusammenhang eine Renaissance erfährt: sowohl als analoges Format wie auch virtuell. Das zeigt sich in einigen Apps und Enhanced E-Books, bei denen die Geschichte von rechts nach links oder von oben nach unten gescrollt werden muss. Es mag der originelle Umgang mit der Konventionalität, der Rigidität und den Beschränkungen sein, die die analogen Realisationen einzelner der hier vorgestellten Beispiele interessanter als die digitalen Fassungen erscheinen lassen. Denn sie zeigen, wie man die Struktur des Kodex künstlerisch überzeugend nutzen kann, wenn das Buch mehr als ein konventionalisierter Speicher und Distributionsmedium für Texte sein darf.

Maria Kraxenberger und Gerhard Lauer

Die Plattform als Bühne – Zur Inszenierung von *wreaders*[1]

1 Einleitung

Seit der Etablierung des neuzeitlichen Buchmarkts gehört das In-Szene-setzen von Büchern zu den Kulturtechniken für die Erschließung der Welt durch Buch und Lesen. Die Inszenierung von Friedrich Gottlieb Klopstocks *Messias* oder Heinrich Hoffmanns *Struwwelpeter* sind ikonische Exempla einer Buch- und Lesegeschichte, in der die wachsenden Möglichkeiten der druckgraphischen Gestaltung von Büchern zunehmend auch für die individuelle und kollektive (Selbst-)Darstellung genutzt wurden. Mit dem Buch inszenieren sich Leser:innen und mit ihnen die Gesellschaft als eine bürgerliche und damit immer auch als eine lesende Gesellschaft. In der digitalen Gesellschaft verändern sich die historisch gewachsenen Inszenierungsformen und -rollen, sowie die kollektiven und individuellen Formen der Partizipation am Sozialsystem Literatur.[2] Oft provozieren diese Veränderungen kulturkritische Thesen vom Ende des Buchs und des Lesens.[3] Besonders Jugendlichen wird abgesprochen, noch an der Literatur und am Lesen von Büchern interessiert zu sein. Diese Ansicht erstaunt angesichts der Kreativität der Booktuber, Bookfaces, Instapoets oder der aktuell etwa 100 Millionen Leser:innen, die jeden Tag Literaturplattformen wie Sweek.com, Wattpad.com, Fanfiktion.de oder Archiveofourown.org nutzen, um Literatur zu lesen, zu schreiben und zu kommentieren.[4] Aufbauend auf dieser Beobachtung ist die Ausgangsthese des vorliegenden Beitrags, dass Literatur noch nie mehr inszeniert wurde als heute. Insbesondere Literaturplattformen sind zentrale Orte, an denen sich Jugendliche und Erwachsene mit Literatur auseinandersetzen und, wenn auch in veränderter Weise, Literatur zur funktionalen (Selbst-)Inszenierung heranziehen.

Allgemein können Literaturplattformen unter die sozialen Medien gezählt werden, da sie ihren Nutzer:innen ermöglichen, sich untereinander zu vernetzen, Inhalte zu teilen und zu kommentieren.[5] Anders als bei gedruckten, über Verlage verbreiteten

---

1 Die Forschungen für diesen Aufsatz wurden vom Schweizerischen Nationalfond im Rahmen des Digital-Lives-Programms gefördert.
2 Armin Nassehi: Muster. Theorie der digitalen Gesellschaft. München 2019.
3 Zum Beispiel: Maryanne Wolf: Proust and the Squid. The Story and Science of the Reading Brain. New York 2007.
4 Vgl. Gerhard Lauer: Gefühl ist alles. Lyrik im Internet. In: Neue Zürcher Zeitung (1. Juni 2018), S. 36.
5 Zur Bedeutung sozialer Medien für die Lesepraxis siehe JAMES-Studien 2014, 2016, 2020. https://www.zhaw.ch/de/psychologie/forschung/medienpsychologie/mediennutzung/james/ [04.02.2021]; JIM-Studie 2019. https://www.mpfs.de/studien/jim-studie/2019/ [04.02.2021].

Lesemedien gehen Lese- und Schreibpraktiken auf Literaturplattformen unmittelbar miteinander einher: Wer auf diesen Plattformen liest, kommentiert und bewertet dort zumeist das Gelesene und veröffentlicht oft auch eigene Texte. Die Plattformen schaffen so „einen sozialen Austausch durch aktive Mitgestaltung"[6]. Die derart gestaltete Möglichkeit zur Erfahrung von Selbstwirksamkeit in einer von der Alltagswelt weitgehend getrennten, eigenen kulturellen Sphäre kann sicherlich – zumindest im Sinne einer ersten Annäherung – den enormen Erfolg von Literaturplattformen begründen, auch wenn in dieser Perspektive zwischen verschiedenen Nutzungsfunktionen und Formen der (Selbst-)Inszenierung nicht weiter differenziert wird. Für die Unterscheidung verschiedener Funktionen sozialer Medien lohnt daher ein Exkurs in die Entwicklungspsychologie. Hier werden, je nach medialer Anwendung, die Funktionen sozialer Medien unterschiedlich gewichtet; dies erlaubt eine Unterscheidung zwischen verschiedenen Medien beziehungsweise Plattformen, in Abhängigkeit von ihrer jeweiligen Prägnanz. Aufbauend auf diesem Ansatz nimmt der vorliegende Beitrag eine solche funktionale Differenzierung der beiden häufig frequentierten Literaturplattformen Fanfiktion.de und Wattpad.com vor. Ziel ist es dabei, eine sozialpsychologisch abgestützte Rahmung für die Untersuchung digitaler Lese- und Schreibpraktiken und ihrer Inszenierungsmöglichkeiten auf Online-Plattformen zu entwickeln.

In einem ersten Schritt werden die inhaltlichen und formalen Charakteristika der ausgewählten Literaturplattformen beschrieben. Hierbei stehen insbesondere die *digital natives*, also die jugendlichen Nutzer:innen dieser Plattformen im Fokus. Stellenweise werden zur Verdeutlichung anonymisierte, deutschsprachige Inhalte der Plattformen exemplarisch herangezogen. Dieses deskriptive Vorgehen soll so einen generellen Überblick über Handhabung und Angebote dieser Plattformen vermitteln und dient der Identifikation ihrer funktionalen Merkmale. Hierauf aufbauend werden – unter besonderer Berücksichtigung der Funktion der (Selbst-)Inszenierung und einer Betrachtung ihrer Ausformungen – eine Verortung von primären, sekundären und tertiären Funktionen der untersuchten Literaturplattformen abgeleitet. Der Beitrag schließt mit einem Plädoyer für eine zukünftig verstärkte (empirische) Erforschung des digitalen Lesens und Schreibens auf Literaturplattformen.

2 Die Literaturplattformen Fanfiktion.de und Wattpad.com

Fanfiktion.de[7] ist derzeit das „einflussreichste[] und größte[] deutschsprachige[] Online-Fanfictionarchiv".[8] Die Plattform wurde 2004 in Anlehnung an das eng-

---

6 Michael Glüer: Digitaler Medienkonsum. In: Arnold Lohaus (Hrsg.): Entwicklungspsychologie des Jugendalters. Berlin, Heidelberg 2018, S. 197-222, S. 202.
7 https://www.fanfiktion.de [04.02.2021].
8 Vera Cuntz-Leng: Das „K" in Fanfiction. Nationale Spezifika eines globalen Phänomens. In: Vera Cuntz-Leng (Hrsg.): Creative Crowds. Perspektiven der Fanforschung im deutschsprachigen Raum. Marburg 2014, S. 238-260, S. 246, https://doi.org/10.14631/978-3-96317-709-5.

lischsprachige Portal Fanfiction.net gegründet, das schon seit 1998 existiert und, wie auch Fanfiktion.de, als Laienprojekt gestartet ist. Heute zählt Fanfiktion.de mehr als 170.000 User:innen[9]; von diesen sind rund 66% weiblich und 34% männlich.[10] Im Mittelpunkt der Literaturplattform stehen usergenerierte Fan-Fiktion-Texte. Die Autor:innen veröffentlichen ihre Texte entweder im Fan-Fiktion-Bereich, wo man aus verschiedenen Kategorien die jeweilige Fangemeinde auswählen kann, oder im Bereich ‚Freie Arbeiten', der Poesie, Prosa und andere Projekte umfasst. Laut eigenen Angaben umfasst Fanfiktion.de derzeit rund 178.500 solcher freien Arbeiten und mehr als 400.000 Fan-Fiktion-Texte.[11]

Die multilinguale und multithematische Plattform Wattpad.com[12] wurde 2006 unter dem Motto ‚Stories you'll love' gegründet. 2007 wurden auf der Plattform zunächst 17.000 E-Books vom Projekt Gutenberg zur Verfügung gestellt, bevor sich die Plattform hauptsächlich auf User-Content stützen konnte und hiermit zu einer international agierenden Plattform wurde, die heute mit Großverlagen wie Macmillan, Anvil und Penguin Random House sowie neuerdings auch mit dem Streamingdienst Netflix zusammenarbeitet. Seit 2019 erscheint die Plattform nach einem Rebranding mit neuem Logo unter dem Motto ‚Where Stories live'. Laut Angaben von Wattpad.com versammelt die Plattform momentan 80 Millionen User:innen, die mehr als 350.000 interaktive Geschichten in über 50 Sprachen teilen. 80% der Nutzer:innen sind zwischen 13 und 24 Jahren alt und weiblich.[13] In der Summe verbringen die Nutzer:innen laut Selbstauskunft von Wattpad.com 23 Milliarden Minuten im Monat auf der Webseite, die durchschnittliche tägliche Nutzungszeit liegt per Nutzer:in bei 37 Minuten.[14]

Der Zugang zu den Plattformen ist niederschwellig über Desktop-Browser oder über mobile Apps möglich. Eine gültige E-Mail-Adresse, beziehungsweise ein Facebook- oder Google-Account, genügen. Auf Fanfiktion.de können Texte aber auch ohne Registrierung gelesen werden. Registrierte Mitglieder können Reviews und Kommentare zu einzelnen Sätzen, Absätzen, Kapiteln oder ganzen Texten verfassen, die mit den betreffenden Textstellen verlinkt sind. So können die eingestellten Texte Abschnitt für Abschnitt, oft auch Satz für Satz kommentiert und auf anderen Netzwerken wie etwa Twitter, Tumblr, Pinterest oder Facebook weiterempfohlen werden. Einzelne Sätze oder Abschnitte haben hunderte, manchmal tausende und auf Wattpad.com

---

9 Vgl. Moritz Stock und Jörg-Uwe Nieland: Fan Fiction als szenische Vergemeinschaftung. Text- und Bedeutungsproduktionen und ihre Verhandlungen. In: Tim Böder, u. a. (Hrsgg.): Stilbildungen und Zugehörigkeit. Materialität und Medialität in Jugendszenen. Wiesbaden 2019, S. 45–66, S. 48.
10 https://quartermedia.de/portfolio-posts/fanfiktion-de/ [26.05.2020].
11 www.fanfiktion.de [26.05.2020].
12 https://www.wattpad.com [26.05.2020].
13 Vgl. Federico Pianzola, Simone Rebora, Gerhard Lauer: Wattpad as a Resource for Literary Studies. Quantitative and Qualitative Examples of the Importance of Digital Social Reading and Readers' Comments in the Margins. In: PLoS ONE 15.1 (2020), S. 1–46, S. 13. https://doi.org/10.1371/journal.pone.0226708.
14 www.wattpad.com [03.12.2019].

teilweise auch Millionen von Kommentaren. Wie andere soziale Medien schlägt auch Wattpad.com zudem in Abhängigkeit der angegebenen Lesepräferenzen besonders erfolgreiche Texte, Autor:innen und Gleichgesinnte für das eigene Netzwerk vor. Darüber hinaus bieten sowohl Wattpad.com als auch Fanfiktion.de ihren User:innen anhand einer privaten E-Mail-Funktion die Möglichkeit zur sozialen Vernetzung und zum privaten Austausch untereinander.

Der niederschwellige Zugang und die vielfältigen Möglichkeiten der sozialen Vernetzung ohne Intermediäre ermöglichen die authentische Inszenierung der eigenen Persönlichkeit. Auf Fanfiktion.de kann etwa ein Bild mit einer Kurzbiographie hochgeladen und mit den eigenen Geschichten und Reviews und den favorisierten Texten und Autor:innen verlinkt werden. Zudem können die Nutzer:innen ein virtuelles Bücherregal anlegen, das eigene Geschichten und Gelesenes anzeigt. Durch den Einsatz sogenannter ‚Kekse', der Währung, mit der Aktivität auf Fanfiktion.de angezeigt und belohnt wird, können die Buchrücken durch unterschiedliche Inhalte, beispielsweise Fahnen oder Figuren aus diversen Fangemeinden, oder durch allgemeine Inhalte (z. B. Himmel und Landschaften) gestaltet werden. Das virtuelle Buchregal kann aber auch durch Artefakte wie Gebeine, Lichtquellen oder Tiere und Pflanzen ergänzt werden.

Ähnlich wie auf Fanfiktion.de umfasst das Profil auf Wattpad.com einen Nutzungsnamen, das Datum der Registrierung und ein Profilbild. Zudem können aber auch besondere Erfolge innerhalb der Plattform im Profil aufgelistet werden. Dazu zählen beispielsweise die Erwähnung in bestimmten Leselisten, Nominierungen, Wettbewerbsteilnahmen und -gewinne. Das Profil kann zudem durch ein visuelles Banner und einen beschreibenden Text ergänzt werden. Innerhalb dieser Vorgaben und des damit verbundenen Verhaltenskodex sind der Individualisierung der eigenen Inszenierung kaum Grenzen gesetzt.

Anders als es die gängige Entgegensetzung von analog versus digital nahelegt, wirken sich die Plattformen ganz selbstverständlich auch auf die Welt direkter Begegnungen aus. Nutzer:innen organisieren Community-Treffen oder verbinden sich mit Verlagen. Diese veröffentlichen dann ihrerseits die Texte erfolgreicher Autor:innen, drucken Werbeplakate, mieten Ausstellungsflächen in Buchhandlungen oder organisieren Lesungen. Gleichzeitig sind Prozesse und Praktiken auch in der Welt des Lesens und der Bücher so selbstverständlich digital, dass es nur selten Sinn hat, die Unterscheidung zwischen digital und nicht-digital zu betonen. Das gilt auch für die Finanzierung der Plattformen, die über Einblendung von Werbung, sogenannte In-Story-Ads, erfolgt. Speziell Wattpad.com bietet Werbepartner:innen unter dem Schlagwort ‚Wattpad Brand Partnerships' Zugang zur Community, Kontakt zu Influencer:innen, Bereitstellung von Custom Content, Immersive Video Ads, Wettbewerbe (sogenannte Write-a-Thons) und Leselisten im Rahmen von marketing- und strategiegesteuerten Kampagnen. Gehen auch hier digitale und nicht-digitale Prozesse ineinander über, ohne dass eine Grenze zwischen beiden angegeben werden könnte, so gilt dies noch mehr für die Zusammenarbeit mit Verlagen und Streamingdiensten, beispielsweise im Rahmen der Wattpad Studios. Von digitalen Literaturplattformen im Unterschied zu herkömlichen Verlagen, Filmen und Veranstaltungen zu sprechen, verfehlt darum immer häufiger die Selbstverständlichkeit, mit der das Digitale alles – also auch das Analoge – einschließt. Das gedruckte Buch und die sozialen Medien stehen nicht nebeneinander, sondern in einer engen Wechselwirkung. Dabei rücken auf Literaturplattformen die Nutzer:innen ins Zentrum des Sozialsystems Literatur und Inhalte sowie Prozesse werden weitgehend durch die User:innen bestimmt und gestaltet.

3 Inhaltliche Merkmale von Fanfiktion.de und Wattpad.com

Ein beliebter Inhalt der beiden untersuchten Literaturplattformen ist das Genre Fan Fiktion, allgemein verstanden als „Fan-generierte, fiktionale Geschichten, die Charaktere sowie bestimmte Handlungselemente eines bestimmten (populärkulturellen) Ausgangsproduktes" beinhalten.[15] Fan Fiktion ist zwar heute ein vorwiegend online-basiertes Phänomen, dabei aber sehr viel älter als Computer und Internet.[16] Man kann Fan Fiktion als „Form szenischer Vergemeinschaftung"[17] auffassen, als Fankultur, die durch die Digitalisierung exponentiell intensiviert wurde. Besonders viele der Einträge auf Fanfiktion.de umfassen die (Ober-)Kategorien Anime & Manga (110.064 Texte), Bücher (102.007 Texte) und Prominente (77.349 Texte, jeweils Stand Juni 2020). Innerhalb der Kategorie Anime & Manga sind insbesondere die Fangemeinden zur international erfolgreiche Mangaserie des japanischen Mangaka Eiichirō Oda *One Piece* (11.575 Texte), zum Manga *Fairy Tail* von Hiro Mashima (4.995 Texte) und zum Web-Manga *Hetalia* von Hidekazu Himaruya (3.876 Texte) häufig vertreten. Viele Fan-Fiktion-Texte aus der Kategorie Bücher gibt es zu J. K. Rowlings' *Harry Potter*-Reihe (51.167 Texte), zur *Bis(s)* (Twilight)-Serie von Stephenie Meyer (14.014 Texte) und den Büchern von J. R. R. Tolkien (8.015 Texte). Neben Büchern, Genres und Autor:innen spielen für Fan Fiktion insbesondere Prominente der Popmusik eine große Rolle (insgesamt 39.537 Texte); viele Texte aus diesem Bereich widmen sich dem Phänomen *K-Pop* (8.897 Texte), der Boygroup *One Direction* (6.124 Texte) und der Band *Tokio Hotel* (4.335 Texte). Auch finden sich viele Geschichten zu Internet-Stars (insgesamt 18.528 Texte; 18.401 davon widmen sich Youtubern) und zu prominenten Schauspieler:innen (insgesamt 3.983 Texte; die größte Unterkategorie umfasst hierbei 366 Texte zu den Stars der Serie *Supernatural*). Die Kreuzung von Genres, die Mischung von Inhalten aus verschiedenen Medien und die (pop)kulturellen Anspielungen auf Personen und Ereignisse machen eine Vielzahl dieser Texte auf Fanfiktion.de aus.

---

15 Julia Elena Goldmann: „Ne, das kann ich besser!" Motive und Bedeutung der Contemporary TV Drama Serie *The Mentalist* für FanfictionautorInnen. In: Global Media Journal 5.1 (2015), S. 1–17, S. 1.
16 Vgl. Cuntz-Leng: Das „K" in Fanfiction (wie Anm. 8).
17 Stock, Nieland: Fan Fiction (wie Anm. 9), S. 45–66, S. 46.

Auf Wattpad.com ist das Spektrum der Gattungen, Genres und Subgenres noch sehr viel breiter als auf Fanfiktion.de. Romantische Liebesgeschichten, besonders Teen Fiction, aber auch Fantasy, Fan Fiktion und Gattungen der Jugendliteratur wie Chick-Lit sind umfangreich auf Wattpad.com vertreten (Stand: Juni 2020). Wattpad.com ermöglicht den Autor:innen detaillierte Angaben dazu zu machen, welchem Genre sie ihre Geschichte jeweils zuordnen und welche Zielgruppe sie anvisieren, aber auch was sie zu dieser oder jener Geschichte geführt hat, welche Texte sie jeweils inspiriert haben und welche Figuren für ihre Geschichte wesentlich sind. Eigenschaften, die den Inhalt betreffen und letztlich die Leser:innen gewinnen, stehen im Mittelpunkt, ästhetische Verfahren sind dagegen nachgeordnet.

Wie generell in der Pop- und Jugendkultur dominiert auch auf Literaturplattformen der kreative Fokus auf eine bestimmte Fan- oder Zielgruppe. Auch die häufig genutzten kurzen Einleitungen, die die Autor:innen ihren Texten voranstellen, verweisen auf dieses Merkmal und sind zumeist explizit an eine bestimmte Leserschaft gerichtet. Entsprechend dem analogen Buchrücken werden diese Einleitungen häufig aus Textzitaten und Inhaltsangabe zusammengesetzt, dienen aber auch dazu, den eigenen Schreibprozess zu reflektieren oder die eigene Geschichte zu begründen:

> Aufgrund eines KreaTiefs möchte ich wieder ins Schreiben finden. Ich schaffe es nicht, vollständige Geschichten zu schreiben, also hier ein paar Auszüge aus den fertigen Kapiteln diverser Geschichten. Seht es als Ansammlung von vielen kleinen Kurzgeschichten ohne Ende. Fürs erste werde ich versuchen jeden Tag ein Kapitel hochzuladen, solange die Ideen fließen. Sobald eine Idee weiter ausgearbeitet ist, werde ich das Kapitel in dieser Geschichte löschen um Doppel-Uploads zu vermeiden.[18]

Die Parzellierung des Lesens und Schreibens auf jeweils bestimmte Genres und deren Auffindbarkeit über Tagging und Suchfunktionen führen gleichsam zu einer *literature on demand* für die jeweilige Leserschaft. Nicht eine kanonische Leitgattung ist hier bestimmend, sondern die textuelle Vielfalt und die Vielfältigkeit der Interessen und Leidenschaften der Leserschaft für ganz spezifische Subgenres, sie mögen noch so speziell sein. Dementsprechend erfordert die Nutzung von Fanfiktion.de und Wattpad.com eine je spezifische Expertise, um in den Millionen von Texten die für die eigene Vorliebe passenden zu finden. Gleiches gilt für die Positionierung und Kennzeichnung der eigenen Geschichte, damit sie von möglichst vielen gefunden und gelesen werden kann. Man will nicht andere, außerhalb dieser oder jener Literaturszene oder Interessengemeinschaft überzeugen, sondern Gleichgesinnte gewinnen. Ihnen gilt die Inszenierung der eigenen Geschichten und des eigenen Profils, an sie richten sich gruppenspezifische Anspielungen, mit ihnen wird die jüngste Veröffentlichung diskutiert.

Die Bildung von Fankulturen mit einem hohen Spezialwissen über Besonderheiten von Genres, aber auch über deren Zugang und Platzierung innerhalb der Literaturplattformen wird durch plattforminterne Altersempfehlungen noch vertieft. Bei

---

18 https://www.fanfiktion.de/Allgemein/c/201006000/20/createdate, erstellt am 03.12.2019 [23.06.2020].

Fanfiktion.de wird zusätzlich zu der Empfehlung, ob ein Text für eine Leserschaft ab 6, 12, 16 oder 18 Jahren geeignet erscheint, bei Texten für Leser:innen ab zwölf Jahren, deren wesentlicher Bestandteil eine gleichgeschlechtliche Beziehung ist, diese durch den Vermerk „Slash" gekennzeichnet, die gängige Bezeichnung für explizite Darstellung von Sexualität. Bei Texten, die erst ab 18 Jahren freigegeben sind und zudem den Vermerk „AVL" (Altersverifikation Light) tragen, handelt es sich um Geschichten mit potenziell entwicklungsbeeinträchtigenden Inhalten, wie beispielsweise extremen Gewaltbeschreibungen. Diese Geschichten sind nur für angemeldete Nutzer:innen zwischen 23:00 Uhr und 04:00 Uhr nachts oder nach einer Altersverifikation über die Webseite zugänglich.

Auch auf Wattpad.com kennzeichnen die Autor:innen selbst, ob ihr jeweiliges Werk sogenannten „Erwachseneninhalt" beinhaltet oder nicht. Dieser richtet sich an Leser:innen ab 18 Jahren und kann beispielsweise explizite Sexszenen oder Darstellungen von Selbstverletzungen und Gewalt beinhalten. Generell ist jedoch die Darstellung von Pornographie oder illegaler sexueller Handlungen auf Wattpad.com untersagt. Dies gilt auch für andere Medieninhalte wie Bilder oder kleine Animationen (sogenannten GIFs, Graphics Interchange Formats). Die Plattformen können über professionelle Administrator:innen und ausgewählte Nutzer:innen mit besonderen Rechten regulierend eingreifen, um regelwidrige Geschichten zu sperren. Die plattforminternen Einschränkungen unterlaufen hierbei in gewisser Weise die Tradition der Fan Fiktion, zu deren Kultur die teils drastische Darstellung von Gewalt und Sexualität zählt. Während dies aber im Vor-Internet-Zeitalter ein unreguliertes Randphänomen einer Szene war, führt die digitale Ausweitung der Fan-Fiktion-Kultur zu deren Regulierung. Dementsprechend werden aus ungeregelten Randphänomenen durch massenhafte Adaption ge- und verregelte Verhaltens-, Schreib- und Lesemuster.

4 Formale Merkmale von Fanfiktion.de und Wattpad.com

Obgleich die Nutzer:innen von Fanfiktion.de und Wattpad.com ihre Texte online lesen und schreiben, sind die Texte selbst nur bedingt durch digitale Aspekte geprägt. So sind rein „hypertextuelle Beiträge [...] auf dem Feld der digitalen Laienliteratur ebenso wenig vertreten wie transmediales Erzählen"[19] oder nur auf spezialisierten Foren zu finden. Trotz verschiedener Möglichkeiten für die gemeinsame Textproduktion beschränkt sich der Großteil der Veröffentlichungen auf konventionelle Schreibformate, die kaum den Möglichkeitsraum digitaler Schreibverfahren nutzen.[20] Legt man den Maßstab der literarischen Avantgarden zugrunde, dann mag es enttäuschen, dass die Digitalisierung bis heute (noch) nicht die ganz andere, hypertextuelle Literatur hervorgebracht hat, die Literaturtheorien vorausgesagt hatten. Weder auf Wattpad.com

---

19 Julian Ingelmann, Kai Matuszkiewicz: Autorschafts- und Literaturkonzepte im digitalen Wandel. In: Zeitschrift für Germanistik 27.2 (2017), S. 300–315, S. 305.
20 Ebd., S. 305.

noch auf Fanfiktion.de spielen Hypertexte eine größere Rolle. Die Innovation liegt nicht in der Ästhetik der Schreibweise, sondern in den Neuaushandlungen der literarischen Rollen und der (Neu-)Bestimmung der Grenzen zwischen Autor:in, Lektor:in, Kritiker:in und Verlag. Besonders der unmittelbare und direkte Austausch zwischen Autor:in und Leser:innen, die öffentliche Kommentierung fremder und eigener Texte sowie die potenzielle Gleichzeitigkeit dieser Tätigkeiten im Rahmen eines Userprofils lassen eine feste Rollenzuschreibung nur situativ zu, ja machen sie letztlich obsolet.

Lesen und Schreiben auf Fanfiktion.de und Wattpad.com gehen geradezu zirkulär ineinander über, idealtypisch von der vorbereitenden Planung der Geschichten über die Ausformulierung der entwickelten Ideen und deren Überarbeitung durch Leser:innen oder freiwillige Lektor:innen, sogenannten Beta-Leser:innen, bis schließlich zur Veröffentlichung der Geschichten.[21] Die dichte Interaktion zwischen den Autor:innen und ihren Leser:innen ist wesentlich für die meisten auf den Plattformen entstehenden Texte und nimmt dementsprechend viel Raum innerhalb der Nutzungspraktiken ein. Auf formaler Ebene betrifft dies zunächst orthographische Anmerkungen und Verbesserungen („Mir fiel es einfach nur schwer, deine Sätze immer richtig zu verstehen, weil sehr häufig die Satzzeichen gefehlt haben, oder es mal mit der Groß- und Kleinschreibung nicht so geklappt hat"[22]), aber auch andere formale Merkmale wie die Strukturierung der Plotline („Ich habe mir echt Mühe gegeben und wollte dein Buch lesen, aber der Textaufbau macht mich ganz wirr … du springst so viel."[23]), die Chronologie („Du machst Zeitsprünge in der Story. Besser ist alle im Prä[teritum] zu halten"[24]), Titelgebung und graphische Gestaltung („Ein cooler Titel und ein Heißes Cover! Fazit… ich bin mal hell auf begeistert"[25]).

Die Texte auf den Plattformen variieren in Länge und Form stark und auf dem Buchmarkt eher unübliche, wenngleich auch nicht avantgardistische, Formen sind zahlreich vertreten. Beispiele solcher zumeist spielerisch umgesetzten Textformen sind etwa das Drabble oder das sogenannte One-Shot. Hierbei versteht man unter Ersterem ein Story-Genre, das eine Variante der Kurzgeschichte darstellt. Ein Drabble umfasst in der Regel genau 100 Wörter, es treten aber auch Double-Drabble (200 Wörter), Triple-Drabble (300 Wörter) und Quad-Drabble (400 Wörter) auf. One-Shot bezeichnet hingegen einen in sich abgeschlossenen Text, der aus nur einem Kapitel besteht; die Bezeichnung stammt ursprünglich aus dem Bereich der Comic-Publikationen. Anders als das ähnliche, aber oft etwas kürzere sogenannte Spamfic, weist das One-Shot eine vollständige Handlung auf und zielt nicht auf bloße Komikeffekte ab.

Ein weiteres, aus der Geschichte der populären Literatur gut vertrautes Muster ist die serielle Anlage der Geschichten. Fan-Fiktion-Texte sind hierbei besonders

---

21 Stock, Nieland: Fan Fiction (wie Anm. 9), S. 45–66.
22 www.fanfiktion.de, erstellt am 28.10.2019 [23.06.2020].
23 www.wattpad.com, erstellt am 01.04.2017 [23.06.2020].
24 www.wattpad.com, erstellt am 27.02.2017 [23.06.2020], Ergänzung d. Verf.
25 www.wattpad.com, erstellt am 28.05.2020 [23.06.2020].

hervorzuheben, weisen sie aufgrund ihrer Anlehnung an andere fiktionale Werke aus Literatur, Film und Fernsehen *per definitionem* serielle Aspekte auf, ganz besonders im Fall des Weiterschreibens bzw. der Fortsetzungen abgeschlossener Originalwerke. Hierbei resultiert die öffentliche Überarbeitung bereits auf der Plattform publizierter Fan-Fiktion-Passagen im Sinne der Hypertextualität in einer Dopplung des finalen (Hyper-)Texts. Dieser finale (Hyper-)Text steht zum einem zum Hypotext – also zu dem Originaltext, an den die Fan Fiktion angelehnt ist – zum anderen zu den vorangegangenen Versionen des neu erschaffenen Fan-Fiktion-Texts in Bezug.[26] Man kann hier mit gutem Grund von Variationsästhetik sprechen, die sich von einer Originalitätsästhetik der Hochliteratur vielfach absetzt. Die serielle Anlage von Texten zielt zudem auf die Genese von Neugier, Überraschung und Spannung ab („Weeitttterrrrr"; „bin wirklich neugierig ob Lucy wirklich schwanger ist? Schreib bitte schnell weiter :3") und geht mit einer Immersion der Leser:innen einher. Dies spiegelt sich in den Reaktionen auf Kapitelenden und Cliffhangern in den Reviews und Kommentaren wider („ich kann es mir bildlich vorstellen wie ben die sekrätarin ignoriert und einfach hinein geht […] aber daass wird peter bestimmt nicht auf sich sitzen lassen….. spannnunnnnggggg"[27]). Die serielle Rezeption ist zudem gerade einem jüngeren Publikum durch das Streamen von TV-Serien vertraut[28]; Fortsetzungen werden von den Leser:innen oft sehnsüchtig erwartet:

> Yay neues Kapi! Alsoo… ehrlich gesagt habe ich keine Ahnung was ich dir noch dazu sagen soll, ich fand das Kapitel wie auch schon die davor super und […] fieber natürlich schon darauf wie es weiter geht.[29]

> Ach, schön!!!!!! Endlich geht es weiter, ich bin schon fast verrückt geworden und habe mir sämtliche Nägel abgekaut, weil ich endlich weiterlesen möchte:-))[30]

Die Option, das eigene Buch durch verschiedenste, extratextuelle Gestaltungsmöglichkeiten ganz wörtlich zu inszenieren, ist ein weiteres formales Merkmal der hier diskutierten Literaturplattformen. So empfiehlt Wattpad.com etwa ein Buchcover zu den Texten anzufertigen; hierfür können eigene Bilddateien hochgeladen werden oder mithilfe einer verlinkten, kostenfreien Design-App von den Autor:innen selbst erstellt werden. Neben dem Cover kann eine weitere Datei hochgeladen werden, die als Banner fungiert und den Leser:innen die Stimmung des Texts oder einzelner Kapitel näherbringen soll. In den meisten Fällen werden für die Banner Farbverläufe des Covers in vergrößerter Form verwendet, teilweise kommen aber auch eigene Zeichnungen, GIFs

---

26 Vgl. Gérard Genette: Palimpseste. Die Literatur auf zweiter Stufe. Frankfurt am Main 1993.
27 www.fanfiktion.de, erstellt am 09.03.2020 [23.06.2020].
28 Vgl. Maria Kraxenberger: Zum Stil einer digital geprägten Leserealität. Eine Untersuchung der *Fifty Shades of Grey*-Trilogie mittels Dargestelltem und Darstellung. In: Orbis Litterarum 74.3 (2019), S. 205–218.
29 https://www.fanfiktion.de/u/OnePiece30122000, erstellt am 27.09.2015 [23.06.2020].
30 https://www.fanfiktion.de/r/s/4e64b4b50001ffcc06801388/date/0/1, erstellt am 19.04.2013 [23.06.2020].

oder Videosequenzen zum Einsatz. Auf Fanfiktion.de werden hingegen lediglich die eigenen Texte präsentiert. Diese, beziehungsweise die Cover der Texte und Bücher, können durch das Hinzufügen in den oben beschriebenen Bücherregalen individuell gestaltet werden. In der Summe entsteht so eine Schreib- und Lesewelt, die auf kreative, dabei aber auch oft typisierte Selbsttätigkeit angelegt ist und unverändert an das Buch als Träger von Geschichten angelehnt bleibt.

5 Funktionen von Literaturplattformen und deren Nutzung

Literaturplattformen gehen mit verschiedenen Funktionen für ihre jeweiligen Nutzer:innen einher,[31] die über die von gedruckten Bücher – zumindest aus technischer Sicht – hinausreichen. Mit der Medien- und Entwicklungspsychologie lassen sich sieben Funktionen unterscheiden: 1) die Funktion der Konversation mit anderen über verschiedene Kommunikationskanäle (*conversation*); 2) die Funktion zum Austausch und zur Verbreitung von Inhalten (*sharing*); 3) die Funktion, sich mit anderen zu verbinden (*relationships*) und 4) die Funktion seinen sozialen Status, bzw. Indikatoren hierfür für andere sichtbar machen zu können (*reputation*). 5) Die Gruppenfunktion, anhand derer sich Nutzer:innen spezifischen Gemeinschaften zuordnen können (*groups*), zählt ebenso zu diesen etablierten Funktionen wie auch 6) die Funktion der Präsenz, über die Nutzer:innen die Möglichkeit haben, sich selbst beziehungsweise ihren Online-Status für andere sichtbar zu machen (*presence*). Von besonderer Bedeutung für die jungen Autor:innen ist 7) die Funktion der Selbstdarstellung (*identity*), die auf die Möglichkeit zielt, die eigene Person gemäß der individuellen Vorstellung zu präsentieren. Die Identifikation dieser Funktionen im Sinne eines Rahmenwerks erlaubt in Abhängigkeit von der jeweiligen Prägnanz und Bedeutung eine Unterscheidung von primären, sekundären und tertiären Funktionen und damit einhergehend eine funktionale Differenzierung zwischen verschiedenen Plattformen.[32]

Das funktionale Merkmal der Interaktivität umfasst bei der Nutzung von Literaturplattformen sowohl Aspekte der Funktion des Teilens, der Konversation als auch der Präsenz. In Bezug auf Fanfiktion.de wurde von Moritz Stock und Jörg-Uwe Nieland bereits die zirkuläre Vergemeinschaftung des Lese- und Schreibprozesses hervorgehoben. Das Maß der Vergemeinschaftung kann hierbei von den Autor:innen individuell und für den jeweiligen Text bestimmt werden und reicht vom bloßen Redigieren bis zum gemeinschaftlichen Schreiben und Veröffentlichen von Texten.[33] Auch für die Literaturplattform Wattpad.com ist die Interaktivität wesentlich. Diese betrifft zum einen die hier gelesenen und geschriebenen Texte selbst, zum anderen das Verhältnis

---

31 Jan H. Kietzmann, u. a.: Social Media? Get Serious! Understanding the Functional Building Blocks of Social Media. In: Business Horizons 54.3 (2011), S. 241–251. Vgl. auch Glüer: Digitaler Medienkonsum (wie Anm. 6), S. 202f.
32 Kietzmann, u. a.: Social Media? (wie Anm. 31), S. 241–251.
33 Stock, Nieland: Fan Fiction (wie Anm. 9), S. 45–66, vgl. S. 59.

der User:innen untereinander. Wie auch bei Fanfiktion.de sind die auf Wattpad.com veröffentlichten Texte interaktiver Natur und die Dynamik ihres Entstehungsprozesses wird insofern offengelegt, als sie häufig schon vor der Fertigstellung hochgeladen und in der Folge von anderen kommentiert werden können. Dies erzeugt einen funktional-geprägten „style of control"[34], die Möglichkeit auf gelesene Texte einzuwirken. Ein weiteres Beispiel für die funktionale Interaktivität der Plattformen ist die Möglichkeit, sich private Nachrichten zu schreiben und interaktiv miteinander in Beziehung treten zu können. Die Nutzung digitaler Literaturplattformen bietet somit eine bruchlose Integration in das soziale Leben, für das eine Unterscheidung von analogem und digitalem Austausch von eher nachrangiger Bedeutung ist.

Einhergehend mit dem Merkmal der Interaktivität zeigt sich eine sozial-integrative Funktion der Nutzung der besprochenen Literaturplattformen, welche die Teilnahme an einem spezialisierten Diskurs innerhalb einer Gruppe nicht nur erlaubt, sondern in den meisten Fällen auch erfordert:

> Zur Teilhabe an der szenenförmig organisierten Medienpraktik Fan Fiction gehört eine regelmäßige Veröffentlichung auf akzeptablem, inhaltlichem und stilistischem Niveau, ein tiefgehendes Verständnis der Besonderheiten des jeweiligen Fandoms und das Eingehen auf die Rückmeldungen der veröffentlichten Geschichten. […] Das passive Lesen, die Inspiration durch andere Geschichten und der Akt des Schreibens an sich können [aber auch] schon zu geäußerten Gefühlen der Zugehörigkeit zum übergeordneten Fandom [und] zur spezifischen Praktik Fan Fiction führen.[35]

Auch diese sozial-integrative Funktion der Nutzung von Literaturplattformen findet in anderen sozialen Medien ihre Entsprechung, ganz besonders in der Gruppenfunktion, aber auch in der Funktion sich mit anderen zu verbinden und in gewissem Umfang auch hinsichtlich der Funktion der Präsenz.

Thematisch bedingt ist die sozial-integrative Funktion der Nutzung von Literaturplattformen vor allem ein Merkmal von Fanfiktion.de, das besonders deutlich in der detaillierten Kenntnis der Vorlagen begründet ist („Harry ist in Snape verliebt.. ach nein! Dieses Pairing mag ich nicht. Aber du hast gut geschrieben. Weiter so!"[36]; „Könntest du vielleicht ein paar unbekanntere Fakten reinnehmen?"[37]). Hierfür ist etwa die Besetzung literarischer Charaktere durch Prominente aus Film und Fernsehen typisch, wie etwa Ian Somerhalder, der mit einer Rolle in den *Vampire Diaries* bekannt wurde, und als Figur für die eigenen Geschichten genutzt wird. Häufig werden solche Aneignungen in Form eines Prologs vorgenommen und durch die Verwendung von Fotos und Prominentennamen in Verbindung mit den fiktionalen Charakteren des

---

34 Vgl. insbesondere im Kontext Mensch-Maschine-Interaktion: R. A. Guedj: Report on the Seillac II Workshop on the Methodology of Interaction. In: Computers in Industry 1.3 (1980), S. 191.
35 Stock, Nieland: Fan Fiction (wie Anm. 9), S. 59, Ergänzungen d. Verf.
36 www.fanfiktion.de, erstellt am 04.06.2020 [23.06.2020].
37 www.wattpad.com, erstellt am 11.03.2016 [23.06.2020].

eigenen Texts gesetzt und erreichen so eine emotionale Aufladung des Texts, die man in der Szene sofort versteht („Ahhhhhhhh man liest nur so den Namen 😍😍😍😍"[38]).

Zu der Verdichtung bestimmter Gruppen und Szenen über die Lese- und Schreibtätigkeit auf Literaturplattformen trägt ein weiteres auffälliges funktionales Merkmal ihrer Nutzung bei, die betonte Unkonventionalität[39]. Unkonventionalität beinhaltet Aspekte der Funktion des Teilens, vor allem hinsichtlich des Um- und Weiterschreibens von Texten und Geschichten. Dieses besteht allgemein aus „unterschiedliche[n] Grenzüberschreitungen, wie etwa dem Brechen narrativer Konventionen und der Kreation neuer popkultureller Bedeutungshorizonte"[40]. Beispiele für das funktionale Merkmal der Unkonventionalität anhand von Um- und Weiterschreibungen finden sich auf Wattpad.com beispielsweise hinsichtlich der sehr populären *Drarry*-Fan-Fiktion, die eine romantische und/oder sexuelle Beziehung zwischen Harry Potter und Draco Malfoy zum Thema hat. Unter dem Suchbegriff „Drarry" finden sich allein auf Wattpad.com über zweitausend deutschsprachige Texte. Diese werden wiederum tausendfach aufgerufen. So wurde der deutsche Text „I'm What?" insgesamt 414.290-mal gelesen.[41] Auf inhaltlicher und formaler Ebene äußert sich das Merkmal der funktionalen Unkonventionalität im Umspielen heteronormativer Geschlechterdarstellungen und Repräsentationsweisen. Aber schon auf rechtlicher Ebene ist die Nutzung urheberrechtlich geschützten Materials unkonventionell. Hinzukommt, dass die bloße Veröffentlichung von lizenzierten Texten als frei zugängliche, aber umgeschriebene Texte gegen die Regulierung des herkömmlichen Buchmarkts gerichtet ist und hierbei – zumindest teilweise – auch programmatische Absichten zu verfolgen scheint.

Des Weiteren verweist die oft klar formulierte Absicht vieler schriftstellerisch aktiver Nutzer:innen auf Literaturplattformen, sich als Autor:in zu professionalisieren, auf die Funktion der Reputation. Laut Federico Pianzola und Kollegen[42] geht aus den Selbstbeschreibungen der Autor:innen auf Wattpad.com hervor, dass viele tatsächlich nach einer Karriere als Autor:in streben. Auch hier ist die Anlehnung an herkömmliche Modelle von Buch und Autorschaft kaum zu übersehen. Diese Professionalisierungsbestrebungen folgen aber nicht konventionellen Autorschaftsmodellen, schon gar nicht einem literarischen Elitismus. Vielmehr nutzen die Autor:innen die Möglichkeiten der Plattform, um mit möglichst vielen Leser:innen ihrer Zielgruppe in einen engen Austausch zu treten. Bei aller Unkonventionalität gilt letztendlich aber immer noch das gedruckte Buch in einem gut sichtbaren Verlag als Ausweis für den Erfolg.

---

38 www.wattpad.com, erstellt am 20.03.2019 [23.06.2020].
39 Für die Verwendung des ähnlich gelagerten Begriffes der ‚Widerständigkeit' vergleiche: Stock, Nieland: Fan Fiction (wie Anm. 9), S. 45–66.
40 Ebd., S. 45.
41 https://www.wattpad.com/story/63616643-i%27m-what-%E2%9E%A4-drarry-completed [23.06.2020].
42 Pianzola, Rebora, Lauer: Wattpad (wie Anm. 13), S. 1–46

Beispiel für die Orientierung am Buchmarkt ist etwa die Bestseller-Reihe *After* der Autorin Anne Todd, die aus einer über 650 Millionen Mal gelesenen Fan Fiktion zur Boyband *One Direction* auf Wattpad.com hervorging und nicht nur ein Verkaufsschlager auf dem internationalen Buchmarkt wurde, sondern auch Millionen von Zuschauer:innen, aktuell für die Verfilmung des zweiten Teils der Romanzenserie, in die Kinos lockt. Auch die sogenannten Watty Awards, deren Preistexte als Wattpad Books in gedruckter Form veröffentlicht werden, belegen die auf Wattpad.com forcierte Verknüpfung von engagierter digitaler Autorschaft mit etablierten Reputationswegen. Den Reviews und Kommentaren fällt für die funktionale Professionalisierung eine Schlüsselposition zu und oft sind sie ausschlaggebend für die Veröffentlichung von Geschichten. Wie Julia Elena Goldmann anhand einer qualitativen Studie über Fan-Fiktion-Autor:innen zu *The Mentalist* zeigen konnte, hilft diese Form von Feedback „den Autorinnen, ihren Schreibstil weiterzuentwickeln und dient zusätzlich als Bestätigung, beziehungsweise Bestärkung ihrer Arbeit"[43]:

> Vielen Dank für dein Review das hat mir den Sonntag gerettet, großen Dank![44]

> Dann hab ich ja erreicht was ich wollte… Emotionen hervorrufen. :) Deswegen bedeutet mir dein Review unglaublich viel, herzlichen Dank dafür.[45]

6 Funktionale Inszenierung auf Fanfiktion.de und Wattpad.com

Die beschriebenen Merkmale und Funktionen folgen der Logik von Plattformen, die eben nur Plattformen sind und alle Aktivität den sogenannten ‚Prosumern' – selbst produktiven, produzierenden Verbraucher:innen mit relativ professionellen Ansprüchen – überlassen. Doch wäre es unterkomplex, den Reiz, den Literaturplattformen auf viele ausüben, auf Selbsttätigkeit und das Versprechen auf Erfolg zu reduzieren. Gerade aus entwicklungspsychologischer Sicht kommt den Plattformen für die Inszenierungen des Selbst eine kaum zu überschätzende Bedeutung zu.[46] Literaturplattformen sind die Bühne nicht nur für die Stars, sondern auch für das Erproben des eigenen Ichs. Dabei ist wichtig zu verstehen, dass die Inszenierungsmöglichkeiten sowohl maßgeblich durch die oben beschriebenen inhaltlichen und formalen Charakteristika, als auch durch die hiervon abgeleiteten funktionalen Merkmale mitbestimmt werden. Für eine Inszenierung der Autorschaft reicht es daher oft nicht aus, das eigene Selbst und Profil auf der digitalen Bühne zu stilisieren. Vielmehr wirken für die Darstellung der eigenen Texte – mit der Intention eine möglichst große Leserschaft zu erreichen – immer auch die (interaktive) Nutzungsaktivität im Rahmen der Plattform, die graphische, gegebe-

---

43 Goldmann: „Ne, das kann ich besser!" (wie Anm. 15), S. 13.
44 https://www.fanfiktion.de/r/s/5e973e73000be09f22404d3e/date/0/1, erstellt am 17.05.2020 [23.06.2020].
45 https://www.fanfiktion.de/r/s/5d3daco400006d472106e21f/date/0/1, erstellt am 22.04.2020 [23.06.2020].
46 Vgl. Kietzmann, u. a.: Social Media? (wie Anm. 31), S. 241–251.

nenfalls auch multimediale Gestaltung der eigenen Inhalte, der dichte, oft auf Szenen konzentrierte Austausch, sowie die eigene Schreibfähigkeit zusammen.

Auch die Kommentierung und das Bewerten von Texten zählen zur (Selbst-)Darstellung und Inszenierung auf Literaturplattformen. Wie aus den meisten der hier schon zitierten Beispiele ersichtlich geworden sein dürfte, sind die Kommentare in der Regel durch hohe Emotionalität und Umgangssprachlichkeit geprägt, beispielsweise durch häufig exzessive Verwendung von Exklamation(szeichen), Emoticons und Kolloquialismen. Sie bezeugen einen relativ hohen Grad der Involviertheit der Nutzer:innen. Im Sinne der sozial-integrativen Funktion vermittelt die umgangssprachliche Ausdrucksweise Nähe und Vertrautheit untereinander und betont die eigene Unkonventionalität, nicht zuletzt auch hinsichtlich eines demonstrativ zwang- und sorglosen Umgangs mit orthographischen Regeln.

Die gängigsten Formen der Selbstdarstellungen auf den untersuchten Literaturplattformen können in Abhängigkeit von den vorherrschenden Praktiken und ihren Merkmalen in drei größere Kategorien unterteilt werden: die Inszenierung als Fan, die Inszenierung als Leser:in und die Inszenierung als Autor:in. Die Grenzen zwischen diesen verschiedenen Inszenierungstypen sind fließend. Die Darstellung des eigenen Userprofils als zugehörig zu einer oder mehreren Fangemeinden fungiert relativ unabhängig von der Darstellung als Leser:in oder Autor:in und bildet eine fakultative Überkategorie. Gleichermaßen ist die Darstellung als Leser:in und Autor:in nicht zwingenderweise exklusiv.

Fast alle Nutzer:innen verstehen sich als zugehörig zu einer oder mehreren Fangemeinden oder Interessensgemeinschaften. Inszenierungsformen für diese Zugehörigkeiten umfassen beispielsweise die Verwendung von Profilbildern und -namen aus dem jeweiligen Interessensgebiet, die Nennung von Fangemeinden im eigenen Profil, explizite Erläuterungen zu den jeweiligen Faninteressen oder auch die Bezugnahme auf bestimmte fankulturelle Personen und Figuren in den Kommentaren.

Die Inszenierung als Leser:in reicht von der öffentlichen Lektüreauswahl und den sogenannten SUB (Stapel ungelesener Bücher) bis hin zu detaillierten Kommentaren zu einzelnen Büchern, Kapiteln und Textabschnitten. Auch die öffentlichen zugänglichen Leselisten auf Wattpad.com oder die Bücherregale und Listen favorisierter Geschichten und Autor:innen auf Fanfiktion.de tragen maßgeblich zu einer Inszenierung als Leser:in bei. Gleiches gilt für Selbstbeschreibungen im Rahmen des Nutzungsprofils, die oft emphatisch die große Begeisterung für Lesen und Literatur herausstellen.

Die Inszenierung als Autor:in ist, neben der Voraussetzung einer aktiven Partizipation und Vernetzung auf der Literaturplattform und darüber hinaus, wesentlich für den Erfolg der eigenen Geschichte(n) und wird dementsprechend oft akribisch betrieben. Die jeweiligen Inszenierungsmöglichkeiten bedienen sich hierbei sowohl bestimmter Formen der Unkonventionalität als auch der Vorgaben des Buchmarkts und erweitern die dahinterstehenden Autorschaftskonzepte um Aspekte der Distribution von Texten innerhalb des Sozialsystems Literatur. Beispiele hierfür sind nicht nur das Erstellen eigener Covers in Anlehnung an warenförmige Konventionen und

Moden des Buchmarkts oder auch auf BookTube[47], sondern auch die Inszenierung der eigenen Person über das Nutzungsprofil, die die Nennung der eigenen Erfolge und die Bewerbung der eigenen Geschichten für gezielt ausgewählte Gruppen von Leser:innen miteinschließt.

7 Primäre, sekundäre und tertiäre Funktionen der Nutzung von Fanfiktion.de und Wattpad.com

Die identifizierten funktionalen Nutzungsmerkmale treffen grundsätzlich für beide der hier untersuchten Plattformen zu. Dennoch lassen sich Unterschiede hinsichtlich ihrer Bedeutung und Gewichtung feststellen. Die Funktion der Interaktivität ist hierbei maßgeblich bestimmend für jede Form von Nutzungsaktivität. Insofern kann sie als primäre Funktion beider Plattformen betrachtet werden.

Auch wenn das funktionale Merkmal der Interaktivität die beschriebene soziale Integration bestimmt, ist letzteres Merkmal auf Fanfiktion.de stärker ausgeprägt als auf Wattpad.com. Entsprechend einer stärkeren Fokussierung von Fanfiktion.de auf einzelne Fan-Fiktion-Bereiche und deren Fangemeinden entspricht hier das Merkmal der sozialen Integration einer sekundären Funktion, während soziale Integration auf der stärker nach außen gerichteten Plattform Wattpad.com weniger Bedeutung erhält und somit als tertiäre Funktion gewertet werden kann.

Die Funktion der Professionalisierung und Weiterentwicklung als Autor:in spielt dagegen vor allem auf Wattpad.com eine wesentliche Rolle. Stärker als auf Fanfiktion.de werden die Nutzer:innen auf Wattpad.com zur aktiven Teilnahme an Wettbewerben animiert. Persönliche Auszeichnungen und deren Präsentation bestimmen viele der Userprofile und festgelegte Publikationswege markieren den Erfolg bestimmter Werke und Autor:innen. Auch wenn viele User:innen Fanfiktion.de zur schreibenden Weiterentwicklung nutzen, steht auf dieser Plattform sehr viel stärker das Merkmal betonter Unkonventionalität im Vordergrund. Dementsprechend kann die Funktion der Professionalisierung als sekundäre Funktion für Wattpad.com und als tertiäre Funktion von Fanfiktion.de kategorisiert werden, das Merkmal der Unkonventionalität hingegen als sekundäre Funktion der Nutzung von Fanfiktion.de und als tertiäre Funktion der Nutzung von Wattpad.com.

Bei aller Ähnlichkeit weisen die Plattformen anwendungsbedingte Differenzen auf, die in einer unterschiedlichen Gewichtung der Inszenierungsfunktion resultieren. Anders als Fanfiktion.de bietet Wattpad.com seinen schriftstellerisch tätigen Nutzer:innen ein breitgefächertes Spektrum an Gestaltungsmöglichkeiten, die die Texte selbst bestimmen, aber auch über sie hinaus reichen. Beispiel hierfür ist etwa die Verwendung von verschiedenen (audio-)visuellen Dateien für das Erstellen von

---

47 Anne Lorenz: Bücher verschlingen oder vermessen? Die Ingebrauchnahme von Jugendliteratur in Booktubes. In: Undercurrents. Forum für linke Literaturwissenschaft 14 (2020), S. 1–15, https://undercurrentsforum.com/index.php/undercurrents/article/view/113.

Bannern für einzelne Texte, Kapitel oder Bücher. Auch die Inszenierung als Fan und Leser:in wird auf Wattpad.com durch die Auflistung plattformrelevanter Erfolge und Auszeichnungen forciert. Dementsprechend ist die Inszenierung auf Wattpad.com als sekundäre Funktion zu beschreiben, die lediglich der Funktion der Interaktivität untergeordnet ist. Auf Fanfiktion.de hingegen spielt die Funktion der Inszenierung eine eher untergeordnete, tertiäre Rolle. Beide Plattformen erlauben die Inszenierung als Fan, Leser:in oder Autor:in, ohne dass diese Inszenierungsformen voneinander klar abgegrenzt werden könnten.

Die hier vorgenommene Unterscheidung zwischen Fanfiktion.de und Wattpad.com gemäß der jeweiligen Prägnanz und Bedeutung der diskutierten funktionalen Merkmale stellt keine erschöpfende Exegese der Funktionen der besprochenen, noch der vielen anderen Literaturplattformen dar. Dennoch wird schnell ersichtlich, dass, obgleich die interaktive Gestaltung der Plattformen und ihrer Nutzung jeweils von zentraler Bedeutung ist, sich die beiden Plattformen hinsichtlich ihrer Funktionalitäten, aber auch der Bedeutung, die der Inszenierung ihrer Nutzer:innen zukommt, unterscheiden. Letztere ist insbesondere für Wattpad.com und die innerhalb dieses Medienunternehmens vordefinierten Publikationswege erfolgreicher Texte von ganz besonderer Relevanz.

8 Digitale Literaturplattformen und ihre *wreaders*

Der vorliegende Beitrag verfolgte das Ziel, eine sozialpsychologisch abgestützte Rahmung für die Untersuchung digitaler Lese- und Schreibpraktiken und die damit einhergehenden Formen von Inszenierung der Bücher, ihrer Autor:innen und Leser:innen auf zwei ausgewählten Literaturplattformen zu skizzieren. Einhergehend mit dieser Zielsetzung ist die kritische Absicht, diese digitalen Lese- und Schreibpraktiken als eine eigene Form kultureller Praxis zu verstehen. Ungeachtet der rasant gewachsenen Bedeutung der Plattformen hat die Forschung nur vereinzelt und zumeist in kulturkritischer Absicht von dem ‚anderen' Lesen und Schreiben Notiz genommen.[48]

Nichtsdestotrotz zählt das digitale Lesen und Schreiben zu den kulturellen Praktiken von immer mehr User:innen.[49] Diesbezüglich ist zu betonen, dass die aktuelle

---

[48] Siehe aber beispielsweise: Beth Driscoll, DeNel Rehberg Sedo: Faraway, So Close. Seeing the Intimacy in Goodreads Reviews. In: Qualitative Inquiry 25.3 (2018), S. 248–259; DeNel Rehberg Sedo: „I Used to Read Anything That Caught My Eye, But…". Cultural Authority and Intermediaries in a Virtual Young Adult Book Club. In: DeNel Rehberg Sedo (Hrsg.): Reading Communities from Salons to Cyberspace. Basingstoke 2011, S. 101–122; Mike Thelwall, Kayvan Kousha: Goodreads. A Social Network Site for Book Readers. In: Journal of the Association for Information Science and Technology 68.4 (2017), S. 972–983. Für einen Überblick siehe Simone Rebora, u. a.: Digital Humanities and Digital Social Reading. In: OSF Preprints (12.11.2019) https://doi.org/10.31219/osf.io/mf4nj.

[49] Vgl. Pianzola, Rebora, Lauer: Wattpad (wie Anm. 13), S. 1–46.

Forschung bei einer erhöhten Lesetätigkeit von Vorteilen für die kognitive und soziale Entwicklung gerade junger Leser:innen ausgeht.[50] Insbesondere in Bezug auf den Bereich der Belletristik, also die Sorte von Texten, der die große Mehrzahl der Texte auf Fanfiktion.de oder Wattpad.com zuzuordnen sind, berichteten John Jerrim und Gemma Moss,[51] basierend auf einer Analyse der PISA-Daten von 2009, vom sogenannten *fiction effect*, einem positiven Effekt des Lesens von belletristischen Romanen und Geschichten (Fiction) auf die Lesekompetenz junger Menschen. Begründet wird dieser Effekt durch verschiedene Befunde: Zum einen erfordert das Lesen von Belletristik normalerweise mehr Zeit als andere Textformen (z. B. als das Lesen von Zeitungen oder Zeitschriften).[52] Zum anderen gehen fiktionale Texte häufig mit höheren kognitiven Anforderungen an die Leser:innen einher und können so die Entwicklung neuer Kompetenzen fördern und die Fähigkeit verbessern, mit größerer Textkomplexität umzugehen.[53] Des Weiteren wird angenommen, dass das jugendliche Lesen von Belletristik Engagement und soziale Wahrnehmung positiv beeinflusst[54] sowie den Aufbau sozialer Netzwerke[55] erleichtert. Auch wenn diese sozialen und kognitiven Vorteile in den wenigsten Fällen bewusster Natur sein dürften, kann davon ausgegangen werden, dass sie auch mit der Lesetätigkeit auf Literaturplattformen einhergehen und somit die Nutzung von Literaturplattformen prägen, verfestigen und (selbst)verstärken.

Bevor aus diesen Befunden aber pädagogische und didaktische Rückschlüsse gezogen werden, erscheint es angebracht, anzumerken, dass abgesehen von wenigen, recht unspezifisch gehaltenen plattformeigenen Angaben aktuell keine wissenschaft-

---

50 Eine Ausnahme stellt der Konsum jugendgefährdender Inhalte dar; vgl. z. B. Joan Shapiro, Lee Kroeger: Is Life Just a Romantic Novel? The Relationship Between Attitudes About Intimate Relationships and the Popular Media. In: American Journal of Family Therapy 19.3 (1991), S. 226–236.

51 John Jerrim, Gemma Moss: The Link Between Fiction and Teenagers' Reading Skills. International Evidence from the OECD PISA Study. In: British Educational Research Journal 45.1 (2019), S. 181–200.

52 Vgl. Gemma Moss, John W. McDonald: The Borrowers. Library Records as Unobtrusive Measures of Children's Reading Preferences. In: Journal of Research in Reading 27.4 (2004), S. 401–412.

53 Stephen D. Krashen: The Power of Reading. Insights from the Research. 2. Aufl. Westport 2004; Jane Oakhill, Kate Cain, Diana McCarthy: Inference Processing in Children. The Contributions of Depth and Breadth of Vocabulary Knowledge. In: Edward J. O'Brian, Anne E. Cook, Robert F. Lorch, Jr. (Hrsgg.): Inferences during Reading. Cambridge 2015, S. 140–159; Namhee Suk: The Effects of Extensive Reading on Reading Comprehension, Reading Rate, and Vocabulary Acquisition. In: Reading Research Quarterly 52.1 (2016), S. 73–89; Jo Westbrook, u. a.: „Just Reading". The Impact of a Faster Pace of Reading Narratives on the Comprehension of Poorer Adolescent Readers in English Classrooms. In: Literacy 53.2 (2019), S. 60–68.

54 Raymond A. Mar: Evaluating Whether Stories Can Promote Social Cognition. Introducing the Social Processes and Content Entrained by Narrative (SPaCEN) Framework. In: Discourse Processes 55.5–6 (2018), S. 454–479.

55 Gemma Moss: Literacy and Gender. Researching Texts, Contexts and Readers. London 2007.

lichen Erhebungen zur Demographie von User:innen von Literaturplattformen vorliegen.[56] Nicht zuletzt aufgrund dieser Forschungslücke erscheint es mehr als wünschenswert, dass sich die Forschung verstärkt mit dem Phänomen des Lesens und Schreibens auf Literaturplattformen auseinandersetzt. Insbesondere betrifft dies Längsschnittuntersuchungen von positiven und negativen Effekten der Nutzung dieser Plattformen, als auch eine differenzierte und empirisch abgesicherte Analyse der Demographie der Nutzer:innen sowie ihrer Motivationen und Beweggründe für digitales Lesen und Schreiben. Ein hieraus hervorgehendes, vertieftes Verständnis der digitalen Lese- und Schreibpraktiken und deren öffentliche Inszenierung erscheint für die Leseforschung, aber auch die Buch-, Kultur- und Literaturwissenschaften unumgänglich, will man perspektivisch nicht den Anschluss an den eigenen Untersuchungsgegenstand verlieren.

Auch kann man nur durch eine solche Erweiterung der Forschungsperspektive(n) denjenigen Leser:innen letztlich gerecht werden, die abseits von traditionellem Buchmarkt und Kanon dem heute beklagten Verschwinden der kulturellen Praxis des Lesens entgegenwirken.[57] Hierbei verkörpern sie gleichzeitig auch einen neuen Typus von User:in mit eigenem kulturellem Selbstverständnis, wie es etwa aus der Thematisierung der Populärkultur, zum Beispiel im Rahmen von Fan Fiktion, abgeleitet werden kann. Oftmals integrieren sie im Sinne eines innerhalb einer Interessens- und / oder Fangemeinschaft verorteten, kommentierenden *wreader*[58], so George Landows Charakterisierung der Leser:innen-autor:innen bereits in den 1990er Jahren, die verschiedenen Literaturtätigkeiten in einer Person. In ihren Literaturpraktiken und Inszenierung(en) unterscheiden sich diese *wreaders* klar von dem traditionellen Bild der Intellektuellen. An die Stelle hochkultureller Distinktionen und klarer Aufgabenteilung des Buchmarkts rückt zum einen die Übernahme von Autor:innenfunktionen durch die Leser:in, zum anderen die gemeinschaftliche Interaktivität zwischen User:innen in den Mittelpunkt der Lese- und Schreibpraktiken. Ob man diese Gemeinschaftlichkeit[59] als popkulturelles Phänomen oder als Ausdruck von Jugendkultur, als kulturelle Vergesellschaftung oder Fankultur im Zeitalter einer Gesellschaft der Singularitäten bewertet,[60] ist eine eigene Diskussion wert. Keine der Rollen ist neu. Noch ist neu, dass Bücher Anlass und Gegenstand

---

56 Community-interne Umfragen wie etwa das sogenannte *AO3 Census Project* von 2013 (https://archiveofourown.org/works/16988199/chapters/39932349 [28.07.2020]), oder der 2019 auf *reddit* erhobene *FanFiction 2019 Community Census* (https://www.reddit.com/r/FanFiction/comments/ajoyvj/rfanfiction_2019_community_census/ [04.02.2021]) mit mehr als 500 Teilnehmenden legen jedoch nahe, dass Literaturplattformen nicht nur von Jugendlichen, sondern auch von vielen jungen Erwachsenen genutzt werden.
57 Gerhard Lauer: Lesen im digitalen Zeitalter. Darmstadt 2020.
58 George P. Landow: Hypertext 3.0 Critical Theory and New Media in an Era of Globalization. Baltimore 2006.
59 Felix Stalder: Kultur der Digitalität. Berlin 2016.
60 Andreas Reckwitz: Die Gesellschaft der Singularitäten. Zum Strukturwandel der Moderne. 5. Aufl. Berlin 2018.

der gesellschaftlichen Selbstverständigung sind. Aber Umfang und Dynamik dieser neuen Lese- und Schreibwelten sind neu. Wenn Bücher die Bühnen der bürgerlichen Gesellschaft waren, sind Literaturplattformen und die dort von *wreaders* produzierten Inhalte die Bühnen der digitalen Gesellschaft.

Stephanie Willeke

Der literarische Weblog als digitales Gedächtnismedium – Erinnerungen als Schreib- und Rezeptionspraktiken in Benjamin Steins *Turmsegler*

In der kulturwissenschaftlich orientierten Forschung zum Themenkomplex Erinnerung und Gedächtnis, die besonders seit den 1980er Jahren einen Aufschwung erfuhr, herrscht ausgehend von der Prämisse, dass Medien grundsätzlich Welterzeugungsprozesse sowie den Zugang zu Wissen ermöglichen,[1] weitestgehend Einigkeit darüber, dass Medien auch großen Einfluss auf Erinnerungen haben. Gerade die von Jan und Aleida Assmann ausgearbeitete und breit rezipierte Konzeption vom kommunikativem und kulturellem Gedächtnis[2] basiert auf der Vorstellung, dass Gedächtnisinhalte in Medien externalisiert und somit einer Erinnerungsgemeinschaft zugänglich gemacht werden und auch Individuen an diesen Wissensbeständen partizipieren können.[3] Damit sind bereits zwei wesentliche Funktionen, die Medien in diesem Gefüge inhärent sind, angesprochen: Sie haben eine Speicherfunktion und sie zirkulieren, d. h. sie ermöglichen eine zeit- und raumübergreifende Kommunikation über die Gedächtnisinhalte. Dabei werden Medien jedoch nicht als Behälter konturiert, die Gedächtnisinhalte jederzeit ‚vergangenheitstreu' abrufbar machen, sondern vielmehr wird der Einsicht Rechnung getragen, dass sie sowohl Form als auch Inhalt bedingen: „Pausenlos erfinden Kulturtechniken Gefäße der Speicherung und Weitergabe von Wissen, doch die technische Form dieser Gefäße schreibt an dem Gespeicherten mit."[4]

Wenn man davon ausgeht, dass alle „Formen von Erinnerung und Gedächtnis" einen „medialen Status" haben, was bedeutet, dass „Erinnerung […] nicht un-vermittelt möglich"[5] ist, gilt es, die unterschiedlichen Medienformate auf ihre Spezifizität hin zu untersuchen. Ausgehend von der Prämisse, dass das Internet einen neuen medialen Rahmen für Inszenierungspraktiken des Erinnerns an Bücher evoziert, wird im

---

1 Vgl. Marie-Kristin Döbler, Gerd Sebald: Einleitung. In: Dies. (Hrsgg.): (Digitale) Medien und soziale Gedächtnisse. Wiesbaden 2018, S. 13–25, hier S. 13.
2 Vgl. u. a. Jan Assmann: Das kulturelle Gedächtnis. Schrift, Erinnerung und politische Identität in frühen Hochkulturen. 6. Aufl. München 2007; Aleida Assmann: Erinnerungsräume. Formen und Wandlungen des kulturellen Gedächtnisses. 4. Aufl. München 2009.
3 Vgl. dazu ebd.; Astrid Erll: Medien und Gedächtnis. Aspekte interdisziplinärer Forschung. In: Michael C. Frank (Hrsg.): Arbeit am Gedächtnis. München 2007, S. 87–98, hier S. 89.
4 Wolfgang Ernst: Speichern. In: Nicolas Pethes, Jens Ruchatz (Hrsgg.): Gedächtnis und Erinnerung. Ein interdisziplinäres Lexikon. Reinbek bei Hamburg 2001, S. 553–555, hier S. 554.
5 Anette Seelinger: Ästhetische Konstellationen. Neue Medien, Kunst und Bildung. München 2003, S. 274.

Folgenden eine besondere Variante dieser Praktiken im Mittelpunkt der Betrachtung stehen: das erinnernde Schreiben und Rezipieren in literarischen Weblogs. Bücher in ihrer gedruckten bzw. analogen Beschaffenheit werden hier beispielsweise in Form von Zitaten und Verweisen in das digitale Medium transformiert und dann mit den technischen Möglichkeiten des Blogs verknüpft. Zudem zielen diese Inszenierungspraktiken des Erinnerns auch auf unterschiedliche Bereiche ab, die mit der Buchproduktion in unmittelbarem Zusammenhang stehen. So formuliert Benjamin Stein in seinem Weblog *Turmsegler*: „Ich persönlich mag an diesen Blogeinträgen zum Buch, dass sichtbar wird, dass ein Buch eine Vorgeschichte, eine Schreibgeschichte, eine Produktions- und Präsentationsgeschichte hat."[6] Damit werden in diesem Weblog nicht nur unterschiedliche literarische Texte als Teil des kollektiven Gedächtnisses im digitalen Medium ausgehandelt, sondern fokussiert werden gerade auch Inszenierungen zweiter Ordnung, also die Entstehung, Distribution und Rezeption von Büchern.

Um dies zu entfalten werden zunächst einige Aspekte zu Erinnerung und Gedächtnis in digitalen Kontexten sowie zu literarischen Weblogs skizziert. Anschließend werden auf diesen Überlegungen aufbauend die Inszenierungspraktiken von Büchern im literarischen Weblog *Turmsegler* von Benjamin Stein beleuchtet.

1   Erinnerung und Gedächtnis im digitalen Kontext

Die Funktion der Externalisierung von Gedächtnisinhalten in Medien beginnt bereits mit der Transformation von Oralität in Literalität, findet ihren bisherigen technischen Höhepunkt aber in der Entwicklung und Verbreitung des Internets seit Ende der 1990er Jahre, das aufgrund seiner „relationalen, dezentralen und dynamischen Struktur"[7] im Hinblick auf die Menge an vorgehaltenen Informationen kaum mit analogen Medien vergleichbar ist. So übersteigen die Speicherkapazitäten des Internets die aller anderen Medien deutlich, was laut Jan Assmann zu einer Art kulturellen Revolution führte, die einen Grund für die wissenschaftliche Hochkonjunktur des Themas Erinnerung und Gedächtnis bildet.[8]

In diesem Zusammenhang wurde ein Wechsel „von analogem Vergessen zu digitalem Erinnern"[9] diagnostiziert, der auf verschiedenen technischen Faktoren des Internets basiert: der Möglichkeit der Digitalisierung, der Erhöhung der Verarbeitungsgeschwindigkeit, der im Vergleich zu analogem Material geringeren Speicherkosten, der Entwicklung speziellerer, das Auffinden von gespeicherten Daten ermöglichender

---

6   Benjamin Stein: Kommentar zu Belegexemplare vom 19. Januar 2012. https://turmsegler.net/20120119/belegexemplare/ [10.12.2020].
7   Christiane Heibach: Internet. In: Pethes, Ruchatz (Hrsgg.): Gedächtnis und Erinnerung (wie Anm. 4), S. 283–286, hier S. 283.
8   Vgl. Assmann: Das kulturelle Gedächtnis (wie Anm. 2), S. 11.
9   Viktor Mayer-Schönberger: Vergessen und das digitale Gedächtnis. In: Tilman Baumgärtel (Hrsg.): Texte zur Theorie des Internets. Stuttgart 2017, S. 213–229, hier S. 216.

Algorithmen und der weltweiten Vernetzung.[10] Diese Entwicklungen führen im Kontext der Differenzierung von Speichergedächtnis (als Modus des „Aufheben[s], Konservieren[s], Ordnen[s] und Katalogisieren[s]") und Funktionsgedächtnis (als „Tätigkeiten der Auswahl, Vermittlung, Animation und Aneignung durch individuelle Gedächtnisse"[11]) zu dem viel zitierten Ausdruck von Aleida Assmann, dass das Internet ein „Speichergedächtnis ohne Speicher"[12] sei.

Daneben kann für das Erinnern im Internet konstatiert werden, dass hier „immer mehr individualisierte Gruppengedächtnisse" dominieren, was einerseits zu einer steigenden Segmentierung und andererseits zur Hybridisierung von Gruppen- und Individualgedächtnissen führt, die „[i]m Gegensatz zu den bestehenden nationalen Gedächtnissen […] nun transnational und -kulturell determiniert"[13] sind. Damit ist der Dualismus zwischen kommunikativem und kulturellem Gedächtnis nicht adäquat auf die Praktiken des Erinnerns im Internet übertragbar. Diese Ebenen weisen ein interdependentes Verhältnis auf, nicht nur weil etwa Massenmedien und Bereiche des Social Web sich gegenseitig in thematischer Hinsicht beeinflussen, sondern auch weil kollektiv geteilte sowie persönliche Erinnerungen auf öffentlich zugänglichen Online-Plattformen aktualisiert werden und gleichberechtigt nebeneinanderstehen, sodass „die Grenzen zwischen interpersonaler, privater und medial vermittelter Weitergabe von Erfahrungen"[14] verschwimmen. So konstatieren auch Eric Meyer und Claus Leggewie, dass das Internet im Sinne eines „Multi-Monomediums" verschiedene Formate von Medien und Kommunikation verdichte und gerade diese Medienkonvergenz ermögliche, „vom individuellen zum kollektiven Gebrauch und wieder zurück zu wechseln."[15]

---

10 Vgl. ebd., S. 216–219.
11 Aleida Assmann: Zur Mediengeschichte des kulturellen Gedächtnisses. In: Astrid Erll, Ansgar Nünning (Hrsgg.): Medien des kollektiven Gedächtnisses. Konstruktivität. Historizität. Kulturspezifität. Berlin 2004, S. 45–60, hier S. 48.
12 Ebd., S. 56.
13 Wolfram Dornik: III. Medien des Erinnerns. Internet. In: Christian Gudehus, Ariane Eichenberg, Harald Welzer (Hrsgg.): Gedächtnis und Erinnerung. Ein interdisziplinäres Handbuch. Stuttgart, Weimar 2010, S. 235–240, hier S. 237.
14 Vivien Sommer: Mediatisierte Erinnerungen. Medienwissenschaftliche Perspektiven für eine Theoretisierung digitaler Erinnerungsprozesse. In: Sebald, Döbler (Hrsgg.): (Digitale) Medien (wie Anm. 1), S. 53–79, hier S. 61.
15 Erik Meyer, Claus Leggewie: „Collecting Today for Tomorrow". Medien des kollektiven Gedächtnisses am Beispiel des ‚Elften September'. In: Erll, Nünning (Hrsgg.): Medien des kollektiven Gedächtnisses (wie Anm. 11), S. 277–291, hier S. 286.

2 Literarische Weblogs als Gedächtnismedien

Die Verbreitung des Internets und seine technischen Möglichkeiten der Produktion, Distribution und Rezeption nehmen auch Einfluss auf das literarische Feld.[16] Dies bezieht sich besonders prominent auf die Form der Internet- bzw. Netzliteratur, also auf literarische Texte, deren Existenzbedingung durch das Merkmal der Hyperlinkstruktur an das digitale Medium geknüpft ist. Diese Struktur ermöglicht (vermeintlich) den Rezipierenden, eigene Pfade durch die Texte zu finden, was nicht zuletzt erhebliche und noch andauernde Diskussionen über die traditionelle Trias von Autor*in – Text – Leser*in hervorrief.[17] Zudem eröffnen sich in dem digitalen Medium neue Möglichkeiten der Selbstinszenierung von Schriftsteller*innen,[18] verstanden als „jene textuellen, paratextuellen und habituellen Techniken und Aktivitäten […], in oder mit denen sie öffentlichkeitsbezogen für ihre eigene Person, für ihre Tätigkeit und/oder für ihre Produkte Aufmerksamkeit erzeugen"[19]. In diesem Gefüge manifestieren sich schriftstellerische Inszenierungspraktiken sowohl auf Verlag-Homepages und kommerziellen Websites, die vor allem für Informations- und Vermarktungszwecke genutzt werden, als auch in Foren und Mitschreibeprojekten, die die Autor*innen in Produktionsprozessen von internetbasierter Literatur inszenieren.[20] Viele literarische Weblogs – also Websites, die eine thematische und reflexive Ausrichtung auf Literatur sowie den literarischen Betrieb haben, zumeist von Schriftsteller*innen geführt werden, die teilweise auch außerhalb des Internets publizieren, und die überdies literarische Texte beinhalten[21] – stellen in dieser Hinsicht ein Hybrid dar, das einerseits Informationen über die Autor*innen bereithält sowie Verweise auf deren analoge Bücher beinhaltet und in dem andererseits internetbasierte Literatur publiziert wird.

Literarische Weblogs weisen durch ihre technische Beschaffenheit darüber hinaus eine direkte Verbindung zum erinnerungskulturellen Potenzial des Internets auf. Dabei ist jedoch zwischen der technischen Seite des Internets in Bezug auf seine (potenziell)

---

16 Vgl. Anke S. Biendarra: Autorschaft 2.0. Mediale Selbstinszenierung im Internet (Deutschland/USA). In: Wilhelm Amann, Georg Mein, Rolf Parr (Hrsgg.): Globalisierung und Gegenwartsliteratur. Konstellationen – Konzepte – Perspektiven. Heidelberg 2010, S. 259–280, hier S. 259f.
17 Vgl. dazu Simone Winko: Lost in hypertext? Autorkonzepte und neue Medien. In: Fotis Jannidis, u. a. (Hrsgg.): Rückkehr des Autors. Zur Erneuerung eines umstrittenen Begriffs. Tübingen 1999, S. 511–533.
18 Vgl. Kerstin Paulsen: Von Amazon bis Weblog. Inszenierungen von Autoren und Autorschaft im Internet. In: Christine Künzel, Jörg Schönert (Hrsgg.): Autorinszenierungen. Autorschaft und literarisches Werk im Kontext der Medien. Würzburg 2007, S. 257–269, hier S. 258.
19 Christoph Jürgensen, Gerhard Kaiser: Schriftstellerische Inszenierungspraktiken. Heuristische Typologie und Genese. In: Dies. (Hrsgg.): Schriftstellerische Inszenierungspraktiken. Typologie und Geschichte. Heidelberg 2011, S. 9–30, hier S. 10.
20 Vgl. Paulsen: Von Amazon bis Weblog (wie Anm. 18), S. 258.
21 Vgl. Thomas Ernst: Weblogs. Ein globales Medienformat. In: Amann, Mein, Parr (Hrsgg.): Globalisierung und Gegenwartsliteratur (wie Anm. 16), S. 281–302, hier S. 294.

unendliche Speicherkapazität und den Praktiken auf der Ebene der Anwendung, die aus dieser Datenmenge des Speichergedächtnisses im Sinne eines Funktionsgedächtnisses kollektive Gedächtnisse ausbilden können, zu unterscheiden. So kann ein reziprokes Verhältnis zwischen Medien und Erinnerung konstatiert werden, indem Medien wie das Internet den Rahmen vorgeben, aber zugleich auch immer der pragmatischen Aktualisierung bedürfen.[22] Zudem referieren die Praktiken Einzelner auf „kollektiv geteilte Wissensordnungen, Symbolsysteme, kulturelle Codes, Sinnhorizonte"[23], sodass sowohl die Anwendungspraktiken technischer Gegebenheiten des Internets als auch die Praktiken des Erinnerns in unmittelbarem Zusammenhang mit einem sozialen, kollektiven Rahmen stehen, der wiederum nicht statisch, sondern variabel ist.[24]

Eng verbunden mit Gedächtnis und Erinnerungen ist bereits die Form von Weblogs, für die eine strukturelle Verwandtschaft zu Tagebüchern konstatiert werden kann.[25] Die Blogeinträge erscheinen nicht nur häufig täglich, sondern memorieren auch in retrospektiver und subjektiver Sicht unterschiedliche erinnerungswürdige Aspekte – von alltäglichen Gegebenheiten über gesellschaftliche Ereignisse bis hin zu themenspezifischen Beiträgen und im Falle von literarischen Weblogs vor allem Bücher. Darüber hinaus fungieren die technischen Möglichkeiten, durch die sich Blogs auszeichnen, auch als mnemotechnische Strategien: die mit Hyperlinks verbundene Intertextualität, die besonders das Medium Internet auszeichnende Multimedialität und die Gemeinschaften evozierende Interaktivität.

Die Intertextualität ist ein zentrales Verfahren, mit dem Literatur als Symbolsystem ein innerliterarisches Gedächtnis ausbildet und so an sich selbst erinnert.[26] Sie wird technisch in Weblogs mit internen und externen Verlinkungen realisiert: Während erstere die Seiten des eigenen Blogs miteinander verknüpfen, was mit einer Komplexitätssteigerung des Textes sowie in Bezug auf die Rezeptionsbedingungen mit einer „Zunahme möglicher Lesarten"[27] einhergeht, führen externe Verlinkungen zumeist zu anderen Websites oder Blogs, was ein Charakteristikum der Hypertexte in Form von Intertextualität pointiert, durch die sie sich mittels einer Verweisstruktur zu anderen Texten in Beziehung setzen und sich so kontextualisieren.[28]

---

22 Vgl. Gerd Sebald: (Digitale) Medien und Gedächtnis – aus der Perspektive einer Gedächtnissoziologie. In: Ders., Döbler (Hrsgg.): (Digitale) Medien (wie Anm. 1), S. 29–51, hier S. 40.
23 Andreas Reckwitz: Grundelemente einer Theorie sozialer Praktiken. Eine sozialtheoretische Perspektive. In: Zeitschrift für Soziologie, 32.4 (2003), S. 282–301, hier S. 288.
24 Den Konnex zwischen individuellem Erinnern und kollektivem Gedächtnis hat bereits Maurice Halbwachs, aus dessen theoretischer Konzeption sich viele kulturwissenschaftliche Perspektiven auf das Thema speisen, festgestellt. Vgl. Maurice Halbwachs: Das Gedächtnis und seine sozialen Beziehungen. Frankfurt am Main 1985.
25 Vgl. Ernst: Weblogs (wie Anm. 21), S. 292.
26 Vgl. Astrid Erll: IV. Forschungsgebiete. Literaturwissenschaft. In: Gudehus, Eichenberg, Welzer (Hrsgg.): Gedächtnis und Erinnerung (wie Anm. 13), S. 288–298, hier S. 290.
27 Winko: Lost in hypertext? (wie Anm. 17), S. 524.
28 Vgl. ebd.

Daneben zählt zum ‚Gedächtnis der Literatur' noch eine weitere diachrone Ebene, die, ebenfalls mittels eines Verweissystems, die Funktionsweisen des Sozialsystems Literatur fokussiert und für literarische Weblogs bedeutsam ist: Aushandlungen der Kanonbildung und Literaturgeschichtsschreibung, die „die Stiftung kollektiver Identitäten, die Legitimierung gesellschaftlicher und politischer Verhältnisse sowie die Aufrechterhaltung oder Unterwanderung von Wertesystemen"[29] beinhalten. Diese Prozesse sind umstritten und umkämpft, sie verfahren notwendigerweise selektiv[30] und implizieren einen bestimmten Wert der kanonisierten Texte: „Mit ihrem Eingang in den Bereich des kulturellen Funktionsgedächtnisses gewinnen sie als verbindliche Texte eine zusätzliche Sinndimension: Sie vermitteln Konzepte kultureller, nationaler oder religiöser Identität sowie kollektiv geteilte Werte und Normen."[31] Daher erfüllt der Kanon wichtige Funktionen des Gedächtnisses: Er ist Wissensspeicher, Kommunikationsbasis, dient der Partizipation und verdeutlicht die Gegenwärtigkeit sowie Gültigkeit literarischer Texte über Zeit- und Kulturgrenzen hinaus.[32] Durch die auf Bücher bezogenen Erinnerungspraktiken nehmen literarische Weblogs auf die Kanonisierungsprozesse des literarischen Feldes direkt Bezug, sie bergen aber zugleich auch das Potenzial, diese subversiv zu unterlaufen.

Zudem ist die Multimedialität für das Internet und damit auch für (literarische) Weblogs kennzeichnend: So können Texte mit anderen z. B. bildlichen oder audiovisuellen Medien verknüpft werden.[33] Dies ist im Kontext von Erinnerungen bedeutsam, prägen beispielsweise Fotografien doch bestimmte Vorstellungen von vergangenen Ereignissen. Mit dem Rückgriff auf unterschiedliche mediale Repräsentationen werden bestehende Sinnpotenziale genutzt, die zum einen als Referenz herangezogen und zum anderen in neuen Kontexten aktualisiert werden.[34] Dabei können nicht nur unterschiedliche Versionen von Erinnerungen deutlich werden, sondern auch auf der Grundlage des wirklichkeitskonstituierenden Charakters medialer Repräsentationen deren Durchsetzungskraft in Abhängigkeit von der „erinnerungskulturellen Wirksamkeit des jeweiligen Gedächtnismediums."[35] In diesem Gefüge können sich Medien

---

29 Erll: IV. Forschungsgebiete. Literaturwissenschaft (wie Anm. 26), S. 292.
30 Vgl. Herbert Grabes, Margit Sichert: Literaturgeschichte, Kanon und nationale Identität. In: Astrid Erll, Ansgar Nünning (Hrsgg.): Gedächtniskonzepte der Literaturwissenschaft. Theoretische Grundlegung und Anwendungsperspektiven. Berlin, New York 2005, S. 297–314, hier S. 299.
31 Astrid Erll: Literatur als Medium des kollektiven Gedächtnisses. In: Dies., Nünning (Hrsgg.): Gedächtniskonzepte der Literaturwissenschaft (wie Anm. 30), S. 249–276, hier S. 261.
32 Vgl. Grabes, Sichert: Literaturgeschichte, Kanon und nationale Identität (wie Anm. 30), S. 305.
33 Vgl. Ernst: Weblogs (wie Anm. 21), S. 291; vgl. auch Seelinger: Ästhetische Konstellationen (wie Anm. 5), S. 327.
34 Erll: Medien und Gedächtnis (wie Anm. 3), S. 92.
35 Birgit Neumann: Literatur, Erinnerung, Identität. In: Erll, Nünning (Hrsgg.): Gedächtniskonzepte der Literaturwissenschaft (wie Anm. 30), S. 149–178, hier S. 169.

sowohl gegenseitig ergänzen als auch in einem sich ausschließenden Verhältnis der Medienkonkurrenz zueinander stehen.[36] Hier kommt auch zum Tragen, dass es sich beim Internet um ein „die Materialität aller anderen Medien überformende[s] *Leit*- und *Universal*medium[]"[37] handelt, das eben auch eigene Texte generiert und multicodiert. Die Konkurrenz innerhalb des literarischen Feldes verschiebt sich in diesem Sinne im Zuge der „massenkulturellen Unterhaltungsangebote", indem nun „das Spezifische des Angebots ‚Literatur' gegenüber den konkurrierenden medialen Angeboten"[38] auszuloten und herauszukristallisieren ist.

Neben der Multimedialität ist die besonders in Weblogs praktizierte Interaktivität bedeutsam, d. h. die die klassische Rollenverteilung zwischen Sender und Empfänger aufbrechende Möglichkeit des aktiven Austauschs z. B. durch die Kommentarfunktion,[39] auf deren Grundlage sich ein Kollektiv, eine identitätsstiftende Erinnerungsgemeinschaft ausbilden kann. In diesem Kontext verständigt sich eine Gruppe über die Relevanz eines bestimmten Inhalts, was immer auch spezifische Selektionsmechanismen mit sich bringt.[40] Dabei konvergieren die Funktionen kollektiver Gedächtnismedien im Internet, weil Speicherung und Verbreitung zusammenfallen, wenn individuelle Webseiten Gedächtnisinhalte speichern und zugleich von jeder Person rezipiert werden können, die einen technischen Zugang dazu hat.[41] Die Konstitution oder Größe dieser Erinnerungsgemeinschaften ist dabei auch für literarische Weblogs weniger relevant, vielmehr werden bereits bestehende Segmentierungsprozesse tendenziell weitergeführt: „Diese […] Zersplitterung des immer schon diversifizierten und umkämpften literarischen Feldes treiben die Weblogs noch einen Schritt weiter, indem sie mit geringem Aufwand und ohne direkten ökonomischen Druck mitunter mikroskopisch kleine Szenenmilieus bedienen."[42]

Aus diesen Überlegungen folgt, dass es sich bei literarischen Weblogs um Gedächtnismedien handelt, die an der Schnittstelle von individuellem und kollektivem Gedächtnis verortet werden können, indem hier Erinnerungen inszeniert werden, die sich nicht nur unidirektional an eine Teilöffentlichkeit richten, sondern

---

36 Vgl. Kirsten Dickhaut: Intermedialität und Gedächtnis. In: Erll, Nünning (Hrsgg.): Gedächtniskonzepte der Literaturwissenschaft (wie Anm. 30), S. 203–226, hier S. 208.
37 Harro Segeberg: „Parallelpoesien". Buch und/oder Netzliteratur? Einführung und Überblick. In: Ders., Simone Winko (Hrsgg.): Digitalität und Literalität. Zur Zukunft der Literatur. München 2005, S. 11–27, hier S. 15 (Hervorhebung im Original).
38 Christoph Jürgensen: Ins Netz gegangen. Inszenierungen von Autorschaft im Internet am Beispiel von Rainald Goetz und Alban Nikolai Herbst. In: Ders., Gerhard Kaiser (Hrsgg.): Schriftstellerische Inszenierungspraktiken. Typologie und Geschichte. Heidelberg 2011, S. 405–422, hier S. 406.
39 Vgl. Dörte Hein: Erinnerungskulturen online. Angebot, Kommunikatoren und Nutzer von Websites zu Nationalsozialismus und Holocaust. Konstanz 2009, S. 41.
40 Vgl. Aleida Assmann: Kollektives Gedächtnis. In: Pethes, Ruchatz (Hrsgg.): Gedächtnis und Erinnerung (wie Anm. 4), S. 308–310, hier S. 309.
41 Vgl. Meyer, Leggewie: „Collecting Today for Tomorrow" (wie Anm. 15), S. 289.
42 Ernst: Weblogs (wie Anm. 21), S. 292f. (Hervorhebung im Original).

auch innerhalb dieses Kollektivs ausgehandelt werden. Bei der Ausbildung dieses Gedächtnisses werden sowohl die technischen Gegebenheiten (besonders Intertextualität, Multimedialität und Interaktivität) von Blogs genutzt, was die Inhalte in eine spezifische Form transformiert, als auch die im literarischen Feld virulenten Erinnerungspraktiken aufgegriffen und im digitalen Medium weitergeführt. Somit können literarische Weblogs als ein Teildiskurs des literarischen Feldes konturiert werden.[43] Sie partizipieren auf der einen Seite an den Mechanismen des Feldes und konstituieren auf der anderen Seite einen eigenen Raum, der eine Erweiterung oder auch ein Gegengewicht zu den hegemonialen Ansprüchen auf Deutungshoheit des literarischen Betriebs bildet. Dabei spielen gerade die unterschiedlichen Praktiken der erinnernden Inszenierung von Büchern eine zentrale Rolle, wie exemplarisch anhand des Blogs *Turmsegler* nun verdeutlich werden soll.

3 *Turmsegler* von Benjamin Stein

Obwohl viele der weit über 1.400 Posts von Benjamin Stein einen direkten Bezug zu seinem Privatleben aufweisen, inszeniert er sich in seinem seit 2006 geführten Blog *Turmsegler* primär als Literaturrezipient und -schaffender. Bereits der Initiationsgedanke des Weblogs, der im Deutschen Literaturarchiv Marbach sowie im Projekt Dilimag der Universität Innsbruck langzeitarchiviert wird,[44] zielt darauf ab, anstatt lediglich eine Blog-Sammlung von Gedichten und Prosa-Exzerpten zu archivieren, ein reflektierendes Lesen verschiedener literarischer Texte anderer Autor*innen zu dokumentieren.[45] In diesem Sinne schreibt Stein bereits in dem ersten Beitrag des Blogs: „Ich möchte wieder beginnen zu lesen, den Kontakt zur Dichtung wieder aufnehmen. Erinnern möchte ich mich und entdecken. Erinnern an die vielen Gedichte, die mich über die Jahre begleitet haben."[46] Damit ist ein wesentlicher Aspekt des mnemotechnischen Potenzials schon zu Beginn des Blogs als Charakteristikum definiert: Er bildet ein „Archiv des Vergessenen und wieder zu Entdeckenden"[47].

Das reflektierende und erinnernde Lesen, das Stein in seinem Blog ausstellt und das ihn in seiner Rolle des Literaturrezipierenden inszeniert, ist unmittelbar mit der Materialität des analogen Buches verbunden, wenn Stein etwa seine Bücherregale

---

43 Vgl. Michele Sisto: Eine literarische Öffentlichkeit 2.0? Oder Internet als literarisches Subfeld. Der Fall Italien (1999-2010). In: Heribert Tommek, Klaus-Michael Bogdal (Hrsgg.): Transformationen des literarischen Feldes in der Gegenwart. Sozialstruktur – Medien-Ökonomien – Autorpositionen. Heidelberg 2012, S. 119–138, hier S. 119.
44 Vgl. Benjamin Stein: Impressum. https://turmsegler.net/impressum/ [10.12.2020].
45 Vgl. z. B. Benjamin Stein: Ein Fall fürs Archiv vom 15. Mai 2009. https://turmsegler.net/20090515/ein-fall-fuers-archiv/ [10.12.2020].
46 Benjamin Stein: Erinnern und Entdecken vom 25. November 2006. https://turmsegler.net/20061125/erinnern-und-entdecken/ [10.12.2020].
47 Claudia Öhlschläger: Zum Konzept literarischer Weblogs. In: spa_tien. Zeitschrift für Literatur 6 (2008), S. 57–73, hier S. 65.

erwähnt, Bücherstapel mit Neuerwerbungen[48] oder seine Beiträge damit einleitet, er habe ein bestimmtes Buch zur Hand genommen.[49] So kann eine Art Zirkelstruktur konstatiert werden: Die analogen Bücher werden von Stein in das digitale Medium des Blogs transformiert, indem er beispielsweise Passagen aus den Büchern in seinen Beiträgen zitiert – oftmals als Zitate durch einen vertikalen Strich und eine andere Textfarbe markiert – und mit Abbildungen der jeweiligen Cover verknüpft, was u. a. zum multimedialen Charakter des Blogs beiträgt. Durch die wiederholten Leseempfehlungen und zahlreichen externen Links, die zu Verkaufsportalen führen, wird wiederum auf das analoge Buch Bezug genommen, sodass jedem im Blog präsentierten digitalen Textauszug eine Verweisstruktur auf das gedruckte Buch inhärent ist.

Gerade die analogen Bücher werden zudem in mehreren Beiträgen mit einer besonderen auf dem Besitz des Buches basierenden Wertigkeit verknüpft, die sich exemplarisch in Steins kategorialer Differenzierung in verleihbare und nicht-verleihbare Bücher manifestiert.[50] Der Besitz eines Buches wird von dem Schriftsteller dann auch in die im Blog geführte Diskussion um E-Books eingebracht und als Argument angeführt, warum beide Formen – Bücher als digitales und analoges Medium – ihre Berechtigung haben: „Aber als nützlichen Zusatz will ich das eBook doch haben. Und ich will es haben für all jene Texte, die ich zwar zur Kenntnis nehmen, aber nicht physisch besitzen möchte. Weil physischer Besitz mich belastet und ich nicht physisch aufheben mag, was ich nicht mehrfach lesen möchte."[51]

Für die Erinnerungspraktiken auf inhaltlicher Ebene ist kennzeichnend, dass Stein in seinen Besprechungen die Bücher oftmals kontextualisiert, indem er, wie er in einem metareflexiven Kommentar schreibt, seine „persönliche Verbindung"[52] zu den Werken darlegt und gleichzeitig die Rezipierenden des *Turmseglers* dazu auffordert, dies auch zu tun.[53] Indem Stein die literarischen Texte in seinen Beiträgen reflektiert und in ein Narrativ einbettet, wird der Konnex zwischen Erinnern und gestaltendem Erzählen,

---

48 Vgl. z. B.: „Lustlos schleiche ich um den Stapel der ungelesenen Neuanschaffungen herum. […] Also habe ich vor zwei Wochen etwa in den Regalen mit den ‚Altbeständen' gestöbert […]." Benjamin Stein: Kameraden vom 03. August 2010. https://turmsegler.net/20100803/kameraden/ [10.12.2020].

49 Vgl. z. B. Benjamin Stein: Der Engel vom 08. August 2007. https://turmsegler.net/20070808/der-engel/ [10.12.2020].

50 Vgl. beispielsweise die Ausführungen über Salman Rushdies *Satanische Verse*: „Die Hälfte des Begrüßungsgeldes, das ich im November 1989 bei meinem ersten Besuch in West-Berlin bekam, trug ich in eine Buchhandlung auf dem Kurfürstendamm. Dieses Buch, das Autor, Übersetzer und Verleger das Leben kosten konnte und dennoch erschienen war, musste ich einfach besitzen. Ich wurde auch literarisch nicht enttäuscht. Dennoch habe ich es nur einmal gelesen. Aber ich besitze es noch; und es gehört sicher zu den Büchern, die ich um keinen Preis verleihe." Benjamin Stein: Zwanzig Jahre Fatwa vom 23. Februar 2009. https://turmsegler.net/20090223/zwanzig-jahre-fatwa/ [10.12.2020].

51 Benjamin Stein: Rückschritt per eBook? vom 05. Februar 2014. https://turmsegler.net/20140205/rueckschritt-per-ebook/ [10.12.2020].

52 Stein: Erinnern und Entdecken (wie Anm. 46).

53 Vgl. ebd.

wie ihn Siegfried J. Schmidt verdeutlicht, evident. So konstatiert Schmidt, dass hier Muster „kohärenter Konstruktion von Zusammenhängen" zugrunde liegen, die „einen (wie auch immer fiktiven) Zusammenhang her[stellen] zwischen einem Ereignis, seinem scheinbaren Wiedererkennen durch Gedächtnis und seiner Repräsentation in der erzählten Erinnerung, deren Erzählschemata den Kohärenz- und Konsistenzerwartungen der Erzählgemeinschaft oder Gesellschaft sowie der verwendeten Medien folgen, nicht der intrinsischen ‚Wahrheit des Ereignisses'."[54]

Die Inszenierungspraktiken der Bücher können, gekoppelt an die technischen Möglichkeiten des Blogs, in drei durchaus zusammenhängende Bereiche differenziert werden: (literarische) Werke anderer Autor*innen, Bücher, die Stein im Kontext der Werkgenese für Recherchezwecke nutzt und seine eigenen Romane. Der erste Bereich bezieht sich auf die Inszenierung eines sehr heterogenen Spektrums von literarischen Texten anderer Schriftsteller*innen, indem sie zitiert oder inhaltlich zusammengefasst und besprochen werden, oftmals mit dem Schwerpunkt des sie auszeichnenden literarischen Stils. Hier öffnet sich ein durch die hyperlinkbasierte Navigationsmöglichkeit der Tags unterstützter Raum mit erinnerungskultureller Ordnungsfunktion, um die Erinnerung an die, wie Stein mehrfach betont, fast in Vergessenheit geratenen Bücher zu erhalten. Dadurch werden nicht zuletzt auch die Mechanismen hinter den institutionell betriebenen (Macht-)Prozessen des Ein- und Ausschlusses der Kanonbildung indirekt aufgedeckt und desavouiert. Denn neben einer Vielzahl an als kanonisiert zu bezeichnenden Texten und Autor*innen, wie Paul Celan,[55] Franz Kafka[56] oder Gottfried Benn,[57] werden auch weniger bekannte sowie einige zeitgenössische Bücher wie Norbert Scheuers *Überm Rauschen*[58] und vermehrt, die Idee der Nationalliteraturen ausweitend, internationale Werke besprochen, wie Monique Truongs *Bitter im Mund*.[59]

Ein Beispiel aus diesem Bereich soll hier hervorgehoben werden: das sogenannte ‚Majakowski-Experiment'. Stein erinnert nicht nur in verschiedenen Posts an das Werk des futuristischen Dichters Wladimir Majakowski (1893-1930), beispielsweise indem er seine Gedichte in mehreren Beiträgen zitiert[60] oder indem er den Band *Wie*

---

54 Siegfried J. Schmidt: Kalte Faszination. Medien – Kultur – Wissenschaft in der Mediengesellschaft. Weilerswist 2000, S. 109.
55 Vgl. exemplarisch: Benjamin Stein: Umsonst vom 28. November 2006. https://turmsegler.net/20061128/umsonst/ [10.12.2020]; Ders.: Todesfuge vom 06. Dezember 2006. https://turmsegler.net/20061206/todesfuge/ [10.12.2020].
56 Vgl. z. B.: Benjamin Stein: Vor dem Gesetz vom 29. November 2006. https://turmsegler.net/20061129/vor-dem-gesetz/ [10.12.2020].
57 Vgl. exemplarisch: Benjamin Stein: Mutter vom 01. Dezember 2006. https://turmsegler.net/20061201/mutter/ [10.12.2020].
58 Benjamin Stein: Überm Rauschen vom 11. September 2009. https://turmsegler.net/20090911/ueberm-rauschen/ [10.12.2020].
59 Benjamin Stein: Bitter im Mund vom 12. März 2010. https://turmsegler.net/20100312/bitter-im-mund/ [10.12.2020].
60 Vgl. Benjamin Stein: So auch mit mir vom 05. Juli 2007. https://turmsegler.net/20070705/so-auch-mit-mir/ [10.12.2020]; Ders.: Einige Worte über meine Frau vom 06. Juli 2007. https://

macht man Verse?, den Stein als deutsche Erstausgabe besitzt,[61] und die Biographie *Ich – so groß und so überflüssig* in seinem Blog bespricht,[62] sondern veröffentlicht unter Majakowskis Namen auch fünf Gastbeiträge,[63] in denen der 1930 verstorbene Dichter über poetologische Aspekte seiner Dichtkunst reflektiert, und antwortet unter diesem Namen sogar auf Kommentare.[64] Das viele Einträge des Blogs kennzeichnende Verschwimmen zwischen Fakt und Fiktion wird hier besonders anschaulich. Aber mehr noch: In der Kolumne legt Stein mittels der durch Aristoteles etablierten Textsorte ‚Poetik'[65] Majakowski Worte und Gedanken zu seinen Werken in den Mund, die seine Dichtung in erinnerungskultureller Hinsicht anreichern, sie werden in einen Zusammenhang gebracht, mit Deutungsangeboten versehen und so für die Gegenwart Relevanz erzeugend aktualisiert. Gemeinsam mit verschiedenen internen und externen Verlinkungen und den Kommentaren der Rezipierenden entsteht so ein kollektiv ausgehandelter Gedächtnisinhalt, der den Konstruktionscharakter der Sinnbildungsprozesse deutlich werden lässt. Auch die durch die Gegenwart beeinflusste Bewertung von Erinnerungen wird in dem Blog deutlich, wenn Stein zwei Jahre nach der Veröffentlichung der fiktiven Kolumne in einem weiteren Post diese verlinkt und im Kontext einer Diskussion um digitale Literatur schreibt:

> Noch immer überschneiden sich die Rezipientenkreise Buch/Feuilleton und Weblogs in Deutschland nur ungenügend. Die überwältigende Mehrheit des Publikums wie auch der Feuilletonisten hat hierzulande noch immer keine Ahnung davon, was Literatur im Netz bedeuten kann und wo sie stattfindet. Und ein großer Teil des Blogpublikums hat – wie das völlig geplatzte Majakowski-Experiment hier im Turmsegler illustriert – leider nur eine rudimentäre Ahnung von Literatur und deren Geschichte.[66]

turmsegler.net/20070706/einige-worte-ueber-meine-frau/ [10.12.2020]; Ders.: Seht, so ward ich ein Hund vom 08. Juli 2007. https://turmsegler.net/20070708/seht-so-ward-ich-ein-hund/ [10.12.2020].

61 Vgl. Benjamin Stein: Ein bibliophiler Schatz vom 18. April 2010. https://turmsegler.net/20100418/ein-bibliophiler-schatz/ [10.12.2020].
62 Vgl. Benjamin Stein: Ich – so groß und so überflüssig vom 05. Mai 2008. https://turmsegler.net/20080505/ich-so-gross-und-so-ueberfluessig/ [10.12.2020].
63 Benjamin Stein: Wie macht man Verse? Ein Gastbeitrag von Wladimir Majakowski vom 11. April 2008. https://turmsegler.net/20080411/wie-macht-man-verse/ [10.12.2020]; Ders.: Mathematiker oder Addierer. Ein Gastbeitrag von Wladimir Majakowski vom 12. April 2008. https://turmsegler.net/20080412/mathematiker-oder-addierer/ [10.12.2020]; Ders.: Wo Tendenz ist. Ein Gastbeitrag von Wladimir Majakowski vom 14. April 2008. https://turmsegler.net/20080414/wo-tendenz-ist/ [10.12.2020]; Ders.: Voraussetzungen für Dichtung. Ein Gastbeitrag von Wladimir Majakowski vom 15. April 2008. https://turmsegler.net/20080415/voraussetzungen-fuer-dichtung/ [10.12.2020]; Ders.: Das Notizbuch. Ein Gastbeitrag von Wladimir Majakowski vom 16. April 2008. https://turmsegler.net/20080416/das-notizbuch/ [10.12.2020].
64 Vgl. Stein: Wo Tendenz ist (wie Anm. 63).
65 Vgl. Ralf Simon: Poetik und Poetizität. Übersicht, historischer Abriss, Systematik. In: Ders. (Hrsg.): Grundthemen der Literaturwissenschaft. Poetik und Poetizität. Berlin, Boston 2018, S. 3–57, hier S. 3.
66 Stein: Ein bibliophiler Schatz (wie Anm. 61).

Ein weiterer Bereich der Inszenierungspraktiken im *Turmsegler* umfasst Bücher, die Stein im Rahmen der Dokumentation der Werkgenese seiner analogen literarischen Texte für Recherchezwecke heranzieht und im Blog vornehmlich als Material, das der Schriftsteller als Basis für das eigene literarische Schaffen nutzt, präsentiert. So wird anhand der Posts die Spur ausgestellt, die das literarische Werk Steins mit anderen Büchern verbindet.[67]

Neben wissenschaftlichen Texten gilt dies auch für literarische Werke anderer Autor*innen, wie u. a. der Beitrag „Wir" illustriert, in dem Stein verschiedene Dystopien im Kontext des zu der Zeit noch mit dem Arbeitstitel *Pans Wiederkehr* versehenen Romans *Replay* verhandelt. Hier werden einige der für Blogs relevanten Funktionen mit erinnerungskulturellem Potenzial realisiert, wie beispielsweise ein den Beitrag begleitendes Bild. Die Abbildung von Jewgenij Samjatin unterstützt dabei nicht nur den Inhalt des Textes visuell, sondern wird auch in dem Eintrag in Verbindung mit der politischen Haltung des Autors aufgegriffen: „Betrachtet man das obige Gemälde, das Samjatin im Jahre 1923 zeigt, könnte man meinen, tatsächlich einen Vertreter der enteigneten russischen Bourgeoisie vor sich zu haben. Dieser Eindruck aber täuscht. Tatsächlich war Samjatin ein Revolutionär der ersten Stunde."[68] Damit wird zum einen eine Kontextualisierung vorgenommen, die dem Bildgedächtnis potenziell widerspricht. Zum anderen könnten diese Hintergrundinformationen über den Autor den Wissensbestand der Rezipierenden erweitern und so eine neue Verortung seiner Werke evozieren.

Diese Informationen werden gleich zweifach durch externe Verlinkungen, die auf den Wikipedia-Artikel über Samjatin führen, referentialisiert und erweitert. Dabei stehen die dargelegten Informationen über den Autor in dem Blog *Turmsegler* gerade nicht separat als bloßer Speicher lexikalischen Wissens, sondern werden von Stein mit weiteren Verbindungen versehen: auf struktureller Ebene, wenn er den Eintrag durch eine interne Verlinkung in die Blog-Kategorie „Replay" einordnet; auf inhaltlicher Ebene, wenn er das nochmalige Lesen des Romans *Wir* in den Zusammenhang seiner Recherche und damit verbunden in die Gattung Dystopie eingliedert. Zudem wird der literarische Text auch bewertet[69] und mit dem Roman *1984* von George Orwell, dessen

---

67 Bspw.: „Als Quelle für ein Romanprojekt in der monologischen Methode, wie ich sie auch für das geplante Buch wieder verwenden werde, ist ein solches Buch natürlich Gold wert. Denn wenn die Personen alle aus der Ich-Perspektive berichten, wäre genau dies die Position: selbst moralisch legitimiert, frei von Irrtum, ganz einer die Not wendenden Entwicklung folgend. Wertungen bezögen sich höchstens auf andere Beteiligte." Benjamin Stein: Der Fall Wilkomirski vom 13. Januar 2008. https://turmsegler.net/20080113/der-fall-wilkomirski/ [10.12.2020].
68 Benjamin Stein: Wir vom 22. April 2009. https://turmsegler.net/20090422/wir/ [10.12.2020].
69 „Sprachlich und gestalterisch hat Samjatin mich nicht überzeugen können. Die Motivdecke ist dünn, die Dramaturgie sehr durchschaubar und vorhersehbar. Nur ganz selten blitzt sprachliche Kraft auf, bei der Beschreibung technischer Errungenschaften des ‚Einzigen Staates' etwa, wobei ich mich an die Futuristen und insbesondere Majakowski erinnert fühlte." Ebd.

Name ebenfalls zu dem entsprechenden Wikipedia-Artikel verlinkt ist, verglichen. Am Ende des Eintrags findet sich dann eine mit einer weiteren externen Verlinkung, die auf eine Seite des Verkaufsportals Amazon führt, versehene Leseempfehlung des Romans *Wir*, wodurch wiederum auf das Buch in analoger Beschaffenheit verwiesen wird.

An den Reaktionen zu diesem Post kann abgelesen werden, wie diese Praktiken des Erinnerns wirken. So erweitert z. B. der Kommentator „Yves" die von Stein behandelten Werke um ein weiteres:

> Ich habe Wladimir Sergejewitsch Solowjews ‚Kurze Erzählung vom Antichrist' nochmal gelesen. Eventuell eine Spezialform der Dystopie. Es bereitet mir Schwierigkeiten, sie einzuordnen. Sie ist sehr viel kürzer als ich sie in Erinnerung hatte – einer Art gefühlten Erinnerung – und irgendwie auch trockener, theoretischer. Anscheinend ist es mir als 15-Jährigem leichter gefallen, sie mit Leben und Bildern zu erfüllen. Trotzdem war die Lektüre auch heute irgendwie spannend und hat Interesse an Wladimir Sergejewitsch Solowjews Leben, Person und Werk geweckt.[70]

Durch diese Praktiken des Erinnerns mittels aktualisierter und geteilter Leseerfahrungen zeigt sich, wie kollektive Gedächtnisinhalte innerhalb dieses Mediums entstehen – nicht nur Bücher werden hier erinnert, auch Merkmale von bestimmten Gattungen und Schreibweisen werden aufgerufen. Der durch die Kommentarfunktion hergestellte kommunikative Austausch formiert in diesem Sinne nicht nur das Kollektiv der ‚Turmsegler', wie Stein es nennt, sondern ist auch konstitutiv für das Aushandeln der Inhalte des Gedächtnisses innerhalb des literarischen Blogs und macht diese identitätsstiftenden Prozesse vernehmbar.

Der dritte Bereich der Inszenierungspraktiken subsumiert Steins eigenes schriftstellerisches Schaffen, wobei es hier weniger um die zahlreichen geposteten literarischen Textausschnitte geht, sondern vor allem um die Inszenierung seiner Bücher. Diese sind zum einen durch die Gestaltung des Blogs permanent präsent gehalten. So ist beispielsweise im Header, der nicht nur den Schriftzug ‚Turmsegler', sondern auch thematisch passend offensichtlich alte und wertvolle Bücher abbildet, der Schatten eines Pans mit Flöte zu sehen, der nachträglich während der Arbeit an *Replay* hinzugefügt wurde und eine ständige Referenz auf diesen Roman darstellt. Zudem befinden sich in der Sidebar vier Coverabbildungen von Steins analog erschienenen Werken, wodurch sie auf jeder Seite des Blogs gegenwärtig sind. Dabei wird das Cover seines Romans *Die Leinwand* in der englischen Ausgabe *The Canvas* präsentiert, was auch auf die Verbreitung (und damit den Erfolg) seines Werkes hindeutet, und ist seiner Form des Flipbooks[71] gemäß animiert, das heißt, dass die beiden Titelbilder des Romans ständig wechseln, was die Aufmerksamkeit der Rezipierenden stark lenkt. Außerdem sind die Abbildungen mit Verlinkungen versehen, die extern zum Verbrecherverlag (*Ein anderes Blau*), intern zu

---

70 Ebd.
71 In dieser spezifischen Form werden zwei Erzählstränge in einem Werk kompositorisch so vereint, dass es hier, statt einer Vorder- und einer Rückseite, zwei Vorderseiten gibt und die Erzählstränge in der Buchmitte zusammenlaufen, sodass die Leser*innen die Freiheit haben, zu wählen, mit welcher Seite sie beginnen möchten.

der die Textgenese beinhaltenden Blog-Kategorie (*Das Alphabet des Rabbi Löw*) oder, im Fall von *Replay* und *Die Leinwand*, zu dem als ‚Seiten' betitelten Bereich des Blogs führen, der u. a. Veranstaltungshinweise, Erwerbsmöglichkeiten und Übersetzungen der Romane sowie Auszüge aus Rezensionen beinhaltet.

Steins eigene Bücher werden zum anderen auch in mehreren Beiträgen, die vor allem im Kontext ihrer Produktion stehen, inszeniert. Dazu gehört nicht nur die Fahnenkorrektur, die als Vorstufe des Buches beispielsweise mittels eines Fotos dokumentiert wird, auf dem die bereits gesetzten und händisch korrigierten Seiten abgebildet sind, sondern auch die Covergestaltung. So bemerkt Stein in einem Kommentar, dass er als Autor den literarischen Text höher bewerte, er allerdings verstanden habe, „dass ein Buch nur gelesen wird, wenn zuvor bspw. das Cover dafür gesorgt hat, dass es überhaupt zur Hand genommen und aufgeschlagen wurde"[72]. In diesem Sinne beschreiben gleich mehrere Beiträge retrospektiv das Entstehen der Cover von seinen Romanen *Die Leinwand* und *Replay*.[73] Gerade bei Letzterem ist die Betonung im Kontext der dokumentierenden Werkstattfotos, dass es sich hierbei um „Handarbeit statt Photoshopping"[74] handele, besonders interessant: Den Rezipierenden wird dergestalt nicht nur ein sonst verschlossener Einblick in die Genese der Buchproduktion eröffnet, sondern dem Medium Buch wird wiederum auch offenkundig eine bestimmte Wertigkeit zugesprochen. Ebenso wird in mehreren Beiträgen die aufwändige Gestaltung eines Buchtrailers thematisiert,[75] den Stein als „Kunstwerk für sich"[76] bezeichnet.

Somit werden in dem Blog auch die Erinnerungen an Steins eigene Bücher – vor allem anhand der aufwertenden Dokumentation ihrer Produktionsprozesse – durch immer weitere Verlinkungen zu einem Netz mit vielen Knoten ausgebaut. Der Blog fungiert damit als ein digitaler Raum des Gedächtnisses, sodass der hier praktizierten Inszenierung der Bücher immer auch eine erinnerungskulturelle Funktion inhärent ist, die zwar an den Praktiken des Symbolsystems (als intertextuellem Verweissys-

---

72 Vgl. Benjamin Stein: Fahnenkorrektur Nr. 1 vom 24. August 2011. https://turmsegler.net/20110824/fahnenkorrektur-nr-1/ [10.12.2020].
73 Vgl. Benjamin Stein: Das Leinwand-Cover vom 25. November 2009. https://turmsegler.net/20091125/das-leinwand-cover/#more-4412 [10.12.2020]; Ders.: Entwürfe für das „Replay"-Cover vom 03. Oktober 2011. https://turmsegler.net/20111003/entwuerfe-fuer-das-replay-cover/ [10.12.2020].
74 Ebd.
75 Vgl. Benjamin Stein: „Replay"-Guerilla vom 29. Dezember 2011. https://turmsegler.net/20111229/replay-guerilla/ [10.12.2020]; Ders.: „Replay"-Guerilla (II) vom 31. Dezember 2011. https://turmsegler.net/20111231/replay-guerilla-ii/ [10.12.2020]; Ders.: „Replay"-Guerilla (III) vom 04. Januar 2012. https://turmsegler.net/20120104/replay-guerilla-iii/ [10.12.2020]; Ders.: „Replay"-Guerilla (IV) vom 07. Januar 2012. https://turmsegler.net/20120107/replay-guerilla-iv/ [10.12.2020]; Ders.: „Replay"-Guerilla (V) vom 08. Januar 2012. https://turmsegler.net/20120108/replay-guerilla-v/ [10.12.2020]; Ders.: „Replay"-Guerilla (VI) vom 09. Januar 2012. https://turmsegler.net/20120109/replay-guerilla-vi/ [10.12.2020]; Ders.: „Replay"-Guerilla (VII) vom 19. Januar 2012. https://turmsegler.net/20120119/replay-guerilla-vii/ [10.12.2020].
76 Stein: Kommentar zu Belegexemplare (wie Anm. 6).

tem, durch das Literatur an sich selbst erinnert) und an denen des Sozialsystems (als institutionalisiertem Aushandlungsprozess von Kanonbildung und Literaturgeschichtsschreibung) partizipiert, die aber mit eigenen technischen und inhaltlichen Erinnerungsstrategien umgesetzt wird. Stein nutzt das öffentliche Medium als digitales Gedächtnis, wodurch die im Kontext literarischer Weblogs evozierte Herausbildung neuer Formen und Praktiken der Produktion, Distribution und Rezeption, aber auch der schriftstellerischen Selbstinszenierung, in praxi aufzeigt werden. Dabei hat auch das digitale Gedächtnis nicht die Form eines konservierenden Behälters, aus dem Erinnerungen einfach abgerufen werden können. Vielmehr besitzt es besonders durch die Hyperlinkstruktur des Blogs einen äußerst dynamischen Charakter, der stets weitere Informationen und Beiträge miteinander verbindet. Steins kohärenz- und sinnstiftende Funktion[77] ist dabei zentral, denn er wählt auf der einen Seite die zu erinnernden Bücher aus, kommentiert sie und macht sie in diesem Zusammenhang zu einem Teil des digitalen Blog-Gedächtnisses. Auf der anderen Seite stellt er die Verknüpfungen, Beziehungen und Querverbindungen zwischen verschiedenen Beiträgen her, wodurch sie mit neuen Bedeutungsebenen angereichert werden. Dabei werden die Daten nicht nur gespeichert, sondern auch mit Sinn versehen, wenn Stein die zu erinnernden Bücher in eine Narration überführt und die Rezipierenden daran passiv teilhaben oder aktiv durch die Kommentarfunktion beispielsweise von ihren Leseerfahrungen berichten und so den Inhalt des kollektiven Gedächtnisses aushandeln. D. h., dass es hier nicht allein um die externe Speicherung geht, sondern vielmehr um die Integration und Erweiterung des Wissens in bereits bestehende Wissensvorräte. Damit werden nicht nur die institutionalisierten Selektions- und Ausschließungsmechanismen der Kanonisierungsprozesse veranschaulicht, sondern auch deren Konstruktionscharakter, sodass der Blog als Erweiterung oder auch als Gegenstimme zum literarischen Feld fungiert, indem persönliche Wertungen aufgenommen werden, die bestimmte Bücher als erinnerungswürdig ausstellen. So ist der literarische Blog *Turmsegler* ein Formungs- und Formierungsmedium von Erinnerung und Wissen, ein digitaler Gedächtnisraum an der Schnittstelle zwischen individuellem und kollektivem Gedächtnis, der durch das Internet, insbesondere durch die daran geknüpften Erinnerungstechniken, neue Praktiken der Inszenierung von Büchern ausbildet.

---

77 Vgl. zu dieser Funktion auch Winko: Lost in hypertext? (wie Anm. 17), S. 528.

Marlene Meuer

Goethesche Telepathie?
Die medienkünstlerische Inszenierung von Schreib- und Lektürepraktiken in der Webseiten-Trilogie *Methodology for Writing I.-III.* des Prager Künstlers Zbyněk Baladrán

1 Einleitung – Das Buch in der Medienkunst

Zur Inszenierung des Buchs im Internet zählt auch seine Inszenierung in der Medienkunst. Hier geht es, anders als auf kommerziellen Webseiten oder in den Social Media, nicht um Vermarktungsstrategien oder um Selbstinszenierung von Individuen, sondern um poetologische, medienästhetische und künstlerische Reflexionen. Ein einschlägiges Beispiel hierfür bietet die Webseiten-Trilogie *Methodology for Writing I.-III. (metodologie psaní I.-III.)* des international mehrfach ausgezeichneten tschechischen Künstlers Zbyněk Baladrán (*1973 in Prag). Wie die nachfolgende Analyse dieser Webseiten vor Augen führt, sind Untersuchungen zur Inszenierung des Buchs in der Medienkunst weniger an literatursoziologische Perspektiven anschlussfähig als zum Beispiel an die inzwischen breite Forschung zur ‚Schreibszene',[1] wenngleich die Medienkunst das, was in der Schreibszenenforschung kartografiert wird, künstlerisch transzendiert. Auch wenn die digitale Medienkunst aus der Optik der Schreibszenen- und Schreibprozessforschung bislang kaum in den Blick geraten ist,[2] zeigen etwa neue Forschungen zur ‚Literarizität' in der Medienkunst,[3] dass die Medienkunst als solche sehr wohl auch für literaturwissenschaftliche Fragestellungen ein gewinnbringendes Terrain sein kann. Was den Gegenstand, also das Buch selbst betrifft, so wirft eine

---

1 Die Schreibszenen- und Schreibprozessforschung avancierte seit Beginn der 2000er zu einem wichtigen Gegenstand der Literatur- und Kulturwissenschaft. Die von Martin Stingelin herausgegebene Schriftenreihe *Zur Genealogie des Schreibens* zählt inzwischen 23 Bände.
2 Sowohl zu Schreibszenen im digitalen Zeitalter und im Zusammenhang mit portablen Medien als auch zum künstlerischen Charakter von Schrift existieren hingegen bereits Studien. Siehe Davide Giuriato, Martin Stingelin, Sandro Zanetti (Hrsgg.): „System ohne General". Schreibszenen im digitalen Zeitalter. München, Paderborn 2006; Martin Stingelin, Matthias Thiele (Hrsgg.): Portable Media. Schreibszenen in Bewegung zwischen Peripatetik und Mobiltelefon. München 2010; Jutta Müller-Tamm, Caroline Schubert, Klaus Ulrich Werner (Hrsgg.): Schreiben als Ereignis. Künste und Kulturen der Schrift. Paderborn 2018.
3 Siehe hierzu den Artikel von Claudia Benthien: Literarizität in der Medienkunst. In: Dies., Brigitte Weingart (Hrsgg.): Handbuch Literatur & Visuelle Kultur. Berlin, New York 2014, S. 265–284; sowie Dies., Jordis Lau, Maraike M. Marxsen: The Literariness of Media Art. London, New York 2019.

Analyse von Baladráns Webseiten-Trilogie allerdings auch die Frage auf: Geht es bei der Inszenierung des Buchs in der digitalen Medienkunst überhaupt um das Buch? Da das Buch im Netz *per definitionem* nicht als Buch in Erscheinung treten kann, sondern allenfalls als Fotografie eines Buches, als mediale Imitation oder als Aufnahme in einem Video, sind mit ihm in medienkünstlerischen Werken entsprechende Themen verbunden: Fragen nach historischem Medienwechsel, nach neuartigen literarischen Hybridformen, nach Wissensordnungen, nach Kommunikation. Dort, wo sich mediale ‚Auflösungsprozesse' des Buches Geltung verschaffen, entstehen in Form von literarisch-medienkünstlerischen Gattungshybriden zugleich neue Kunstformen des Literarischen.

2 Die Webseiteninstallation *Methodology for Writing*

Mit der Trilogie *Methodology for Writing I.-III.* bietet Zbyněk Baladrán insgesamt drei Webseiten, die Schreib- und Lektürepraktiken und ihre verschiedenen medialen Möglichkeiten in der medienkünstlerischen Inszenierung verschränken. In den Stationen der Trilogie werden sowohl die etablierten Topoi textueller Materialität aufgerufen als auch durch die Verwendung neuer medialer Möglichkeiten überschritten. Alle drei Webseiten reflektieren literarische Schreib-, Lektüre- und Kommunikationsprozesse – das ‚Buch' tritt dabei jedoch vornehmlich symbolisch in Erscheinung, und zwar als das, was Literatur repräsentiert. In einer Zeit, in der sowohl konventionelle Schreib- und Lektüreprozesse in Auflösung begriffen sind als auch das, was Literatur ist und sein kann, in neuen medienkünstlerischen Räumen neu verhandelt wird, erscheint das Buch also nicht mehr funktional, als Kommunikationsmedium, sondern als metapoetisches Symbol. Das heißt: Das Bild des Buches dient als Symbol der Reflexion darüber, was Literatur und Dichtkunst ist und was den Literaturbegriff ausmacht. In diesem Sinne ist es ein ‚meta-poetisches Symbol' im Wortsinn: ein Symbol für die Reflexion über Dichtkunst.

Der vorliegende Beitrag geht der Frage nach, an welche Medien und Vorstellungsmuster von Textproduktion und -rezeption die Trilogie anknüpft und inwiefern durch mediale und künstlerische Hybridisierung hier neue Kunstformen des Literarischen entstehen. Methodisch verbindet der Beitrag dabei Perspektiven der Interart-Studies[4]

---

4 Perspektiven der Interart-Ästhetik skizziert Fischer-Lichte 2010 einerseits unter Rückgriff auf die kulturgeschichtlich berühmten Konzepte von Lessings *Laokoon*-Schrift und Wagners Idee des Gesamtkunstwerks und andererseits, indem sie die Begriffe „Performativität, Intermedialität und Hybridisierung" (S. 28) als Fluchtpunkte künftiger Interart-Theorie reflektiert. Vgl. Erika Fischer-Lichte: Einleitung. In: Dies., Kristiane Hasselmann, Markus Rautzenberg (Hrsgg.): Ausweitung der Kunstzone. Interart Studies – Neue Perspektiven der Kunstwissenschaften. Bielefeld 2010, S. 7–29.

und der Intermedialitätsforschung[5] mit solchen der ‚Schreibszene'[6] und der Performativitätstheorie. Denn was in der Trilogie vor Augen geführt wird, das sind, vergleichbar mit der Sprechakttheorie von John L. Austin, Akte des Schreibens und der Lektüre. Nur handelt es sich hier um ‚Schreibakte', die, während sie das ausführen wovon sie sprechen, zugleich ihre medialen Kommunikationsbedingungen reflektieren. Um dies vorab an einem Beispiel aus der Trilogie zu illustrieren: In dem Kurzvideo *The Long-Ago Death of a Fly (A Methodology for Writing I.)* aus dem Jahr 2010 klaffen Wort und Bild auf den ersten Blick auseinander. Gemäß dem eingesprochenen Text beobachtet der Ich-Erzähler eine Fliege, die an einem Spätsommerabend hereinfliegt, auf dem Buch *Impressionen aus Afrika* von Raymond Roussel landet, vom Sprecher verscheucht wird und dann zu einer kleinen Wasserpfütze auf dem Tisch weiterfliegt. Das Bild des Videos zeigt hingegen etwas völlig anderes: zwei Hände, eine Schere, schwarzes Tonpapier und den Prozess des Schneidens, der das Papier in eine kunstvolle Form zerlegt. Was hier vor den Augen des Zuschauers entsteht, das ist, so weiß derjenige, der mit literaturtheoretischen Diskursen vertraut ist, lateinisch gesprochen, ein *textus*. Was Baladrán mit seinem Kurzvideo vorlegt, ist die Selbstreflexion eines Schreibaktes, der das vor Augen führt, wovon der Titel spricht und es zugleich künstlerisch überschreitet.

Inwiefern ist der Begriff der ‚Installation' für die Beschreibung von Webseiten geeignet? Er wurde hier aus der Kunstwissenschaft entlehnt, in der er eigentlich ein ortsgebundenes, raumgreifendes, dreidimensionales Kunstwerk meint; die Fläche einer Webseite ist aber nur zweidimensional und ihre beliebige Abrufbarkeit folgt eher der Logik des Archivs als derjenigen des Ereignisses. Der Begriff wurde hier deswegen gewählt, weil er einerseits das künstlerische *Arrangement* der verschiedenen Werkkomponenten betonen soll, und weil die Webseiten-Trilogie andererseits sogar Reminiszenzen einer ‚echten' Rauminstallation bietet (Abb. 1).

So kombiniert der erste Teil der Webseiten-Trilogie zwei verschiedene Werke. Es handelt sich zum einen um das Werk *Am I Blind?*, ein fiktives Gespräch zwischen Johann Wolfgang von Goethe und Johann Peter Eckermann, das ursprünglich tatsächlich eine Rauminstallation war. Das heißt: Die Webseite bietet nicht nur das Skript des

---

[5] Eine Übersicht über Konzepte der Intermedialitätsforschung bietet Dunja Brötz: Was ist komparatistische Intermedialitätsforschung? Eine Einleitung. In: Dies., Beate Eder-Jordan, Martin Fritz (Hrsgg.): Intermedialität in der Komparatistik. Eine Bestandsaufnahme. Innsbruck 2013, S. 11–40.

[6] Siehe hierzu den Beitrag von Rüdiger Campe: Die Schreibszene, Schreiben. In: Sandro Zanetti (Hrsg.): Schreiben als Kulturtechnik. Grundlagentexte. Berlin 2012, S. 269–282; außerdem Martin Stingelin (Hrsg.): „Mir ekelt vor diesem tintenklecksenden Säkulum". Schreibszenen im Zeitalter der Manuskripte. München 2004 (Zur Genealogie des Schreibens; 1); Davide Giuriato, Martin Stingelin, Sandro Zanetti (Hrsgg.): „Schreibkugel ist ein Ding gleich mir: von Eisen". Schreibszenen im Zeitalter der Typoskripte. München 2005; Christine Lubkoll, Claudia Öhlschläger: Einleitung. In: Dies. (Hrsgg.): Schreibszenen. Kulturpraxis – Poetologie – Theatralität. Freiburg im Breisgau 2015, S. 9–21; sowie die Reflexionen in der Einleitung und die bibliographischen Angaben in den Anm. 1 und 2.

138 Marlene Meuer

Abb. 1: Die Webseite *Methodology for Writing I*. © Zbyněk Baladrán

Dialogs, sondern zeigt auch Fotos von diesem Skript, auf welchen zu sehen ist, wie es in zehnfachem Papierausdruck auf einer Schiene von der Decke hängt und längs einer Wand aufgereiht präsentiert wird. Dass diese Rauminstallation gegenüber dem ‚puren Text' den Vorrang hat, bringt die Werkbezeichnung unter dem Titel von *Am I Blind?* zum Ausdruck. Dort heißt es: „metal bar, print on paper, 2mx0,30m / 2011". Dem Dialog zwischen Goethe und Eckermann auf derselben Webseite zugeordnet ist ein zweites Werk, das bereits erwähnte Kurzvideo mit dem Titel *The Long-Ago Death of a Fly*, bei dem es sich zumindest insofern um den ‚eigentlichen' ersten Teil der ‚Methodenlehre des Schreibens' handelt, als es früher entstanden ist; es stammt aus dem Jahr 2010. Dieses Video trägt überdies den expressiven Untertitel *A Methodology for Writing I*. Das folgende Kapitel widmet sich einer Analyse dieses Kurzvideos; das daran anschließende Kapitel wendet sich dem Dialog *Am I Blind?* zu.

3 Das Kurzvideo *The Long-Ago Death of a Fly*

Die verblüffende Besonderheit des Kurzvideos *The Long-Ago Death of a Fly* ist,[7] dass es einen Schreibakt im Wortsinn vor Augen führt – und doch etwas ganz anderes zeigt, als man erwarten würde. In welcher Form tritt der Text hier in Erscheinung? Darauf lassen sich mehrere Antworten geben. Zunächst die offensichtlichen: Der Text wird im Video eingesprochen, auf Tschechisch. Das Video bietet zudem englische Untertitel. Außerdem ist der Text, mit „Script" überschrieben, auch auf der Webseite selbst nachzulesen; das „Script" wurde dort unter dem Video platziert. Bevor wir uns einer vertieften Reflexion darüber zuwenden, welches Verständnis von ‚Text' und welchen Textbegriff das Werk vermittelt, sei kurz resümiert, wovon er überhaupt erzählt: Die Prosaminiatur rückt wie im Vergrößerungsglas die Erscheinung einer Fliege in den Fokus, und mehr ‚Handlung', als einleitend bereits resümiert, bietet sie nicht: Die Erzählung beginnt mit der Beschreibung ihres Aussehens, blickt in die Vergangenheit nur insoweit zurück, als erwähnt wird, wie sie an einem Sommernachmittag hereinflog, und verfolgt dann einige wenige Stationen der Fliege durch den Raum, wobei jedes Mal minutiös die Erscheinung und das Verhalten der Fliege geschildert wird. An insgesamt nur zwei Stellen im Raum lässt sich die Fliege nieder, auf dem Cover des Buches „Impressions of Africa by Raymond Roussel" und auf einer „small puddle of water a few centimeters away which had been spilled on the smooth laminated table". Auch wenn das, was der Videoclip audiovisuell als Textproduktion vorführt, von den Bildern abweicht, deren Imagination der eingesprochene Text evoziert, so bietet auch dieser plastische Erinnerungen an eine Schreibszene. Die wenigen Gegenstände, die der Sprecher erwähnt, sind das Buch, das auf dem Tisch liegt, und die Wasserpfütze daneben. Es handelt sich um Utensilien, die zu einer Schreibszene passen: Sie rufen den Gedanken an einen konzentrierten und angestrengten Autor hervor, der sich mit dem, was er schreibt, in Schreibtraditionen einreiht. Hat er vor lauter Konzentration und Selbstversunkenheit sogar sein Wasserglas verschüttet? Von einem Wasserglas ist hier nicht die Rede, aber dieses würde zum Interior einer Schreibszene passen und die kleine Wasserpfütze auf dem Tisch erklären. Auch dass er das Wasser nicht aufgewischt hat, fügt sich ins Bild des völlig auf seine Schreibtätigkeit konzentrierten Autors. Doch besondere Beachtung gilt dem Buch, denn dieses bringt zum Ausdruck: Der Autor ist zugleich Leser. Mit den Utensilien einer Schreibszene: Tisch, Buch, Wasser(-glas), findet sich also eine leise Anspielung an eine tätige Autorfigur in der Szene, von welcher der Text erzählt. Doch visuell tritt der Text auf einer völlig anderen Ebene in Erscheinung: Als Papier, das durch zwei Hände und eine Schere in ein ‚Gewebe' zerlegt wird (Abb. 2).

---

7 Zbyněk Baladrán: The Long-Ago Death of a Fly. (A Methodology for Writing I.). [Original: Dávná smrt mouchy (metodologie psaní I.)] 3'16", HDV, 2010. http://www.zbynekbaladran.com/methodology-for-writing/ [23.01.2021].

140 Marlene Meuer

Abb. 2: Detail aus dem Video *The Long-Ago Death of a Fly*, 3'16", HDV, 2010. © Zbyněk Baladrán

Der eingesprochene Text gliedert sich in insgesamt drei Teile. Zwei Mal markiert der Wechsel der Sprechsituation eine Zäsur: „I stop writing" und „Once again I stop writing" lauten die Sätze, welche die beiden Zäsuren bilden. Diese Sätze erst geben darüber Aufschluss, dass hier eigentlich eine Szene der Textproduktion vor Augen geführt wird: Das, was entsteht, ist jener Text über die Fliege. Daran lässt auch die audiovisuelle Komposition des Videos keinen Zweifel, indem die beiden Hände, welche im Videoclip zu sehen sind und die das schwarze Tonpapier mit einer Schere zerschneiden, jedes Mal dann eindrucksvoll innehalten und pausieren, wenn der Sprecher sagt: „I stop writing." Dass die Textproduktion visuell als Entstehung eines Papiergefüges vor Augen geführt wird, erscheint mit Blick auf die Etymologie des Wortes, von lateinisch *textus*, sowohl konsequent als auch überraschend.[8] *Textus* hieß zuerst ‚Geflecht, Gewebe'; später, im übertragenen Sinn, ‚Gefüge'; bevor es die heutige Bedeutungsdimension ‚Zusam-

---

8   Aage A. Hansen-Löve schlägt drei Korrelationstypen von Literatur und Bildender Kunst vor; vgl. Aage A. Hansen-Löve: Intermedialität und Intertextualität. Probleme der Korrelation von Wort- und Bildkunst am Beispiel der russischen Moderne. In: Wolf Schmid, Wolf-Dieter Stempel (Hrsgg.): Dialog der Texte. Hamburger Kolloquium zur Intertextualität. Wien 1983, S. 291–360, hier S. 303–306; vgl. hierzu auch die Erläuterungen von Brötz: Intermedialitätsforschung (wie Anm. 5), S. 28–33. Gemessen an diesen Klassifikationsformen würde es sich hier um den zweiten Typus handeln: Um die „Transfiguration von *semantischen* Komplexen" (Hansen-Löve: Intermedialität, S. 304; vgl. hierzu Brötz: Intermedialitätsforschung (wie Anm. 5), S. 29.

menhang der Rede, Text' annahm.⁹ An dieses semantische Spektrum erinnert das an sich puristisch wirkende Kurzvideo, nicht im strengen sprachgeschichtlichen Wortsinn, sondern eher auf einer assoziativen Ebene. Es zeigt, wie Papier *Struktur* erhält. Schneiden erscheint hier als Sinnbild der ‚textuellen' Formgebung. Besonders plastisch wird dieser Vorgang dadurch, dass es sich nicht um dünnes, weißes DIN-A4-Papier handelt (die vielleicht konventionellste Form der papiernen Textverbreitung), sondern um etwas größeres und festes, schwarzes Tonpapier. Die Struktur, die dieses Papier durch die Schere erhält, ist folglich nicht die eines *textilen* Gewebes; es entsteht kein Stoff aus kreuzförmig gewebten Fäden. Vielmehr ist das Gefüge sehr viel komplexer: Die Schere zieht mitunter Kreise, piekst die Ränder an, das Papier wird gefaltet und geknickt. Das Sinnbild, das für die Entstehung eines Textes gewählt wird, erinnert also an konventionelle Sprachbilder und weicht zugleich von ihnen ab. Denn es entfernt sich nicht nur von der ursprünglichen Wortbedeutung des *Webens* (immerhin seit der Antike eine weit verbreitete Metapher für die Textproduktion), sondern auch von einer Visualisierung, die als allererstes naheliegen würde: *das Beschreiben von Papier*. Das Papier wird hier nicht beschrieben, sondern es erhält eine mehrdimensionale Struktur. So lässt sich die eigenwillige Visualisierung vielleicht am ehesten als Kompositum aus zwei verschiedenen Metaphern erklären. Doch besonders bemerkenswert erscheint: Wenn man der hier vorgeschlagenen Interpretation folgt und die visuelle Darstellung des Videos als Metapher für die Entstehung eines ‚Textus' deutet – dann ist auffallend, dass die Reflexionsfigur des Textes, selbst in größter Abstraktion und virtuellen Räumen, hier an die Vorstellung von Papier gebunden bleibt. – Die Verknüpfung des Papiers mit der Vorstellung von Textproduktion ist aber vermutlich auch das Einzige, was konventionelle Erwartungen erfüllt. Im Ganzen läuft die visuelle Darstellung des Kurzvideos dem, was man erwarten würde, zuwider. Auch auf Inhaltsseite der Erzählung kehrt sich die Erwartungshaltung in den letzten beiden Sätzen um: Nicht die Autorfigur erscheint nunmehr als Herr über das Geschehen, vielmehr scheint die Fliege diese Rolle des aktiv Handelnden übernommen zu haben. „A few weeks later I return to the fly. It's still here. / It is waiting patiently on a teaspoon and watching me", so lauten die letzten Sätze der Prosaminiatur. Die Fliege ist nicht Gegenstand der Ablenkung, sondern der konzentrierten Beobachtung. Sie ist die Protagonistin der literarischen Erzählung. Schon dies könnte überraschen und konventionellen Erwartungshaltungen zuwider laufen. Doch in den Schlusssätzen gewinnt sie abermals an Bedeutung, indem sich sogar dieses Verhältnis umkehrt: Nicht die Autorfigur beobachtet die Fliege, sondern umgekehrt: Die Fliege beobachtet den Autor.¹⁰ Die Autorfigur diffundiert

---

9   Ein früher Schritt ist, dass *textus* auch für Sachen angewendet wird, die mit Weben nichts oder nichts mehr zu tun haben. So sagt Vergil über den Schild des Aeneas, der eine Schmiedearbeit ist, dass es sich bei den Bildern, die darauf dargestellt sind, um ein „non enarrabile textum" handele (Aen. 8,625).
10 Als Spiegelung dieses Rangverhältnisses lässt sich auch der Umstand deuten, dass die Fliege, als sie zum zweiten Mal auf dem Buchcover landet, ausgerechnet auf dem Portrait des Autors Platz nimmt.

hier in ihr eigenes literarisches Kunstwerk. – Dass der Erzähler der Prosaminiatur, der im Rahmen der Erzählung die Rolle eines Schriftstellers innehat, nicht mit dem realen Autor gleichzusetzen ist – diese Perspektive folgt nicht nur einer erzähltheoretischen Binsenweisheit, sondern lässt sich überdies nicht auf den Charme der Prosaminiatur ein, die einem postmodernen Gedankenspiel folgt, frei nach Derrida: „Il n'y a pas de hors-texte". – Realität erlangt hier nur das, was ‚textuell' Gestalt annimmt.

Wie einleitend bereits pointiert, handelt es sich bei diesem Kurzvideo um einen Akt des Schreibens, vergleichbar mit der Sprechakttheorie Austins: Was dargestellt wird, ist der Vollzug dessen, was der Titel des Kurzvideos ankündigt: *A Methodology for Writing I*. Statt eine Methodenlehre des Schreibens theoretisch zu erörtern, führt das Video konkret die Entstehung eines Textus, das heißt: einer Sprach- und Formkomposition, vor Augen. In diesem Sinne handelt es sich um einen symbolischen Akt, der in seinem Vollzug das hervorbringt, worauf er hinweist,[11] und folglich, in gewisser Hinsicht, um ein Musterbeispiel des Performativen. Austin bezeichnet Sprachhandlungen, die tun, was sie gleichzeitig beschreiben und dabei wirklichkeitsverändernd wirken, auch als ‚explizite Performativa'[12] und Erika Fischer-Lichte charakterisiert deren Eigenschaften mit Blick auf Austins Theorie als „selbstreferentiell" und als „wirklichkeitskonstituierend".[13] Es mag verwundern, dass das literarische Kurzvideo von Baladrán so stark an diese Eigenschaften des Performativen erinnert.[14] Wie lässt sich dies erklären? Vermutlich eher nicht mit dem sogenannten *Performative turn* und der damit verbundenen Verbreitung performativitätstheoretischer Theorien seit den 1990er Jahren. Näher liegen drei andere Antworten: Zum Ersten partizipiert dieses Werk an einem mediengeschichtlichen Aushandlungsprozess darüber, was ein Text überhaupt ist. Das Performative wird also durch die mediengeschichtliche Umbruchssituation plausibel und erweist sich begrifflich als eine nachträgliche Zuschreibung.[15] Dies ist die eine mögliche Antwort. Als andere mögliche Antwort liegt, zum Zweiten,

---

11 Vgl. Erika Fischer-Lichte: Performativität. Eine Einführung. 2. unveränd. Aufl. Bielefeld 2013 (Edition Kulturwissenschaft; 10), S. 44.

12 John L. Austin: How to Do Things with Words. The William James Lectures Delivered at Harvard University in 1955. Nachdr. d. 2. Aufl. Oxford 1992, S. 32: „*explicit* performatives" (Hervorhebung im Original).

13 Erika Fischer-Lichte: Ästhetik des Performativen. Frankfurt am Main 2004 (edition suhrkamp; 2373), S. 38.

14 Gemessen an der von Klaus W. Hempfer differenzierten Terminologie von *Performance*, *Performanz* und *Performativität* handelt es sich nicht nur um die *Ausführung*, sondern zugleich auch um die (künstlerische) *Aufführung* und *Inszenierung* eines Schreibaktes. Vgl. Klaus W. Hempfer: Performance, Performanz, Performativität. Einige Unterscheidungen zur Ausdifferenzierung eines Theoriefeldes. In: Ders., Jörg Volbers (Hrsgg.): Theorien des Performativen. Sprache – Wissen – Praxis. Eine kritische Bestandsaufnahme. Bielefeld 2011 (Edition Kulturwissenschaft; 6), S. 13–42; hier S. 14f.

15 Textsorten mit mediengeschichtlichem Verhandlungscharakter klassifizieren Anna Bers und Peer Trilcke unter dem Schlagwort „*Performativität von Texten*". Vgl. Anna Bers, Peer Trilcke: Einleitung. Lyrik und *Phänomene des Performativen*. Problemaufriss, theoretische Perspektiven und Vorschläge zu einer künftigen Terminologie. In: Dies. (Hrsgg.): Phäno-

die Annahme nahe, dass der Prager Medienkünstler seinem Kurzvideo eine besondere literarische Qualität einschreiben wollte, indem er die Selbstreferentialität zu dessen Grundidee machte. Denn dieses Paradigma spielt in den literaturtheoretischen Debatten bis heute eine Rolle, und es geht, wie hier besonders hervorzuheben ist, auf Denker in unmittelbarer Nachbarschaft zurück, auf den Prager Strukturalismus und namentlich auf Roman Jakobson.[16] Selbstreferentialität meint das Rückverweisen der poetischen Funktion auf die Mitteilung und gilt als Charakteristikum von Poetizität, wie Jakobson in seiner Schrift *Linguistik und Poetik* von 1960 wirkungsmächtig expliziert hat.[17] Mit Blick auf die Selbstreferentialität ist also eine Konvergenz zwischen strukturalistischer Literaturtheorie und Performativitätstheorie zu verzeichnen.[18] Selbstreferentielle Sprechakte und poetisches Sprechen erweisen sich als verwandt, und dass dieses Video so deutlich als Sprechakt erscheint, resultiert daher, dass es, anders als ein schriftlicher Text, durch das audiovisuelle Medium in der literaturtheoretischen Metapher des Textus seine Selbstreferentialität wortwörtlich vor Augen führen kann. Wie lässt sich dieses Kunstwerk am besten gattungstheoretisch klassifizieren? Es könnte als metapoetisches oder poetologisches Videokunstwerk bezeichnet werden. Gemäß Aage A. Hansen-Löves Klassifikationstypen von Intermedialität lässt sich dieses Werk dem dritten Typus zuordnen,[19] das heißt, es handelt sich um eine tatsächliche Hybridform der Kunstarten, und demgemäß sind seine charakteristischen Merkmale: „maximale autoreflexive, autoreferentielle Funktion; das Bild wird zum Meta-Meta-Zeichen".[20] Zum Dritten sei erwähnt, dass der Künstler nicht nur an theoretische, sondern auch an künstlerische Traditionen anschließen kann. Denn die aktive künstlerische „Freilegung des Medialen" ist, wie Boris Groys erläutert, eine „avantgardistische Grundfigur".[21] Ein bekannter Vertreter der tschechischen Avantgarde war Karel Teige (1900-1951),

---

mene des Performativen in der Lyrik. Systematische Entwürfe und historische Fallbeispiele. Göttingen 2017, S. 9-58; hier S. 49.

16 Zu Jakobsons Konzept von ‚Poetizität' siehe den Artikel von Hendrik Birus: Poetizität und Philologie. Roman Jakobson. In: Ralf Simon (Hrsg.): Grundthemen der Literaturwissenschaft. Poetik und Poetizität. Berlin, Boston 2018, S. 314-328; sowie zusammenfassend ebd. Ralf Simon: Poetik und Poetizität. Übersicht, historischer Abriss, Systematik, S. 3–57, hier S. 20–23 und S. 30–37.

17 Vgl. Roman Jakobson: Linguistik und Poetik [1960]. In: Ders.: Poesie der Grammatik und Grammatik der Poesie. Sämtliche Gedichtanalysen. Kommentierte deutsche Ausgabe. Bd. 1. Hrsg. v. Hendrik Birus und Sebastian Donat. Berlin, New York 2007, S. 155–216, hier S. 168.

18 Siehe hierzu Bers, Trilcke (Hrsgg.): Lyrik (wie Anm. 15), S. 24–26.

19 Zu Hansen-Löves drittem Klassifikationstypus von Intermedialität und dessen Aktualität vgl. Brötz: Intermedialitätsforschung (wie Anm. 5), S. 30.

20 Hansen-Löve: Intermedialität (wie Anm. 8), S. 304.

21 Boris Groys: Unter Verdacht. Eine Phänomenologie der Medien. München, Wien 2000, S. 96. Siehe hierzu auch Torsten Jost: Zum Zusammenspiel von Medialität und Performativität. Oder: Warum noch Hoffnung für das Theater besteht. In: Hempfer, Volbers (Hrsgg.): Theorien des Performativen (wie Anm. 14), S. 97–114, hier S. 97f. Zum Zusammenhang von Performativität und Medialität siehe außerdem Sybille Krämer: Was haben ‚Performativität' und ‚Medialität' miteinander zu tun? Plädoyer für eine in der ‚Aisthetisierung' gründende

und schon dessen Bildpoesie entstand in der direkten Auseinandersetzung mit den theoretischen Positionen von Roman Jakobson.[22]

Resümierend lässt sich sagen, dass sich in diesem Kurzvideo einerseits der mediale ‚Auflösungsprozess' des Buches Ausdruck verschafft und das Buch doch präsent bleibt: Nicht nur ist das Buch ein Gegenstand der Erzählung (die Fliege landet auf einem Buch von Raymond Roussel), sondern auch die sinnbildliche ‚Methodenlehre des Schreibens' greift im Zuge ihrer Metaphorisierung des literarischen Formgebungsprozesses auf Material aus dem Umfeld des Buches zurück: auf Tonpapier. Wenn eine Leitthese dieses Beitrags lautet, dass sich dort, wo sich mediale Verwandlungen des Buches vollziehen, zugleich neue Kunstformen des Literarischen heranbilden, dann soll zusammenfassend auch festgehalten werden, auf welche Weise ‚Literatur' in diesem Werk präsent ist. Vier verschiedene Formen lassen sich unterscheiden: Inhaltlich haben wir es mit zwei Kunstwerken zu tun: mit dem literarischen Text über die Fliege als Binnenkunstwerk und mit dem metapoetischen Gesamtwerk, das auch die selbstreflexiven Rahmungen einschließt. Auch materiell und medial wird das Literarische auf doppelte Weise dargestellt: Einerseits auditiv als eingesprochener Text und andererseits visuell als eine Metapher, die darstellt, wie Papier im Zuge des ‚Schreibens' eine kunstvolle Form erhält. Auch in dieser Hinsicht lässt sich das Werk als ‚performativ' betrachten: Es reflektiert, wie ein Text entsteht und medial in Erscheinung treten kann, und partizipiert damit nicht nur an einem mediengeschichtlichen Aushandlungsprozess darüber, was ein Text überhaupt ist und sein kann, sondern führt zugleich das künstlerische Produkt vor Augen.

4 Der Dialog *Am I Blind?*

In anderer medialer Darbietung beigeordnet ist diesem künstlerischen Kurzvideo der fiktive Dialog zwischen Goethe und Eckermann,[23] nämlich sowohl in schriftlicher Form als auch in ostentativer Erinnerung an die Ära des bedruckten Papiers.[24] Das Typoskript des Textes wird als schriftlicher Text ausgestellt, nicht nur als Skript auf der Webseite, sondern auch in zehnfachem Papierausdruck in einer Rauminstallation, an welche die Webseite mit insgesamt zwei Fotografien erinnert (siehe Abbildung 1).

Konzeption des Performativen. In: Dies. (Hrsg.): Performativität und Medialität. München 2004, S. 13–32.

22 Siehe hierzu Jeanette Fabian: „Gedichte der Stille". Experimentelle Bildpoesie in der tschechischen Moderne. In: Klaus Schenk, Anne Hultsch, Alice Stašková (Hrsgg.): Experimentelle Poesie in Mitteleuropa. Texte – Kontexte – Material – Raum. Göttingen 2016, S. 91–116.

23 Der Dialog greift Elemente aus Eckermanns *Gesprächen mit Goethe* auf, besonders deutlich sind die Bezüge zum Gespräch vom 7. Oktober 1827, aus dem mitunter fast wörtlich zitiert wird. Die Gesamtkomposition des Textes, insbesondere die sich vollziehenden telepathischen Vorgänge und Zeitsprünge, weisen den Dialog aber als ein selbstständiges fiktionales Kunstwerk aus.

24 Zbyněk Baladrán: Am I Blind? Metal Bar, Print on Paper, 2mx0,30m, 2011. http://www.zbynekbaladran.com/methodology-for-writing/ [23.01.2021].

Ferner wurde auch die Lesefassung des Textes fotografiert. In der englischen Version der Webseite findet sich der gleiche Text zweimal auf Tschechisch und einmal auf Englisch.[25] Und doch illustriert gerade die fotografische ‚Ausstellung' des Typoskripts im digitalen Medium, dass sich das Zeitalter des Papiers überlebt hat. Denn in der digitalen Vermittlung tritt es nun einmal nicht als Papier in Erscheinung, sondern als fotografisches Abbild des papiernen Typoskripts. Der Titel dieses Textes lautet *Am I Blind?* und in ihm diskutieren Goethe und Eckermann das Thema der übersinnlichen Kommunikation.

Die mediengeschichtliche Entstehungsfolie dieses Werks korreliert mit seinem Thema: Wenn sich das Buch in virtuellen Räumen auflöst, dann gewinnt die Frage nach amedialer Gedankenübertragung neue Aktualität. Die Frage nach den Möglichkeiten der Telepathie verschränkt hier drei Themen: Das ist zum Ersten dasjenige der Kommunikation, zum Zweiten eine Medienreflexion und zum Dritten, wie die beiden Figuren deutlich aussprechen, eine Kritik der Sinne.[26] Mit jedem dieser drei Themen verbunden ist dasjenige der Wahrnehmung. Dies sei hier nur deswegen nochmal eigens erwähnt, weil die Wahrnehmung auch eines der zentralen Themen in der Performativitätstheorie ist. Fischer-Lichte stellt die Wahrnehmung als herausragenden Bestandteil performativer Prozesse dar, einerseits, weil sie darüber entscheidet, wie der Betrachter am Performativen partizipiert, wie die Ambivalenz des Performativen aufgehoben wird und welche Wirkungen sie zeitigt. Andererseits, weil sich auch Wahrnehmung selbst als performativer Prozess beschreiben lässt, der insofern durch Ambivalenz gekennzeichnet ist, als er beständig zwischen der phänomenologischen Erscheinung der Dinge und ihrer semiotischen Bedeutung oszilliert.[27] Der Schlüsselbegriff Ambivalenz ist hervorzuheben: Er könnte geradezu zum analytischen Paradigma einer Interpretation dieses Dialogs und seiner medialen ‚Ausstellung' verwendet werden. Dieses Werk wirft zahlreiche Perspektiven auf, ist vieldeutig, ja, mutet mitunter sogar widersprüchlich an. Der Text lässt zwei historische Figuren auftreten und ein fiktives Gespräch führen. Aber dadurch kreiert er keineswegs eine in sich geschlossene Geschichtsfiktion; die historischen Reminiszenzen verbürgen noch keineswegs Glaubwürdigkeit oder Plausibilität. Im Gegenteil: Der Bruch mit der Wahrscheinlichkeit vollzieht sich auf mehreren Ebenen. Erstens, indem ‚telepathische' Gedankenübertragung einerseits im Rahmen des Textes performativ ‚vorgeführt' und andererseits durch die mediale ‚Vorführung' des Textes performativ widerlegt wird. Zweitens, indem Figuren aus der Geschichte des Denkens auftreten, doch ohne dass der Text damit eine simultan in sich stimmige Geschichtsfiktion bietet.

---

25 Nur in der tschechischen Version der Webseite wurde der Text auch unmittelbar auf die Seite getippt.
26 Auch dieses Motiv wurde direkt aus Goethes Werk entlehnt. Die Forderung nach einer „Kritik der Sinne" fällt in dem Altersroman *Wilhelm Meisters Wanderjahre* von 1829 und wurde in die Ausgabe Goethescher *Maximen und Reflexionen* als Nr. 468 übernommen.
27 Fischer-Lichte: Performativität (wie Anm. 11), S. 101f.

Zum Thema der Telepathie passt die Unmittelbarkeit, in Gérard Genettes Worten: der ‚dramatische' Modus, welcher den Text prägt.[28] Der Rahmenteil gibt den Dialog zwischen Goethe und Eckermann in einer personalen Erzählsituation wieder, die von Eckermanns Perspektive ausgeht. Nicht nur durch die Erzählsituation ist Eckermanns Perspektive derjenigen von Goethe übergeordnet, sondern dies gilt auch für die Darstellung und Abwägung dessen, was die beiden Figuren sagen. Goethes Einschätzungen werden durch dieses Werk mehrfach widerlegt: sowohl durch das, was innerhalb des fiktiven Dialogs besprochen wird, als auch durch das Gesamtarrangement der Webseiteninstallation. Welche Struktur weist der kurze Text auf? Mehrfach werden Dichtungen zitiert und mehrfach versenkt sich Eckermann in sein eigenes Innere. Auf diese Weise strukturiert das Thema der Gedankenübertragung auch den kurzen Text. Insgesamt drei Mal kommt als einziges Zeichen in einer Zeile die Folge eines dreifachen Punktes „..." zum Einsatz und erscheint als markante graphische Zäsur. Dieserart typographisch abgetrennt, gliedert sich der Text optisch in vier und strukturell in drei Teile. Die strukturelle Dreiteilung ergibt sich durch die Rahmung: Der Text beginnt und endet mit dem Gespräch zwischen Eckermann und Goethe. In der Mitte finden sich, unmittelbar hintereinander, zwei Einschübe, die sowohl untereinander als auch vom Goethe-Eckermann-Dialog mit der Interpunktion „..." als Zeichen für eine Auslassung abgetrennt werden. Hierbei handelt es sich um zwei verschiedene Vorgänge im Inneren von Eckermann. Dass es sich um Eckermanns Innenperspektive handelt, die hier eingenommen wird, wird dadurch deutlich, dass die ersten und letzten Sätze vor und nach den mit „..." abgetrennten Einschüben „Eckermann closed his eyes" und „Eckermann opened his eyes" lauten. So weit die Struktur und Gliederung des Textes. Nun zur Analyse der Thematik: Wie wird das Thema der Telepathie in dem Text dargestellt? Welche Perspektiven und Einschätzungen kommen zum Ausdruck?

Eckermann sind die ersten Worte vorbehalten, die das Thema der Telepathie mit folgender Leitfrage vorgeben: „What do you think, can people communicate to each other over distances?" Goethe versichert sich daraufhin, dass er die Frage richtig versteht und Eckermann die Kommunikation ohne jegliche mediale Hilfsmittel meint: „Certainly you are thinking about communication without signal flags, mirrors, smoke signals and the like?" Eckermann bekräftigt: „Yes, that's what I was thinking. That feeling that even if I am separated from someone, I can still send him my thoughts." Wie reagiert Goethe daraufhin? „Goethe appeared to be in a dream". Soll dieser Satz heißen, dass bereits diese Überlegung bewusstseinsverändernd auf Goethe wirkte? Oder vielmehr, *dass es Eckermann so schien*, also dass das Thema auf *Eckermann* entwirklichenden Charakter hat? Und dass Goethe schlichtweg ‚geistesabwesend' war und wenig an der Situation teilnimmt? – Zum Ende des Dialogs stellt sich erneut die Frage, in welcher Form Goethe tatsächlich an den sich vollziehenden telepathischen Vorgängen Anteil hatte: Zum Schluss scheint es, als hätten die beiden aneinander vorbeigeredet. Aber wie ist das zu bewerten? War Goethe in einer ‚Parallelwelt'?

---

[28] Ein Kennzeichen ist etwa die direkte Figurenrede mit *verbum dicendi* im Rahmenteil.

Nach einiger Zeit erwidert Goethe auf Eckermanns Frage:

> ‚With lovers, this magnetic power is particularly strong, and acts even at a distance. In my younger days I have experienced cases enough, when, during solitary walks, I have felt a great desire for the company of a beloved girl, and have thought of her till she has really come to meet me. „I was so restless in my room", she would say, „that I could not help coming here."'

Daraufhin führt der Text die erste Form der amedialen Gedankenübertragung vor. – Es handelt sich um die *Erinnerung an einen Text*:

> A poem of quite contrary sentiments recently written by the master crossed Eckermann's mind, but he kept his amusement to himself.
> ‚You walked by? Ach. I did not see you!
> You returned and I didn't see you pass by!
> Oh lost moment, three times alas!
> Am I blind? How could this have happened?'[29]

Schon hier vollzieht sich eine amediale Gedankenübertragung: Eine ‚Eingebung' von fremdem Gedankengut. Insofern spielt diese Partie auch auf den Topos von Eckermanns ‚Kongenialität' an. Seine ‚telepathische' Verbindung zu Goethe stellt zudem der folgende Satz heraus: „Then he closed his eyes for a moment, but had a strange feeling as if someone else was opening them." Und wer ist es, der vermittels seiner geistigen Kraft Eckermanns Augen öffnet? Natürlich niemand anderes als Goethe: „‚Someone should write a critique of the senses,' noted Goethe. Eckermann quickly opened his eyes and looked at him in surprise". Die Sinne gelten als die wichtigsten Informationsüberträger des Menschen, doch wenn Gedankenübertragung auch ohne Medien – und das heißt: auch übersinnlich – erfolgen kann, ist dann nicht eine neue Bewertung der menschlichen Sinne vonnöten? An Immanuel Kant, an den Autor der drei großen Kritiken, muss Eckermann unverzüglich denken. Goethe meint hingegen, Humboldt hätte ein solches Buch schreiben sollen. Eckermann denkt daraufhin an einen orientalischen Wissenschaftler. Dieser Disput darüber, wer der adäquate Autor eines Werks über die ‚Kritik der Sinne' wäre, illustriert, mit welch unterschiedlicher Ernsthaftigkeit sich Eckermann und Goethe mit dem Thema der Telepathie auseinandersetzen: Eckermann erwägt mit Kant den größten und bekanntesten Philosophen unter den Zeitgenossen oder einen orientalischen Philosophen – also entweder überragende Rationalität oder Spiritualität. Goethe hingegen begründet seinen Gedanken an Humboldt damit, dass dieser immer für alles eine schnelle Antwort parat gehabt hätte, „[h]e always had a quick answer for everything." Und als Eckermann den Gedanken an einen orienta-

---

29 Das Gedicht entstammt dem Kreis von sechs kleinen Gedichten für Ulrike von Levetzow und ist 1832 anlässlich von Goethes Aufenthalt in Marienbad entstanden. Vgl. Johann Wolfgang Goethe: Sämtliche Werke. Briefe, Tagebücher und Gespräche. Vierzig Bände. Hrsg. v. Friedmar Apel, Hendrik Birus, Anne Bohnenkamp u. a. Frankfurt am Main 1987-99, hier Bd. II, S. 1150. Das Original lautet: „Du gingst vorüber? Wie! ich sah dich nicht; / Du kamst zurück, dich hab' ich nicht gesehen – / Verlorener, unglücksel'ger Augenblick! / Bin ich denn blind? Wie soll mir das geschehen?" (S. 593).

lischen Wissenschaftler äußert, unterbricht Goethe ihn mit den Worten „What made you say that", was zwar wieder den Gedanken an eine ‚Eingebung' evoziert, diese aber zur bloßen Redensart abflacht. Statt Vertrauen in geistige Begabungen, demonstriert Goethe anschließend expressis verbis Skepsis gegenüber der Zukunft des Denkens: „There will be no more Avicennas born in the Orient…". In eklatantem Kontrast zu Goethes leichtsinnigen und skeptischen Äußerungen folgen gerade an dieser Stelle im Text Eckermanns telepathische Visionen. In ebenso auffälligem Kontrast zu dem, was Goethe hier sagt, steht das, was Eckermann antizipiert – dazu nachfolgend mehr. Dass es sich beim Mittelteil des Dialogs um ekstatische Entrückungen, um Bewusstseinsverlust handelt, wird im Anschluss explizit zum Ausdruck gebracht. Eckermann schließt und öffnet die Augen, und im Anschluss an die beiden ‚Visionen' heißt es, „he had a feeling that he had nodded off to sleep for a moment".[30] Inwiefern ist es gerechtfertigt, bei den beiden Einschüben, um eine ‚Bewusstseinsüberschreitung' zu sprechen? Der Begriff scheint insofern gerechtfertigt, als sich narrativ eine klare Veränderung der Erzählsituation vollzieht. Zwar sind sowohl der Rahmen als auch die Binnenteile intern fokalisiert – der Erzähler weiß so viel wie Eckermann –, doch findet im Binnenteil ein einschneidender Wechsel des Schauplatzes statt. Es vollzieht sich eine externe Prolepse, ein Zeitsprung in die Zukunft, der sich nicht mit der erzählten Zeit deckt. Wovon erzählen die beiden Einschübe? Sie bieten Beispiele für Telepathie, Gedankenübertragung ohne mediale Hilfsmittel. Der erste Einschub bildet die sukzessive Übertragung von dichterisch Gedachtem im Verlauf der Zeiten durch die Form des Zitierens ab. Es handelt sich um die Schlussstrophe von Goethes Gedicht *An Suleika* aus dem *West-östlichen Divan* (1819):

> ‚Am I to grieve with all this pain,
> Though breast rise in ever greater exaltation?
> Yet a myriad of souls
> Did set Tamerlane's empire aflame'.[31]

Eingeleitet wird diese Strophe durch den Satz „Goethe quoted by Marx and Marx quoted by Said". Tatsächlich zitierte Karl Marx am 23. Juni 1853 in der *New York Daily Tribune* diese Schlussstrophe aus Goethes Gedicht.[32] Und auch beim gebürtigen Palästinenser Edward Said, dessen Buch *Orientalism* (1978) als Gründungsdokument

---

30 In Hölderlins *Hyperion* (1799) leitet eine vergleichbare Formulierung die ekstatische Bewusstseinsüberschreitung ein. Dort heißt es: „[M]ein Denken entschlummerte in mir". Friedrich Hölderlin: Sämtliche Werke und Briefe. Drei Bände. Hrsg. v. Jochen Schmidt. Frankfurt am Main 1992–94, hier Bd. II, S. 174.

31 Das Original lautet: „Sollte jene Qual uns quälen, / Da sie unsre Lust vermehrt? / Hat nicht Myriaden Seelen / Timurs Herrschaft aufgezehrt!" Johann Wolfgang Goethe: West-östlicher Divan [1819/1827]. Hrsg. u. erl. v. Hans-J. Weitz. 8. erw. Aufl. Frankfurt am Main 1988, hier S. 64.

32 Siehe hierzu Iring Fetscher: „Sollte diese Qual uns quälen / Da sie unsre Lust vermehrt?" Fortschritt und Katastrophen von Goethe bis Walter Benjamin. In: Athenäum. Jahrbuch der Friedrich Schlegel-Gesellschaft 16 (2006), S. 77–96, hier S. 77f.

der Postkolonialen Studien gilt, lassen sich Bezüge auf Goethe nachweisen.[33] Was an dieser Partie nun bemerkenswert ist: Zum Ersten, dass sie vermittels des Zitats Zeitsprünge durch den historischen Raum bis in die unmittelbare Gegenwart hinein markiert, zum Zweiten, dass es scheinbar Eckermann ist, dem es vergönnt ist, dieses Goethesche Gedicht intuitiv durch die Zeitenräume hindurch nachzuverfolgen,[34] und zum Dritten, dass Goethe auf diese Weise mehrfach widerlegt, mindestens relativiert wird. Inwiefern wird er relativiert? Indem ihn einerseits mit Marx zuerst ein Denker zitiert, dessen politisches Credo Goethes eigener aristokratischen Gesinnung diametral entgegenstehen dürfte. Eckermann schmunzelte bereits einleitend über die Diskrepanz dessen, was Goethe im Gespräch räsonierend von sich gibt, und dem, was seinen literarischen Werken zu entnehmen ist: „Am I blind"…? Andererseits bezieht sich ein herausragender Intellektueller der Gegenwart auf ihn, der aus dem Orient stammt, und das, unmittelbar nachdem Goethe gesagt hat: „There will be no more Avicennas born in the Orient…". Dass hier Said erscheint, widerlegt Goethe auf doppelte Weise. Zum einen, indem sehr wohl ein wissenschaftsgeschichtlich herausragender Gelehrter aus dem Orient auftritt, zum anderen, indem es sich um einen handelt, der sich kritisch mit den Orient-Bildern des Westens auseinandersetzte. Was verrät uns nun diese Form der ‚Gedankenübertragung' über das Thema der Telepathie? Sie ist ein Paradebeispiel für die einander widerstrebenden, ambivalenten Deutungsmöglichkeiten, die der Text eröffnet: Auf der einen Seite ist wortgetreues Zitieren über die Zeiten hinweg nur mithilfe von Speichermedien möglich. Dies widerspricht der Vorstellung von Telepathie. Auf der anderen Seite ‚reist' hier Eckermann vermittels seiner Gedanken, also tatsächlich amedial, durch die Zeiten.

Der zweite Einschub bietet ein Gespräch zwischen Wissenschaftlern und ihren verschiedenen Einschätzungen hinsichtlich der Telepathie. Zunächst hat Professor Vasiljev das Wort – wohl eine Anspielung auf den russisch-sowjetischen Parapsychologen Leonid Leonidovič Vasiliev (1891-1966)? Dieser experimentierte auf dem Feld der Telepathie und seine Publikationen gewannen auch im Westen einige Bekanntheit. „I believe, and my experimental results confirm, that it is incredibly important for both persons (the inductor and perceiver) to be psychologically in tune to facilitate telepathic communication. But hold on a minute," dann erwähnt er, dass er einen Brief erhalten hat, „from the governor of the Infernal islands, Mr. Castel, who is attempting to achieve a change in perception through more radical methods, here is an excerpt: … I don't know Eckermann, did he also conduct experiments?" Wie beiläufig taucht hier also der Name Eckermanns in den Ausführungen des Forschers auf. Fast ließe sich

---

33 Vgl. Edward W. Said: Orientalismus. Aus dem Engl. v. Hans Günter Holl. 4. Aufl. Frankfurt am Main [2009] 2014, hier S. 67f.
34 Dafür sprechen jene Sätze, welche das Binnengeschehen jeweils einrahmen, denn in ihnen ist von Eckermann und seinem ‚Entrücken' die Rede (s. o.). Da in der Rahmenpartie die Erzählsituation an Eckermann orientiert ist, ist davon auszugehen, dass diese interne Fokalisierung auch im Binnenteil gilt, auch wenn es dort kaum Anhaltspunkte für die Bestimmung der Erzählsituation gibt.

sagen: Wie eine Eingebung. Denn die Nennung seines Namens erscheint hier einerseits flüchtig und zusammenhanglos. Anderseits ist dies tatsächlich nur ein Eindruck, denn der Name Eckermann wird durchaus *medial vermittelt*. Unmittelbar bevor er dessen Namen nennt, erhält der Psychologe einen Brief von „Mr. Castel". Wer ist „Mr. Castel"? Verschiedene Gelehrte kommen bei diesem Namen in Frage. Es könnte der französische Dichter René Castel (1758-1832) gemeint sein, ein Zeitgenosse Goethes und Eckermanns, der ein Lehrgedicht über Pflanzen in Briefform publizierte.[35] Dass hier der Brief als literarischer Gedankenüberträger dient, fügt sich in die Reflexion des mediengeschichtlichen Umbruchs, welche die Gesamtkomposition der Webseite prägt, denn was kann der Wissenschaftler anderes zur Hand genommen haben als eine Werkausgabe, die jene Briefe des Gelehrten enthält? „Bücher, so hat der Dichter Jean Paul einmal bemerkt, sind dickere Briefe an Freunde,"[36] so lautet der berühmte erste Satz in Sloterdijks *Regeln für den Menschenpark* von 1999. Und daran anschließend definiert er die *humanitas* als „freundschaftsstiftende Telekommunikation im Medium der Schrift", als „Kettenbrief durch die Generationen".[37] – Ein Vorstellungsmuster, das auch hier aufscheint. Der Wissenschaftler kehrt unmittelbar zu seinen Forschungsergebnissen zurück: „Let me repeat what I have already written". Was er daraufhin zitiert, seinen eigenen Text, ist jenes Buch, jene „Kritik der Sinne", von der sich Goethe zu Beginn des Dialogs wünschte, dass es geschrieben werden möge, doch ist es Eckermann, dem die telepathische Teilhabe an dessen Realisierung vergönnt ist:

> [O]ur world is a synthesis of the perceptions given to us by our senses, a microscope provides a different synthesis. If we changed our senses, we would change our world picture. We may describe the world as a set of symbols capable of expressing anything, all we need do is adjust our senses and we would read different words of the natural alphabet.

Als Eckermann die Augen öffnet, scheint auch Goethe zu schlafen. „He looked at Goethe, whose head still was still [sic] resting on his hands, elbows on the table, he looked as if he were also sleeping". In diesem Fall handelt es sich vielleicht eher um Apathie und Desinteresse? Oder ist (auch) Goethe in eine telepathische Parallelwelt versunken? Was Eckermann nach den beiden Einschüben erzählt, mutet an wie selbstbezüglicher Small Talk, tatsächlich bietet er einen nahezu prophetisch zu nennenden Blick in die Zukunft: „Heine doesn't like me, he said that I'm your parrot' he said, scanning Goethe for a reaction." Und Goethe? „No hints of any response were visible." Heinrich Heine wurde 1797 geboren. In Goethes späten Jahren war er tatsäch-

---

35 Ein anderer Wissenschaftler mit dem Namen Castel war Louis-Bertrand Castel (1688–1757), ein französischer Gelehrter, der durch seine Farbenlehre bekannt wurde, an die auch Goethe anschloss. Bis heute bekannt ist seine Idee eines Augenklaviers, das optische und akustische Elemente verbindet, und daher in Theorie und Praxis der audiovisuellen Künste einige Faszination auf sich zieht. Vgl. etwa Dieter Daniels: Louis-Bertrand Castel. „Augenklavier". http://www.medienkunstnetz.de/werke/augenklavier/ [02.02.2021].
36 Peter Sloterdijk: Regeln für den Menschenpark. Ein Antwortschreiben zu Heideggers Brief über den Humanismus. Frankfurt am Main 1999, hier S. 7.
37 Ebd.

lich bereits ein bekannter Schriftsteller – und ein scharfer Kritiker der „goetheschen Kunstperiode", dessen Ende er 1836 programmatisch verkündete.[38] Goethe und „seine Jünger"[39] dienten ihm als Gegenfolie, von dem er und das Junge Deutschland sich absetzen konnten. So weit, so schlüssig. „Nevertheless, I admire Heinrich", fährt Eckermann fort, „he's a friend of Marx, and without Marx there would be no Said!" Doch hier greift Eckermann einerseits Informationen aus den beiden ‚telepathischen' Einschüben auf und beginnt damit andererseits prophetisch zu werden. Karl Marx wurde am 5. Mai 1818 geboren, war also, als Goethe am 22. März 1832 starb, 13 Jahre alt. Sofern hier der Wissenschaftler Edward Said gemeint ist, lauten die Lebensdaten: 1935 bis 2003. Und schließlich zitiert Eckermann ein Gedicht von Heine, das erst nach Goethes Tod geschrieben wurde; es stammt aus den Jahren 1853/54. Es handelt sich um die beiden Schlussstrophen von *Das Sklavenschiff*, ein Gedicht, das den menschenverachtenden Umgang mit Menschen aus anderen Kontinenten anprangert. Ein Dokument des Kolonialismus par excellence. Und Goethe? Reagiert völlig teilnahmslos („When he finished reciting, he found Goethe staring mutely"), unbeeindruckt von dem, was Eckermann erzählt, und spricht abschließend sogar ein literaturtheoretisches Credo ‚als Warnung' aus, die er explizit an den Autor richtet. Ähnlich wie in jener Schlussszene des Kurzvideos von *The Long-Ago Death of a Fly*, als die Fliege den Autor beobachtet und ihn somit in sein eigenes Kunstwerk hereinholt, werden auch hier abschließend fiktionale Logiken außer Kraft gesetzt. Von Eckermann wendet sich Goethe mit den Worten ab: „You're lucky you're a literary figure Eckermann", und an den Autor richtet er die Warnung: „Beware! This is not a house you can build with boards, brick and stone. And it's not a composition you put together from parts like a machine. Writing is an expression of uniqueness, something similar to an organism, and that's not something you can take apart and put back together again!" – Da der Dialog mit diesen Sätzen Goethes endet, liegt auf ihnen einige Emphase. Doch wie der kurze autobiographische Text *How I Work* zum Schluss der Trilogie erläutert, ist „the interpretation of the world", die Baladráns Texte bieten, „subjectively autonomous and strictly in the same non-hierarchical relationship to other readers/authors freed from the hegemony of privileged authorship." Gegen diese ‚Befreiung von der Hegemonie privilegierter Autorschaft' kann Goethe nichts ausrichten. Ausschlaggebend ist, dass das Gesamtarrangement der Webseite dem Resümee von Goethe widerspricht. Literatur wird hier als das Mediale und das medial Veränderliche dargestellt. Ja, mehr noch: Das hier vorliegende Kunstwerk beruht genau darauf, dass Gedanken, Zitate, Textausschnitte wortwörtlich ‚zerstückelt' und wieder ‚zusammengesetzt' wurden. Doch damit konterkariert das Webseiten-Arrangement auch Eckermanns Position.

---

38 Heinrich Heine: Historisch-kritische Gesamtausgabe der Werke [Düsseldorfer Ausgabe]. Hrsg. v. Manfred Windfuhr. Hamburg 1973–97, hier Bd. 8/1 (Die romantische Schule, Erstes Buch), S. 125.
39 Ebd. S. 154.

Denn Gedankenübertragung erscheint hier gerade nicht ‚telepathisch', sondern als materiell und medial.

5 Das Buch im Gesamtarrangement der Webseiten-Trilogie

Und das Buch? Der erste Teil der Webseiten-Trilogie führt zweifellos eine literarische Welt nach dem ‚Ende der Gutenberg-Galaxis' vor Augen und zeigt auf medienkünstlerische Weise Akte des literarischen Schreibens (in dem Kurzvideo *The Long-Ago Death of a Fly*) und Akte der literarischen Rezeption und Kommunikation (in dem Dialog *Am I Blind?*). In dem Kurzvideo tritt das Buch symbolisch in Erscheinung, nicht audiovisuell, sondern im Rahmen des eingesprochenen Textes. Der Dialog erwähnt das Buch hingegen mit keinem einzigen Wort; nicht der Überlieferungsträger, sondern nur das Überlieferte kommt zur Sprache. Und das ist kein Zufall. Vielmehr wird man ‚das Verschwinden' des Buches als Voraussetzung dessen betrachten dürfen, was hier verhandelt und in Frage gestellt wird: die Kommunikation ohne mediale Hilfsmittel. Nicht auf dieser ersten Webseite, sondern im dritten Teil der Webseiten-Trilogie ist zugleich der Aufruf an ikonografische Traditionen der Buchinszenierung und deren Überschreitung am deutlichsten: Der Erzähler des Videoessays mit dem Titel *Bookcase* (*Knihovna*)[40] aus dem Jahr 2009 blickt in die Vergangenheit einer männlichen Hauptfigur („he") zurück und vergegenwärtigt das Bücherregal in deren Elternhaus, das sich in der erzählten Erinnerung nicht nur zu einer Privatbibliothek auswächst, sondern in der graphischen Erinnerung auch zu einer Taxonomie des Wissens. Eine Taxonomie, die eine klare Ordnung hat, in welcher das Kind allein schon wegen seiner Körpergröße an seine Grenzen stößt: Die oberen Regalfächer bleiben unerreichbar. Ein Höhepunkt des Videoessays ist der Moment, in welchem der Erzähler jenen Augenblick schildert, da der Hauptfigur im Haus zufällig ein Buch in die Hände fiel, das für sie eigentlich zu den unerreichbaren Exemplaren zählte. Während im ersten Teil des Videos vor den Augen des Zuschauers eine graphische Wissensordnung entsteht, rückt im zweiten Teil des Videos das Buch selbst in den Fokus und vor die Augen der Zuschauer (Abb. 3). Da auch alle anderen Werke der beiden vorgängigen Webseiten um Prozesse des Schreibens und Lesens, um Kommunikation und um Regeln der Wissensübertragung kreisen, darf dieser ‚leibhaftige Auftritt des Buches' als ein Höhepunkt der gesamten Trilogie gelten. Um was für ein Buch es sich handelt, erfährt der nicht-tschechischsprachige Leser jedoch nicht. Auch scheint der Text für das Kind wenig interessant zu sein, vielmehr wird es von den geometrischen Figuren, die das Buch bietet, in den Bann geschlagen. Auf dem Cover steht: „Socialistické Budování". Das heißt: „Sozialistische Gebäude". Und so fällt zum Schluss der Trilogie die Bildende Kunst abermals mit der Sprachkunst zusammen. Doch in diesem letzten Videoessay wird nicht nur der *Gedanke* an das Medium Buch aufgerufen, sondern das Buch selbst

---

40 Zbyněk Baladrán: Bookcase. Video Essay, 5'05, 2009. http://www.zbynekbaladran.com/methodology-for-writing-iii/ [23.01.2021].

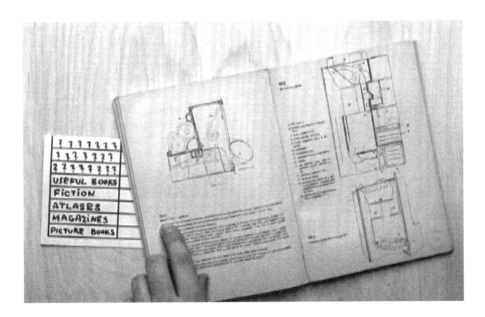

Abb. 3: Detail aus dem Videoessay *Bookcase*, 5'05, 2009. © Zbyněk Baladrán

tritt in Erscheinung, um in einem künstlerischen Gattungshybrid transzendiert zu werden. – Was in den ‚Schreibprozessen', die Zbyněk Baladrán medial vor Augen führt, sind neue Kunstwerke, die auf Lektüren basieren.[41]

Die Überschreitung der Formen und Prozesse ist charakteristisch für jeden Teil der Webseiten-Trilogie. Der zweite Teil der Trilogie, *Methodology for Writing II.* mit dem Untertitel *Cuvier, Interpretation of Dreams*[42] aus dem Jahr 2010, führt ebenfalls Schreibprozesse vor Augen. Auch hier handelt es sich dabei um eine Metapher, in diesem Fall: um das wortwörtliche Navigieren auf einer surrealen Landkarte der Hochkultur. „Cuvier, Copernico, Leibnitz, Bradley, Darwin, Descartes, Hugo, Goethe, (from Milton I walked back to Goethe)". Dass diese Topographie vermittels kolonialer Machtverhältnisse konstituiert wurde, daran lässt der Text keinen Zweifel: Dort, wo einst eine alte aztekische Festung stand, ist nun die Universität, auf deren Gelände dem

---

41 Angesichts dieser künstlerischen Verschränkung der ‚Schreibszenen' mit den vorgängigen ‚Lektüren' sei darauf hingewiesen, dass Irina Hron, Jadwiga Kita-Huber und Sanna Schulte dem kulturwissenschaftlichen Konzept der ‚Schreibszene' nun dasjenige der ‚Leseszene' an die Seite stellen und auch auf dessen poetologische Implikationen hinweisen; vgl. Hron, Kita-Huber, Schulte: Leseszenen (in) der Literatur. Einführung. In: Dies. (Hrsgg.): Leseszenen. Poetologie – Geschichte – Medialität. Heidelberg 2020, S. 13–29.
42 Zbyněk Baladrán: Cuvier, Interpretation of Dreams. Text, 2010. http://www.zbynekbaladran.com/methodology-for-writing-ii/ [23.01.2021].

Ich-Erzähler sogar eine Fata Morgana erscheint, die zeigt, wie eine Studierendenbande einen alten Indianer ermordet. Dass schöngeistige Diskurse politische Implikationen in dem Sinn haben, dass sich die Deutung von Welt und Geschichte auf Machtverhältnissen gründet, das wissen wir spätestens seit Michel Foucault. Nicht dieser findet Erwähnung in dem Werk, doch verwandt mit dem Gedanken einer geisteswissenschaftlichen ‚Archäologie‘, dient hier die Paläontologie als wissenschaftliches Paradigma, also die Wissenschaft von den Lebewesen und Lebenswelten der geologischen Vergangenheit. Als hermeneutisches Paradigma hierfür fungiert der Name des französischen Naturforschers Georges Cuvier (1769–1832). Ähnlich wie in *The Long-Ago Death of a Fly* „Il n'y a pas de hors-texte" gilt, so reflektiert und thematisiert auch dieser Text explizit Schreibprozesse, ohne dabei dem Rezipienten zu erlauben, sich dadurch auf eine vom Werk unterschiedene Ebene zu begeben. Weil der Schreibakt das Sujet der künstlerischen Reflexion ist, befindet er sich ‚im Diesseits der Fiktion'. Der Träumer ist selbst dann noch sowohl Urheber als auch Gegenstand der surrealen Geschichten, der Mosaike der Vergangenheit, die ihm erstehen, wenn er erwacht ist. Bildkünstlerisch entwickelt sich auch dieser Text als ‚Gewebe'. In diesem Fall handelt es sich um ein Geflecht aus intertextuellen Verweisen, die sich auf ‚Landkarten' legen, das heißt, Vorhandenes überschreiben: die Quittung aus der Bibliothek(?), den Linienplan der Metro, ein Kapitel (aus was für einem Werk?), die Rückseite eines Einkaufszettels und andere Papiere werden wiederverwertet. – Und das Buch? „Gutenberg" ist hier nur einer der Straßennamen. Aber immerhin steht er am Beginn und am Ende des Wegs: „I first pass Gutenberg" heißt es zu Beginn des Textes, und als das Werk zum Schluss einen Rollentausch mit dem Rezipienten vorschlägt, der nun selbst zur Marionette eines surrealen Geschehens werden und dessen Interpret sein soll, so ist Gutenberg die letzte Straße, bevor der Weg im Schlusszitat von Bécquer mündet.[43] Um von hier aus zum ersten Video der Trilogie zurückzukehren und zur Metapher des Textus, den es visuell als Formgebung eines Papiers darstellt: Mit den *textus* dieser Webseiten entstehen nicht nur Texte im konventionellen Sinne, nicht nur Videoessays, Skript-Montagen, Topographien, – sondern immer auch bildkünstlerische Verweissysteme und insofern Werke der Bildenden Kunst.

Die produktionsästhetische Auflösung dieser Verzahnung bietet der letzte Text der Trilogie, eine kurze autobiographische Schrift mit dem Titel *How I Work*:[44]

> I am, like pretty much all of us, a reader. Reading is not a passive activity for me; instead it's a radical view of the world. For many years I pondered the hegemony of authorship. I'd always longed to be among the privileged who attribute meaning to words. Among those who determine and codify meaning. Instead, I just kept reading.

---

43 Ebd.: „Attempt at interpreting this dream: Head out of the apartment on Cuvier street, go left until you get to Thiers street and then go right, until Lafayette street. Then go left, the street curves to the right and you pass Buffon, Shakespeare, until you get to Gutenberg street, and there on the left is Bécquer street."
44 Zbyněk Baladrán: How I Work. Text, 2012. http://www.zbynekbaladran.com/methodology-for-writing-iii/ [23.01.2021].

Statt Autor zu werden, blieb der Medienkünstler Zbyněk Baladrán Leser. Er folgte damit der Überzeugung, dass es passives Lesen nicht gibt – und wurde zum Schriftsteller durch die Kulturtechnik des Zitierens: „All written texts are my endless reservoir that I'm reforming." So bringen seine Leseprozesse Kunstwerke hervor, keine Bücher, aber Texte, die neue mediale Räume erobern, die Medienkunst.

TAGUNGSBERICHT

CORNEL DORA

Fenster zur Ewigkeit – Die ältesten Bibliotheken der Welt

Jahrestagung des Arbeitskreises Bibliotheks-, Buch- und Mediengeschichte 2019

Der heutige Begriff Bibliothek ist weit gefasst und reicht von Büchersammlungen privater Prägung bis hin zu großen Institutionen mit öffentlich-gesellschaftlichem Auftrag. Die historischen Vorgängerformen sind nicht leicht zu bestimmen und aus nachrichtenarmen Perioden nur unsicher auf unsere Begrifflichkeit zu beziehen. Umso spannender ist die Frage, wie weit wir heutige Bibliotheken wesenshaft in die Vergangenheit zurückverfolgen können.

Was den christlichen Kulturkreis anbelangt, führen die Spuren von vier heute noch bestehenden Bibliotheken zurück bis ins 5. bis 7. Jahrhundert. Diese vier möglicherweise ältesten überlebenden Bibliotheken der Welt sind die Biblioteca Capitolare di Verona, die Bibliothek des Katharinenklosters auf dem Sinai, die Stiftsbibliothek St. Gallen und die Stiftsbibliothek St. Peter in Salzburg. Ihrer Geschichte, ihrer Erforschung und ihrer Gegenwart war die Tagung des Wolfenbütteler Arbeitskreises für Bibliotheks-, Buch- und Mediengeschichte gewidmet, die in Zusammenarbeit mit der Stiftsbibliothek St. Gallen und der Stiftsbibliothek St. Peter in Salzburg vom 26. bis 28. September 2019 in der Erzabtei St. Peter in Salzburg durchgeführt wurde. Die Organisation lag in den Händen von Cornel Dora, Stiftsbibliothekar von St. Gallen, Andreas Nievergelt, wissenschaftlicher Mitarbeiter der Stiftsbibliothek St. Gallen, und Sonja Führer, Bibliothekarin der Stiftsbibliothek St. Peter in Salzburg. Die Tagung fand unter der Mitwirkung von Leiterinnen und Leitern der vier Bibliotheken und Wissenschaftlerinnen und Wissenschaftlern aus den Bereichen der Geschichte, der Paläographie und Kodikologie, der mittellateinischen, romanistischen und germanistischen Philologie, der historischen Materialwissenschaften und verwandten Disziplinen sowie unter reger Teilnahme eines interessierten Publikums statt.

Das Programm gliederte sich gemäß der drei Blickrichtungen in die Themenblöcke „Bibliotheksgeschichten", „Bestandsforschung" und „Aufgaben und Herausforderungen in Gegenwart und Zukunft". Im ersten Teil am 26. September stellten Gian Paolo Marchi (Università degli Studi di Verona), Father Justin (Saint Catherine's Monastery, Sinai), Cornel Dora (Stiftsbibliothek St. Gallen) und Sonja Führer (Stiftsbibliothek St. Peter, Salzburg) die Geschichte der vier Bibliotheken vor. Petros Koufopoulos und Marina Myriantheos-Koufopoulou (University of Patras) ergänzten die Vorträge um einen baugeschichtlichen Einblick in die Geschichte des Sinaiklosters. Inaam Benyahia (EPHE, Collège de France) schlug mit ihrem Referat über die Qarawiyyine-Bibliothek in Fès eine Brücke zur Bibliotheksgeschichte des Islams. Im öffentlichen Abendvortrag strich Michele C. Ferrari (Universität Erlangen-Nürnberg) die identitätsstiftende Rolle der Bibliotheken in der europäischen Geistesgeschichte heraus. Im zweiten Teil am 27. September berichteten Christine Beier und Claudia Rapp (Universität Wien) sowie Philipp Lenz und Andreas Nievergelt (Stiftsbibliothek St. Gallen) von ihren materialwissenschaftlichen, kunstgeschichtlichen und handschriftenkundlichen Forschungen an den Beständen im Sinaikloster, in St. Gallen und Salzburg. Der dritte Teil umfasste Referate zum Museumsbetrieb im Salzburger Domquartier von Elisabeth Resmann und Wolfgang Wanko (Domquartier und Museum St. Peter Salzburg) sowie zu den zwei Digitalisierungsprojekten *e-codices* und *Fragmentarium* von Maria Widmer und William O. Duba (Universität Freiburg, Schweiz). Führungen durch die Stiftsbibliothek und durch das Domquartier sowie ein Empfang bei Erzabt Korbinian Birnbacher OSB rundeten den gelungenen Anlass ab, der als eine eindrückliche Begegnung mit vier altehrwürdigen Bibliotheken von Weltrang und ihren Hütenden, Betreuenden und Nutzenden in schönster Erinnerung bleiben wird.

NACHWUCHSFORUM

Moritz Döring

Werk und Journal in der zweiten Hälfte des 19. Jahrhunderts

1   Einleitung und Fragestellung

Der Herausgeber der literarischen Zeitschrift *Deutsche Dichtung*, Karl Emil Franzos, beginnt 1889, im neunten Band des Journals, mit einer neuen Beitragsreihe, in welcher die häufig vertretenen Autoren je einen Aufsatz über ‚Die Geschichte des Erstlingswerks' liefern sollen. Gemeint ist mit letzterem, so macht Franzos in der einleitenden Vorbemerkung zur Reihe deutlich, das jeweils erste veröffentlichte Buch der Beiträger.[1] Zu ihnen gehört auch Theodor Fontane: Er liefert 1894 die Geschichte seines ‚Erstlingswerks', ignoriert in dieser jedoch Franzos' konzeptuelle Verknüpfung von Werk und Buch. Stattdessen erzählt der Dichter, wie er als „Unter-Tertianer" zum Schlachtfeld von Groß-Beeren gewandert sei und wie ihm die Niederschrift dieser ersten „Wanderung durch die Mark Brandenburg" als Schulaufsatz zum ersten Mal ein „recht gut" von seinem Lehrer eingebracht hätte.[2]

Jedoch erscheint es gleich in zweierlei Hinsicht nicht absolut glaubwürdig, wenn Fontane die zu Papier gebrachte Wanderung zu seinem Erstlingswerk erklärt. Stattdessen scheint der Dichter die Eigenschaften des Medienformats Journal auszunutzen, um mehrere unzusammenhängende Texte miteinander zu verknüpfen und auf diese Weise ein alternatives Werkkonzept in der *Deutschen Dichtung* im selben Zuge vorzustellen und umzusetzen; ein Konzept, in dem das literarische Werk an journalförmige Medienformate gekoppelt wird, wenngleich es auf buchähnliche Formen der Medienkonzeption, -behandlung und -nutzung gründet. Am folgenden Fallbeispiel (siehe Abschnitt 2: Fallbeispiel) möchte ich skizzieren, wie der Dichter seinen ‚Erstlingswerk'-Aufsatz selbst unterläuft, indem er in der *Deutschen Dichtung* alternative „Erstgeborne[-]"[3] ins Feld führt, deren Eignung als erste Werke er jedoch selbst umgehend wieder anzweifelt. Stattdessen fungieren diese ‚Erstgeborenen' als Verknüpfung zu einem anderen in der *Deutschen Dichtung* abgedruckten Fontane-Text, in welchem sich der mit dem Autor assoziierte Erzähler an den Druck seiner frühen Gedichte im *Berliner Figaro* erinnert und diese als Werke markiert. Solche intertextuellen Verstrebungen zwischen

---

1   Vgl. Karl Emil Franzos: Die Geschichte des Erstlingswerks. Vorbemerkung. In: Deutsche Dichtung 9 (1890/91), S. 171f.
2   Vgl. Theodor Fontane: Die Geschichte des Erstlingswerks. Das Schlachtfeld von Groß-Beeren. In: Deutsche Dichtung 16 (1894), S. 60f.
3   Ebd., S. 60.

den Texten *eines* Autors zu rekonstruieren bedeutet jedoch, den miszellanen inneren Aufbau journalförmiger Medien zu ignorieren[4] und diese stattdessen so autorzentriert wie zeit- und aufmerksamkeitsintensiv zu lesen; eine Rezeptionsweise, die eigentlich mit dem buchförmigen Werk assoziiert wird.[5]

Die werkartige Gestaltung von Journaltexten stellt dabei keinen Einzelfall in Fontanes Publikationspraxis dar. So entspinnt sich zwischen den in *Zur guten Stunde* von 1888 bis 1890 abgedruckten Gedichten ebenfalls ein dichtes intertextuelles Netzwerk. Darüber hinaus nutzt Fontane für den Vorabdruck von Kapiteln des zweiten Teils seiner Autobiografie 1895 die Periodizität des *Pans* aus, um seine dichterischen Anfänge im Journal zu einer christlichen Heilsgeschichte zu stilisieren (siehe Abschnitt 3: Korpus). Diese Beispiele weisen auf die Existenz von ‚Journalwerken' bzw. ‚Werken durch Journale' hin und verleihen dementsprechend Rudolf Helmstetters Forderung Nachdruck, vor dem Hintergrund der „Praxis des Vorabdrucks in der periodischen Presse […], den Begriff des literarischen Textes zu differenzieren und den Werk-Begriff zu überdenken."[6] Für eine solche Revision hat die Werkforschung in den letzten Jahren eine geeignete theoretische Grundlage geschaffen: Sie begreift Werk nunmehr als einen Status,[7] den ein Text durch „eine spezifische, wenn auch historisch variable Form des Produzierens und Gebrauchens" erlangt.[8] Der Vorteil eines solchen pragmatischen Werkbegriffs besteht insbesondere auch in seiner grundsätzlichen Medienoffenheit: Gegenüber dem Buch als Werkmedium schlechthin bringt er eine Vielzahl potenzieller „Werkmedien"[9] ins Spiel (siehe Abschnitt 5: Werkbegriff).

Trotzdem klafft an der Schnittstelle von Zeitschrift und Werk weiterhin eine Forschungslücke. Die werktheoretische Forschung erarbeitet zwar eine Grundlage, um Werke nicht biblionom zu denken, verpflichtet sich jedoch in der Regel letztlich

---

4 Vgl. Nicola Kaminski, Jens Ruchatz: Journalliteratur – ein Avertissement. Hannover 2017 (Pfennig-Magazin zur Journalliteratur 1), S. 14.
5 Steffen Martus spricht in diesem Zusammenhang von einem „Konzept der zeit- und aufmerksamkeitsintensiven Werkbehandlung", Steffen Martus: Werkpolitik. Zur Literaturgeschichte kritischer Kommunikation vom 17. bis ins 20. Jahrhundert mit Studien zu Klopstock, Tieck, Goethe und George. Berlin, New York 2007 (Historia Hermeneutica. Series Studia 3), S. 4.
6 Rudolf Helmstetter: Die Geburt des Realismus aus dem Dunst des Familienblattes. Fontane und die öffentlichkeitsgeschichtlichen Rahmenbedingungen des Poetischen Realismus. München 1997, S. 66.
7 Thomas Kater: Im Werkfokus. Grundlinien und Elemente eines pragmatischen Werkbegriffs. In: Lutz Danneberg, Annette Gilbert, Carlos Spoerhase (Hrsgg.): Das Werk. Zum Verschwinden und Fortwirken eines Grundbegriffs. Berlin, Boston 2019, S. 67–91, hier S. 74.
8 Horst Thomé: Werk. In: Jan-Dirk Müller (Hrsg.): Reallexikon der deutschen Literaturwissenschaft. Neubearbeitung des Reallexikons der deutschen Literaturgeschichte. Gemeinsam mit Georg Braungart, Harald Fricke, Klaus Grubmüller, Friedrich Vollhardt und Klaus Weimar. Bd. 3: P – Z. Berlin, New York 2003, S. 832–834, hier S. 832.
9 Natalie Binczek, Till Dembeck, Jörgen Schäfer: Einleitung. In: Dies. (Hrsgg.): Handbuch Medien der Literatur. Berlin, Boston 2013, S. 1–8, hier S. 5.

wieder dem Buchwerk.¹⁰ Auf der anderen Seite verschließt sich die Journalforschung bewusst gegenüber den „werkkonstitutiven Parameter[n] Autor und Einzelwerk" und legt stattdessen ihren Schwerpunkt auf das „Wechselspiel von redaktioneller Lenkung, distributiver Konditionierung und Lektürepräferenzen".¹¹ Die medienaffine Philologie hingegen versucht sich der Beziehung von Zeitschrift und Werk zu nähern, legt den Fokus dabei jedoch auf den Werkcharakter der Journale selbst – und nicht auf deren Potenzial, als mediale Träger für die Konstitution textueller Werke zu fungieren (siehe Abschnitt 4: Forschungsstand).¹²

An dieses Forschungsdesiderat möchte ich in meinem Dissertationsprojekt anknüpfen. Meines Erachtens gilt es, die Praxis des Journalvorabdrucks im ausgehenden 19. Jahrhundert nicht nur als Möglichkeitsbedingung für die Entstehung von literarischen Texten in den Blick zu nehmen,¹³ sondern darüber hinausgehend das Medienformat Zeitschrift auch als Problem der Werkkonstitution zu untersuchen. In der Druckkultur der zweiten Hälfte des 19. Jahrhunderts hatte das Buch seine Stellung als prestigeträchtigstes Format für Texte offenkundig weitestgehend verteidigen können. Die Vorabpublikation im Journal bewarb – im Falle von Fontanes Journalwerken in *Zur guten Stunde* und der *Deutschen Dichtung* sogar explizit – den Erstdruck im Buch, welches in der Regel weiterhin das mediale Publikationsziel darstellte.¹⁴ Die Miszellanität der beiden Zeitschriften unterläuft jedoch just diese Funktion. Das Neben- und Übereinander der unterschiedlichen um die Leseraufmerksamkeit buhlenden Text- und Bildbeiträge macht die monografische Lektüre eines Einzeltexts unwahrscheinlich, zumal auch dieser zerstückelt – lieferungsweise über mehrere Nummern hinweg – erschien.¹⁵ Fontanes Journalwerke in diesen beiden Zeitschriften, so meine Arbeitshypothese, waren Bestandteil einer textuellen Strategie zur Bewältigung dieses Problems.

---

10 Vgl. Carlos Spoerhase: Was ist ein Werk? Über philologische Werkfunktionen. In: Scientia Poetica 11 (2007), S. 276–344. Kritik an der Nicht-Berücksichtigung des Journals in Spoerhases Beitrag übt Carsten Zelle: Probleme der Werkeinheit. Wielands „Bonifaz Schleicher" im Teutschen Merkur (1776). In: Ders., Nicola Kaminski, Nora Ramtke (Hrsgg.): Zeitschriftenliteratur/Fortsetzungsliteratur. Hannover 2014 (Bochumer Quellen und Forschungen zum 18. Jahrhundert 6), S. 79–96, hier S. 80.

11 Kaminski, Ruchatz: Journalliteratur (wie Anm. 4), S. 14.

12 Vgl. Hedwig Pompe: Zeitung/Zeitschrift. In: Binczek, Dembeck, Schäfer (Hrsgg.): Handbuch Medien (wie Anm. 9), S. 294–310.

13 Vgl. Helmstetter: Geburt des Realismus (wie Anm. 6); vgl. Manuela Günter: Im Vorhof der Kunst. Mediengeschichten der Literatur im 19. Jahrhundert. Bielefeld 2008.

14 „Der vorliegende Aufsatz bildet ein Kapitel des demnächst im Verlage von F. Fontane & Co, erscheinenden Buches des Dichters: ‚Meine Kinderjahre.'", Theodor Fontane: Meine Schülerjahre. In: Deutsche Dichtung 15 (1893/94), S. 136–140, hier S. 136. „Die gesammelten Poesien sind jetzt in einer dritten Auflage der ‚Gedichte' zusammengefaßt, welche eine stattliche Anzahl in jüngster Zeit entstandener Gedichte enthält, von denen ein großer Theil in diesen Blättern zum Abdruck gekommen ist", Paul Dobert: Zum siebzigsten Geburtstage Theodor Fontanes. In: Zur guten Stunde 5 (1890), Sp. 835–842, hier Sp. 838.

15 Vgl. Stephanie Gleißner, u. a.: Optische Auftritte. Marktszenen in der medialen Konkurrenz von Journal-, Almanachs- und Bücherliteratur. Hannover 2019 (Journalliteratur 2), S. 17.

Sie provozieren eine den „Rezeptionslogiken des Mediums" zuwiderlaufende Form des Umgangs mit dem Journal, in welcher die „werkkonstitutiven Parameter Autor und Einzelwerk" die Textlektüre eben doch bestimmen.[16] Die Textgeflechte in *Zur guten Stunde* und der *Deutschen Dichtung* könnten sich daher in einem paradoxen Verhältnis zum Buchwerk befunden haben: Sie kehrten ihre spezifische Medialität als Journaltexte nach außen, um in der Folge eine buchähnliche Behandlung zu erfahren und letztlich – von den medialen Kontexten der Zeitschrift befreit – in Buchausgaben zu ‚überleben'.[17]

Im *Pan* hingegen scheinen sich die Vorzeichen der Werkkonstitution im Journal zu verändern. Die Zeitschrift positioniert sich durch ihren hohen Preis, ihre geringe Auflagenhöhe, ihre Distributionsform[18] und ihre aufwendige Gestaltung als marktabgewandtes und prestigeträchtiges Format, das als würdige Alternative zum Werkmedium Buch zu fungieren vermag. Im Gegensatz zu den meisten Journalen konkurrieren die im *Pan* vorabgedruckten Texte auf der Rezeptionseinheit Doppelseite dezidiert nicht mit anderen Text- und Bildmedien um die Aufmerksamkeit der Leser. Im Gegenteil, durch einen großzügigen Zeilendurchschuss, unterschiedliche Typen sowie teilweise ornamentale Rahmen markiert die Zeitschrift die hohe Wertigkeit jedes einzelnen in ihr abgedruckten Textes. Aus dem Zusammenspiel dieser Elemente mit den unterschiedlichen Kunstbeilagen ergibt sich ein Gestaltungsprinzip der Heterogenität, durch welches sich der *Pan* selbstbewusst als zeitschriftenförmiges Werkmedium gegenüber dem auf Homogenität ausgelegten Buchwerk positioniert.[19] Einer Studie zur Werkkonstitution in Zeitschriften muss meines Erachtens also eine Untersuchung des spezifischen Werkstatus der einzelnen Journale selbst vorausgehen. Die ästhetische Gestaltung sowie die teilweise aus dieser resultierenden Formen des Umgangs mit einem ‚speziellen Format'[20] (Praktiken der Lektüre, der Archivierung etc.) wirkten auf den Status der Zeitschrift *als* Werk ein.[21] Die ‚Werkhaftigkeit' eines Journals beeinflusste, so meine

---

16 Kaminski, Ruchatz: Journalliteratur (wie Anm. 4), S. 14.
17 Vgl. Thomas R. Adams, Nicolas Barker: A New Model for the Study of the Book. In: Nicolas Barker (Hrsg.): A Potencie of Life. Books in Society. The Clark Lectures 1986–1987. London 1993, S. 5–43, hier S. 31–38.
18 Vgl. Roland Berbig: Theodor Fontane im literarischen Leben. Zeitungen und Zeitschriften, Verlage und Vereine. Berlin, New York 2000 (Schriften der Theodor Fontane Gesellschaft 3), S. 300–305.
19 Zum Streit um die Gestaltung der Zeitschrift zwischen Redaktion und Aufsichtsrat des *Pan*, vgl. Peer Trilcke: Diesseits des ‚Gesamtkunstwerks'. Das *Pan*-Paradigma und die Widerständigkeit der *Jugend* am Beispiel von Gedicht-Bild-Kombinationen. In: Natalia Igl, Julia Menzel (Hrsgg.): Illustrierte Zeitschriften um 1900. Mediale Eigenlogik, Multimodalität und Metaisierung. Bielefeld 2016, S. 313–340, insb. S. 321f.
20 Kaminski und Ruchatz differenzieren zwischen ‚medialem Format' (bspw. Buch oder Journal), ‚generischem Format' (bspw. Familien- oder Rundschauzeitschrift) und ‚speziellem Format' (bspw. einer bestimmten Familienzeitschrift), vgl. Kaminski, Ruchatz: Journalliteratur (wie Anm. 4), S. 32.
21 In Ausnahmefällen wurden Zeitschriften selbst zum Gegenstand von Kritik und Philologie: Der *Pan* wurde z. B. in der *Neuen Deutschen Rundschau* und in der *Zeit* besprochen, vgl.

These, wiederum die Bedingungen der Konstitution eines literarischen Werks in der Zeitschrift. Das relativ unwürdige Gemenge aus unterschiedlichen Textsorten und Bildern in *Zur guten Stunde* erfordert aus diesem Blickwinkel eine komplexere Strategie, welche dem Zweck diente, den Fokus der Leser auf Autor und Intertextgeflecht zu richten. Demgegenüber verleiht der *Pan* als paratextueller Rahmen den in ihm abgedruckten Beiträgen bereits den Status eines ‚Werks durchs Journal'.[22] Journalwerke und Werke durch Journale wären dementsprechend insbesondere auch abhängig von der Position einer Zeitschrift im literarischen Feld.[23]

Im Fall des *Pans* treten möglicherweise Aspekte der konkreten Ausgestaltung der Texte gegenüber publikationsstrategischen Maßnahmen in den Hintergrund. So besaß Fontane offenbar ein hohes Interesse an dem neuen Zeitschriftenprojekt. Er wurde früh *Pan*-Genosse und nahm, ohne zu zögern, den an ihn herangetragenen Platz im Redaktionsausschuss an.[24] Seine Doppelfunktion in der Zeitschrift als literarischer Beiträger und Mitglied des Redaktionsausschusses lenkt den Blick auf die unterschiedlichen Produktionsinstanzen. Ein Autor besaß für die je spezifische Erscheinungsweise seiner Texte im Journal keine letztinstanzliche Entscheidungsgewalt. Er konnte lediglich versuchen, die in die Produktion eingebundenen Akteure wie Herausgeber, Redakteure und Schriftsetzer mit Blick auf den Zeitpunkt der Publikation, die Platzierung eines Texts im Heft sowie seine Zerstückelung oder konkrete Gestaltung auf der Journalseite in

---

Berbig: Theodor Fontane im literarischen Leben (wie Anm. 18), S. 304f. Julian Schmidt widmete in seiner *Geschichte der deutschen Litteratur* z. B. den *Horen* oder dem *Athenäum* jeweils einen eigenen Abschnitt, vgl. Julian Schmidt: Geschichte der Deutschen Litteratur von Leibniz bis auf unsere Zeit. Bd. 3: 1781–1797. Berlin 1886, S. 241–247; Ders.: Geschichte der Deutschen Litteratur von Leibniz bis auf unsere Zeit. Bd. 4: 1797–1814. Berlin 1890, S. 43.

22 Womöglich passt der Begriff ‚Werk durchs Journal' an dieser Stelle besser, da Fontanes in der Zeitschrift abgedruckte Beiträge, soweit ich das überblicke, nur teilweise ihre spezifische Medialität gleichzeitig reflektieren und unterlaufen – und somit nur bedingt dasjenige darstellen, was ich als ‚Journalwerk' begreife.

23 Bourdieus Theorie erscheint mir an dieser Stelle zwar nicht vollkommen konsistent: In einer schematischen Darstellung positioniert er Akteure, literarische Gattungen und Medien auf einer Ebene, wohingegen zumindest Akteure und Medien meines Erachtens in unterschiedlichen Räumen (Raum der Positionen, Raum der Dispositionen, Raum der Positionierungen) angesiedelt sein müssten. Trotzdem sensibilisiert die Theorie zumindest für die unterschiedlichen Positionierungen von spezifischen Medien im Feld: Sich in der Nähe zum Buch positionierende Literatur- und Kulturzeitschriften wie die *Deutsche Rundschau* befanden sich offenkundig näher an einer sich Kriterien wie Ganzheit und Geschlossenheit verschreibenden Werkästhetik als bspw. tagesaktuelle Ephemera wie die *Vossische Zeitung*. Es bleibt zu untersuchen, inwieweit sich z. B. der *Pan* als ein Werkmedium verstand, das sich entschieden gegen eine fortwirkende biblionome Werkkultur wandte, vgl. Pierre Bourdieu: Die Regeln der Kunst. Genese und Struktur des literarischen Feldes. Übersetzt von Bernd Schwibs und Achim Russer. 7. Aufl. Frankfurt am Main 2016 (suhrkamp taschenbuch wissenschaft 1539), insb. S. 199 und S. 340–384.

24 Vgl. Berbig: Theodor Fontane im literarischen Leben (wie Anm. 18), S. 301f. Für die Mitgliedschaft im Redaktionsausschuss liefert Berbig keinen Beleg.

seinem Sinne zu beeinflussen.[25] Auch diese Produktionsinstanzen erwiesen sich jedoch nicht als vollkommen autonom, schränkten doch auch die Eigenschaften eines speziellen Formats – die spezifische Periodizität, der Umfang eines Hefts, feststehende Rubriken, die typografische Gestaltung usw. – die Gestaltungsspielräume der einzelnen Akteure von außen ein.[26] In Abhängigkeit von den konkreten Gestaltungsmöglichkeiten steht in einigen Fällen auch der Prozess der Textgenese. So lässt sich bspw. für einzelne Gedichte in *Zur guten Stunde* rekonstruieren, dass Fontane diese speziell auf die konkreten Formateigenschaften der Zeitschrift hingeschrieben oder angepasst hatte.[27]

2 Fallbeispiel

In der Einleitung seines ‚Erstlingswerk'-Beitrags in der *Deutschen Dichtung* weist Fontane auf die Existenz eines weiteren Texts hin, der dem Aufsatz über die Wanderung zum Schlachtfeld von Groß-Beeren zumindest aus chronologischer Perspektive den Status als Primus unter seinen Werken streitig machen könnte. „Wenn man eben seinen Erstgeborenen in einem auf liniirten Papier geschriebenen Geburtstagscarmen entdeckt zu haben glaubt",[28] setzt Fontane den Bericht über seine Suche nach dem Erstlingswerk ein, nur um im selben Atemzug just dieses Geburtstagsgedicht als mögliches Erstlingswerk wieder zu disqualifizieren. Denn so ergebe es „sich plötzlich, daß man schon anderthalb Jahre vorher zu einer Wilhelm Tell-Puppentheater-Vorstellung einen Prolog

---

25 Solche Anweisungen finden sich teilweise in den Briefen, die Fontane einem eingesandten Manuskript beigab: Soweit ich das überblicke, betreffen diese Instruktionen jedoch ausschließlich längere Prosa-Manuskripte, in welchen Fontane um Rücksicht bei Textkürzungen bat oder Textstellen nannte, die sich für eine Unterbrechung anboten. Dieser Umstand muss sich jedoch nicht zwangsläufig in der Textsorte begründen: In dem Zeitraum, in welchem Fontane Gedichte in *Zur guten Stunde* veröffentlichte, arbeitete sein Sohn Friedrich im Verlag des Herausgebers Emil Dominik, sodass Fontane seine Gedicht-Manuskripte teilweise an seinen Sohn schickte. Dies lässt zumindest denkbar erscheinen, dass genauere Anweisungen bzw. Bitten bezüglich der Gestaltung der Texte mündlich formuliert und daher nicht überliefert wurden. Emilie u. Theodor Fontane: Die Zuneigung ist etwas Rätselvolles. Der Ehebriefwechsel Bd. 3: 1873–1898. Hrsg. von Gotthard Erler unter Mitarb. von Therese Erler. Berlin 1998, S. 497.
26 Susanne Wehde verwendet in Bezug auf die visuelle Gestaltung von Texten den Begriff des ‚typografischen Dispositivs'. Solche Dispositive wirken meines Erachtens auch in Form der Erscheinungsweise, des Umfangs, der Rubrizierung etc. auf die konkreten Möglichkeiten der Textgestaltung in Zeitschriften ein, vgl. Susanne Wehde: Typographische Kultur. Eine zeichentheoretische und kulturgeschichtliche Studie zur Typographie und ihrer Entwicklung. Tübingen 2000 (Studien und Texte zur Sozialgeschichte der Literatur 69), S. 119–126.
27 Vgl. Andreas Beck: Dass die Schrift erfüllet werde. Semantisierte Typografie in Theodor Fontanes Märkischen Reimen. In: Andrew Cusack, Michael White (Hrsgg.): Der Fontane-Ton. Stil im Werk Theodor Fontanes. Berlin, Boston 2021 (Schriften der Theodor Fontane Gesellschaft 13), S. 257–286, hier S. 4f.; Anita Golz: Zur Überlieferung der Gedichthandschriften Fontanes. In: Theodor-Fontane-Archiv (Hrsg.): Theodor Fontane im literarischen Leben seiner Zeit. Beiträge zur Fontane-Konferenz vom 17. bis 20. Juni 1986 in Potsdam. Mit einem Vorwort von Otfried Keiler. Berlin 1987 (Beiträge aus der Deutschen Staatsbibliothek 6), S. 547–575.
28 Fontane: Die Geschichte des Erstlingswerks (wie Anm. 2), S. 60.

gedichtet hat, drin, unter mehr oder weniger deutlichen Anspielungen auf Klassenlehrer, Tyrannenmord als einziges Rettungsmittel gepredigt wird."[29] Auch den Puppenspielprolog möchte Fontane letztlich nicht als ‚Erstgeborenen' anerkennen. Es spricht jedoch einiges dafür, dass der Dichter es auch mit der Einordnung seines Schulaufsatzes als erstes dichterisches Œuvre nicht vollkommen ernst meint: „Wenn man eben seinen Erstgeborenen in einem auf liniirten Papier geschriebenen Geburtstagscarmen entdeckt zu haben glaubt", dieser Teilsatz lässt sich durch das unbestimmte Pronomen nicht ausschließlich auf den Poeten beziehen, sondern auch auf die Abonnenten der *Deutschen Dichtung*, zumal diese in der formatspezifischen Logik des Medienformats Journal „eben" erst von Fontanes ersten literarischen Versuchen gelesen hatten. Am Schluss des vorhergehenden Halbjahresbands der Zeitschrift findet sich der Journalvorabdruck eines Kapitels aus Fontanes *Kinderjahren* und in diesem eine Textstelle, an die sich die Leser bei der Lektüre des zu Beginn des Folgebands erscheinenden ‚Erstlingswerk'-Aufsatzes erinnert fühlen müssen. Der Dichter entsinnt sich dort „eines litterarischen Vorgangs", in dem er „mit 9 oder 10 Jahren die Hauptrolle spielte",[30] als er in ein liniertes Schulheft ein Gedicht anlässlich des Jahrestags seines Vaters schrieb.[31] Dies hebt jedoch Fontanes Disqualifizierung des Geburtstagsgedichts als Erstlingswerk nicht auf. Die intertextuelle Verknüpfung der beiden Fontane-Texte in der *Deutschen Dichtung* scheint vielmehr eine andere Funktion zu übernehmen, die mit der Suche nach Fontanes Erstlingswerk in Verbindung steht. Das ‚Schülerjahre'-Kapitel führt die Leser des Journals zu einer dritten Option, die sich tatsächlich als Erstlingswerk eignet. Mit anderen Worten: Vom zu späten Erstlingswerk (Schulaufsatz) führen die disqualifizierten „Erstgeborenen" (Geburtstagsgedicht und Dramenprolog) zu anderen frühen Texten Fontanes, die zwar weniger lang zurückliegen als die Vorgenannten, im Gegensatz zu diesen jedoch ein wichtiges werkspezifisches Kriterium erfüllen. Sie sind gedruckt worden und damit überhaupt erst für ein Lesepublikum zugänglich.[32] So liefert Fontane im Kapitel der ‚Schülerjahre' einen Vorausblick auf seine Lehrzeit in der Apotheke und berichtet in diesem Zuge, wie er samstags

---

29 Ebd., S. 60.
30 Theodor Fontane: Meine Schülerjahre. (Schluß). In: Deutsche Dichtung 15 (1893/94), S. 159–163, hier S. 160.
31 Vgl. ebd.
32 Für Carlos Spoerhase stellen die Veröffentlichung eines Texts, die Existenz eines Titels, die Autorabsicht sowie der Geschlossenheits- bzw. Vollendungsgrad Voraussetzungen dafür dar, dass ein Text den Status als Werk für sich reklamieren kann. Diese Kriterien leitet Spoerhase jedoch nicht aus Werken selbst ab, sondern aus Forschungsbeiträgen. Wenngleich dies nicht zwangsläufig bedeuten muss, dass die aufgeführten Kriterien nicht zutreffen, so läuft Spoerhase hierdurch trotzdem Gefahr, blinde Flecken der Werkforschung zu (re-)produzieren. Darüber hinaus weist bereits der Beitragstitel auf ein weiteres Problem hin, das auch in den Ausführungen nicht revidiert wird: Er versteht Werke als eine Kategorie, der überzeitlich stabile Kriterien zugrunde liegen. Folgerichtig fragt er, was ein Werk *ist* und nicht, was Werke unter den sich verändernden Produktions-, Distributions- und Rezeptionsbedingungen von Literatur *waren* und *sind*, vgl. Spoerhase: Was ist ein Werk? (wie Anm. 10), insb. S. 288.

> [...] einen in einem hölzernen dorischen Tempel aufgebauten Teil der Apotheke, der den lächerlichen Namen *corpus chemicum* führte, mit einem großen nassen Handtuche sauber putzen [musste]. Eine vollkommene Waschfrauenarbeit. Aber es störte mich sehr wenig, weil es sich nicht selten so traf, daß gerad an diesen Sonnabenden irgend eine Ballade von mir, sagen wir „Pizarros Tod" oder „Simson im Tempel der Philister" in dem damals in der Adlerstraße erscheinenden „Berliner Figaro" gestanden hatte. Und daß ich mir nun sagen durfte, dieser „Simson im Tempel der Philister" rührt von D i r her, trägt D e i n e n Namen, gab mir ein so kolossales Selbstbewußtsein.[33]

Auch bei diesen zwei Balladen handelt es sich streng genommen nicht um Fontanes erste Journalpublikationen.[34] Zwar gibt der Dichter vor, er würde aus seinen frühen Texten ein paar beliebige herausgreifen, jedoch entpuppt sich dies bei genauem Hinsehen als gezielte Auswahl. Diegetisch eint die zwei Balladen nicht nur die Rache der Protagonisten an den Unterdrückern; in den Gedichten handeln die Rächer bzw. Gerächten zudem durch das gesprochene Wort. Simson bringt nicht, wie im Alten Testament, den Tempel über den ihn gefangen haltenden Philistern durch brachiale Gewalt zum Einstürzen.[35] Stattdessen trägt er in der Ballade, begleitet durch eine Harfe, ein Lied vor, das seine Peiniger in die Flucht treibt, woraufhin der Tempel über Balladenheld und Flüchtenden einstürzt.[36] Ähnlich liegen die Verhältnisse in ‚Pizarros Tod', in der Diego de Almagro vor den Pizarro-Brüdern auf einem Tempel hingerichtet wird – nicht ohne die beiden Tyrannen in seinen letzten Worten vor der sie erwartenden göttlichen Rache zu warnen.[37] Und ausgerechnet diese Zeitungsvorabdrucke von zwei die Wirkungskraft des gesprochenen Worts zelebrierenden Balladen erklärt Fontane im Vorabdruck des ‚Schülerjahre'-Kapitels zu Tempeln, die *er* erschaffen hat und die *ihm* gewidmet sind. Er stilisert die mit seinen Gedichten gefüllten Zeitungskolumnen demnach gleichsam zum Anlass sowie zum sakralen Ort, an welchem ihm durch intensive Textlektüre gedacht wird. Die zwei Texte erklärt Fontane, in anderen Worten, zu journalliterarischen Werken.[38]

Der Poet wendet sich also nicht einfach nur gegen Franzos' biblionomes Werkkonzept, indem er einen Schulaufsatz als Erstlingswerk bezeichnet. Er nutzt überdies die Formatspezifika der Zeitschrift aus, um in der *Deutschen Dichtung* den ‚Erstlingswerk'-Aufsatz mit dem sich in materialer Nähe befindlichen ‚Schülerjahre'-Kapitel intertextuell zu verknüpfen und auf diese Weise das in letzterem vorgestellte, der Verbindung von Werk und Buch zuwiderlaufende Konzept eines Journaloeuvres in die Tat umzusetzen. Schließlich erfordert die Rekonstruktion dieses journalliterä-

---

33 Fontane: Meine Schülerjahre (wie Anm. 30), S. 159 (Hervorhebungen im Original).
34 Zuvor erscheint unter anderem im Dezember 1839 die Novelle ‚Geschwisterliebe' im *Berliner Figaro*, vgl. [Theodor] Fontan[e]: Geschwisterliebe. Novelle. In: Berliner Figaro Nr. 297 (21.12.1839), S. 1185–1187.
35 Ri 15,1–16,31.
36 Vgl. Theodor Fontane: Simson's Tod. In: Berliner Figaro Nr. 31 (06.02.1840), S. 121.
37 Vgl. Theodor Fontane: Vergeltung. I. In: Berliner Figaro Nr. 58 (09.03.1840), S. 229f. Anm.: Der Titel der realen Journalpublikation lautete nicht ‚Pizarros Tod', sondern ‚Vergeltung'.
38 Vgl. Martus: Werkpolitik (wie Anm. 5), S. 4–13.

rischen Werkkonzepts just jene Form der intensiven Medien- und Textbehandlung, die Fontane in dem Auszug aus seiner Autobiografie für seine frühen Balladen im *Berliner Figaro* imaginiert. Die Abonnenten der *Deutschen Dichtung* müssen das Journal intensiv und autorzentriert lesen; es ist erforderlich, dass sie die vorangegangenen Hefte der Zeitschrift aufbewahren, im Idealfall zu einem Band zusammenbinden lassen, im Regal archivieren und Fontanes Lektüreangebot in die Tat umsetzen, indem sie den jüngsten Halbjahresband neben das aktuelle Journalheft legen und den ‚Erstlingswerk'-Aufsatz mit dem ‚Schülerjahre'-Kapitel zusammenlesen. Das Konzept Journalwerk, soweit es sich anhand des hier vorgestellten Fallbeispiels umreißen lässt, scheint sich in einem paradoxen Verhältnis zu demjenigen Medienformat zu befinden, das seine Möglichkeitsbedingung darstellt. Nutzt Fontane einerseits die Periodizität der Zeitschrift aus, um Verknüpfungen zwischen seinen Texten herzustellen, so ignoriert er geflissentlich ihre Miszellanität und setzt stattdessen einen (zumindest auch) intensiv-autorzentrierten und dementsprechend eher mit dem Buch als mit dem Journal assoziierten Medienumgang voraus.

3 Korpus

Die beiden im vorhergehenden Abschnitt vorgestellten, miteinander verknüpften und auf diese Weise eine werkartige Lektüre provozierenden Texte in der *Deutschen Dichtung* stellen lediglich einen Ausschnitt des Untersuchungsgegenstands dar. So wächst der Umfang der Texte, anhand derer ich Werke in Journalen rekonstruieren möchte, bereits mit einem weiteren Blick in die *Deutsche Dichtung*. In dieser erscheint 1895 nicht nur der Vorabdruck des ‚Schülerjahre'-Kapitels, sondern wenige Monate nach den autobiografischen Textlieferungen und exakt vier Wochen vor dem ‚Erstlingswerk'-Aufsatz auch Fontanes Novelle ‚Eine Frau in meinen Jahren',[39] welche bereits einige Jahre zuvor in *Zur guten Stunde* erschienen war.[40] In der Novelle wandern die beiden Hauptfiguren – die Assoziation mit dem ‚Erstlingswerk'-Aufsatz liegt nicht fern – über ein ehemaliges Schlachtfeld: Im Kurort Bad Kissingen schlugen die Preußen die bayrischen Truppen am 10. Juli 1866 und drängten diese über die Saale zurück. Über den Verlauf der Schlacht berichtete Fontane in seinem Buch *Der Deutsche Krieg von 1866* selbst.[41] Die übereinstimmenden Details zwischen Kriegsbericht und Novelle erweitern das intertextuelle Netzwerk in der *Deutschen Dichtung* über die Grenzen der Zeitschrift hinaus und in Fontanes bereits buchförmig vorliegendes Œuvre hinein.[42] Nicht zuletzt vor diesem Hintergrund provoziert die Juxtaposition von Titel und Autorname, ‚Eine

---

39 Theodor Fontane: Eine Frau in meinen Jahren. In: Deutsche Dichtung 16 (1894), S. 9–12.
40 Theodor Fontane: Eine Frau in meinen Jahren. In: Zur guten Stunde 1 (1887/88), Sp. 813–818.
41 Vgl. Theodor Fontane: Der Deutsche Krieg von 1866. Mit Illustrationen von Ludwig Burger. Bd. 2: Der Feldzug in West- und Mitteldeutschland. Berlin 1871, S. 105–117.
42 Andreas Beck hat rekonstruiert, wie Fontane durch die Verknüpfung zweier in *Zur guten Stunde* abgedruckter Gedichte mit seinem bereits als Buch vorliegenden Roman-Erstling *Vor dem Sturm* „autoreflexive intertextuelle Verstrebungen" erschafft, anhand derer er sich

Frau in *meinen Jahren*' (Hervorhebungen M.D.) auf den Dichter selbst zu beziehen und somit als eine Art Fortsetzung zu ‚*Meine* Schüler*jahre*' (Hervorhebungen M.D.) zu lesen, als deren Urheber sich unterhalb des Titels ebenfalls ‚Theodor Fontane' ausweist.[43] In *Zur guten Stunde* erschienen vor allem über einen Zeitraum von anderthalb Jahren 34 Gedichte,[44] die teilweise auf der Rezeptionseinheit Journalseite miteinander paratextuell arrangiert sind und zwischen denen sich durch die Zeitschrift hindurch ein intertextuelles Netz aufspannt.[45] Die materiale Grundlage meines Projekts ergibt sich demnach primär aus den para- und intertextuellen Verknüpfungen zwischen den in den verschiedenen Journalen abgedruckten Texten selbst. Diese gilt es zu rekonstruieren. Gleichwohl erscheint es sinnvoll, auch andere Parameter zur Begrenzung des Korpus zu erwägen, da die Strategien zur Konstitution eines Werks im Journal zwangsläufig von den Eigenschaften einer spezifischen Zeitschrift abhingen. Letzteres könnte insbesondere für den *Pan* gelten, dessen ästhetischer Eigenwert (zumindest teilweise) andere Werkstrategien ermöglichte und erforderte.[46]

4 Forschungsstand

Die im 19. Jahrhundert übliche Praxis des Vorabdrucks von Texten in Zeitungen und Zeitschriften dient in den letzten dreißig Jahren vermehrt als Gegenstand literaturwissenschaftlicher Untersuchungen. Letztere fokussieren in der Regel die Wechselwirkung zwischen dem Medium bzw. Medienformat auf der einen und dem Text auf der anderen Seite. Während ältere Beiträge häufig den restriktiven Einfluss journalförmiger Medien auf die Textproduktion unterstreichen,[47] heben neuere Arbeiten in der Regel das

---

„selbstbewusst an (zeitgenössisch wohl eher rare) Fontane-Leser richtet und auf die Konstitution seines Œuvres hinarbeitet", Beck: Semantisierte Typographie (wie Anm. 27), S. 260.

43 Vgl. Theodor Fontane: Eine Frau in meinen Jahren (wie Anm. 39), S. 9–12; Ders.: Meine Schülerjahre (wie Anm. 30), S. 136–140; Ders. Meine Schülerjahre. (Schluß). In: Deutsche Dichtung 15 (1893/94), S. 159–163.

44 Vgl. Georg Wolpert: ‚Herr von Ribbeck', ‚Kaiser Friedrich' und ‚Eine Frau in meinen Jahren' … Datierungsfragen zu den Veröffentlichungen Theodor Fontanes in der Zeitschrift ‚Zur guten Stunde'. In: Fontane-Blätter 87 (2009), S. 92–121.

45 Vgl. Moritz Döring: [Art.] Gedichte in Zeitungen und Zeitschriften. In: Rolf Parr u. a. (Hrsgg.): Theodor-Fontane-Handbuch. Berlin, Boston [erscheint 2022].

46 Die erste Lieferung von Fontanes Autobiografie im *Pan* spielt zwar mit dem Werkpotenzial von Journaltexten, indem sie ihren Erscheinungsort (Journal) und -zeitpunkt (Ostern 1895) reflektiert und – in einem Wechselspiel zwischen Diegese und Lebenswirklichkeit der Abonnenten – Fontanes Anfänge als Dichter im Journal zu einer christlichen Heilsgeschichte stilisiert. Ähnlich geartete Formen der Metaisierung ergeben sich für die restlichen im *Pan* abgedruckten Fontane-Texte meines Erachtens jedoch nicht, vgl. Theodor Fontane: Aus meinem Leben. In der Roseschen Apotheke. In: Pan 1.1 (1895/96), S. 22–27.

47 Vgl. exemplarisch die Aufsätze zum Thema von Hans-Jürgen Schrader. Dieser sieht die realistischen Autoren gar zunächst im ‚Schraubstock moderner Marktmechanismen' eingezwängt. In einem späteren Beitrag schreibt Schrader deutlich abgeschwächt von ‚mitformenden Marktfaktoren', Ders.: Im Schraubstock moderner Marktmechanismen. Vom Druck Kellers

gestalterische Potenzial von Zeitungen und Zeitschriften hervor, welches Schriftsteller für ihre literarischen Erzeugnisse ausnutzten.[48] In diesen einander entgegengesetzten Forschungspositionen, die Journale einerseits als einschränkendes und andererseits als entschränkendes Moment der Produktion und Gestaltung von literarischen Texten bewerten, finden sich nur ausnahmsweise Überlegungen, inwiefern ein neues Werkkonzept durch die Formateigenschaften der Zeitschrift ermöglicht bzw. durch den Journalvorabdruck als Zwischenschritt zum Bucherstdruck erforderlich wurde. In der Regel ist vielmehr das Gegenteil der Fall: „Journalliteratur findet", so ist in einem Einführungstext der aktuellen Journalliteraturforschung zu lesen,

> [...] ihre Textgrenzen nicht über die Reichweite der werkkonstitutiven Parameter Autor und Einzelwerk; vielmehr folgt journalliterarische Textkonstitution – im Wechselspiel von redaktioneller Lenkung, distributiver Konditionierung und Lektürepräferenzen – dynamisch den Rezeptionslogiken des Mediums.[49]

Der Autor wird an dieser Stelle zum Lieferanten degradiert, der seine Texte aus der Hand gibt und auf ihre Präsentation in Zeitung oder Zeitschrift keinen Einfluss zu nehmen versucht. Der Terminus ‚redaktionelle Lenkung' verdeckt überdies das Zusammenspiel der einzelnen, an der Textproduktion beteiligten Akteure. Aus einer solchen Perspektive fällt es schwer, journalförmigen Medien werkkonstitutives Potenzial zu unterstellen. Vor diesem Hintergrund überrascht es kaum, dass Helmstetters Aufforderung, für die Zeitschriftenliteratur des 19. Jahrhunderts „den Werk-Begriff zu überdenken",[50] bisher nur ausnahmsweise Folge geleistet wurde.[51]

Auf der anderen Seite hat sich auch die neuere Werkforschung bisher weitgehend der Frage verschlossen, inwieweit Journal und Werk zusammengedacht werden kön-

---

und Meyers in Rodenbergs ‚Deutscher Rundschau'. In: Jahresberichte der Gottfried Keller-Gesellschaft 62 (1993), S. 3–38; Ders.: Autorfedern unter Preß-Autorität. Mitformende Marktfaktoren der realistischen Erzählkunst – an Beispielen Storms, Raabes und Kellers. In: Jahrbuch der Raabe-Gesellschaft 2001, S. 1–40.

48 Vgl. exemplarisch Daniela Gretz: Ein literarischer „Versuch" im Experimentierfeld Zeitschrift. Medieneffekte der „Deutschen Rundschau" auf Gottfried Kellers „Sinngedicht". In: Zeitschrift für deutsche Philologie 134 (2015), S. 191–215; Günter: Im Vorhof der Kunst (wie Anm. 13).

49 Kaminski, Ruchatz: Journalliteratur (wie Anm. 4), S. 14.

50 Helmstetter: Geburt des Realismus (wie Anm. 6), S. 66.

51 Soweit ich das überblicke, nehmen zwei Beiträge das Werkpotenzial von Zeitschriften ernst. Sie beziehen sich dabei jedoch nicht explizit auf Helmstetters Untersuchung: Andreas Beck stellt in seinem Aufsatz über Fontanes in Zur guten Stunde abgedruckte ‚Märkische Reime' die These auf, dass sich der Dichter durch „autoreflexive intertextuelle Verstrebungen selbstbewusst an (zeitgenössisch wohl rare) Fontane-Leser richtet und auf die Konstitution seines Œuvres hinarbeitet", Beck: Semantisierte Typografie (wie Anm. 27), S. 260. Auch Carsten Zelle unterstellt Wielands im Teutschen Merkur abgedruckten ‚Bonifaz Schleicher' eine journalspezifische Werkförmigkeit, vgl. Zelle: Probleme der Werkeinheit (wie Anm. 10), S. 80.

nen.⁵² Zwar führte die praxeologische Neuausrichtung des Werkbegriffs im Verbund mit medienphilologischen Untersuchungen mitunter dazu, dass auch das Journal als potenzielles „Werkmedium"⁵³ und somit auch „die in einer Zeitschrift seriell publizierte Fassung" eines Texts als Opus in Betracht gezogen wird.⁵⁴ Jeweils relativieren die Untersuchungen jedoch umgehend – explizit oder implizit – die Relevanz des Journalzugunsten des Buchwerks. So wird an denselben Stellen lediglich für „in buchförmig gestaltete, abgeschlossene Jahresbände eingehen[de]"⁵⁵ Journalliteratur ein „Werk-Charakter zweiter Ordnung" konstatiert, oder aber es findet sich bezeichnenderweise ein Beitrag zum Werk im Buch, jedoch keiner zu einem ebensolchen im Journal.⁵⁶ Die vorliegenden Arbeiten widmen sich daher nicht der Frage, inwieweit sich vor dem Hintergrund des ‚Normalfalls' Zeitschriftenvorabdruck im 19. Jahrhundert auch die „Normen des Umgangs mit Literatur"⁵⁷ dergestalt verschoben, dass Zeitungen oder Zeitschriften für Produzenten und Rezipienten von literarischen Texten überhaupt erst als potenzielle Werkmedien nutzbar wurden. Dementsprechend widmen sie sich auch nicht der Frage nach dem Verhältnis zwischen den unterschiedlichen medialen Werkmanifestationen. Veränderten sich vor dem Hintergrund der Praxis des Zeitschriftenvorabdrucks im 19. Jahrhundert auch die Praktiken der Werkkonstitution, sodass Journal- neben Buchopera gleichrangig als ‚Normalfälle' erschienen? Unterliefen Journalwerke eine biblionome Kultur als ‚Grenzfälle literarischer Werkwerdung'?⁵⁸ Oder bezogen sich Journal- und Buchwerke primär funktional aufeinander, sodass ein Opus im Journal als Verbündeter des Buchwerks fungierte?

5 Werkbegriff

Fontanes miteinander verknüpfte Beiträge in der *Deutschen Dichtung* als Journalwerk zu lesen, fällt nicht schwer, schließlich verhandeln sie explizit Formen der Werkhaftig-

---

52 Eine Ausnahme stellt Annette Gilberts Kapitel zum Werkstatus von Vito Annoncis Text ‚On' in der Zeitschrift o TO 9 dar, vgl. Annette Gilbert: Im toten Winkel der Literatur. Grenzfälle literarischer Werkwerdung seit den 1950er Jahren. Paderborn 2018, S. 321–339.
53 Binczek, Dembeck, Schäfer: Einleitung (wie Anm. 9), S. 5.
54 Lutz Danneberg, Annette Gilbert, Carlos Spoerhase: Zur Gegenwart des Werks. In: Dies. (Hrsgg.): Das Werk (wie Anm. 7), S. 3–26, hier S. 5. Auch Nora Ramtke, Carsten Zelle und Nicola Kaminski kritisieren in der Einleitung des Sammelbands *Zeitschriftenliteratur/Fortsetzungsliteratur*, dass Werke auf die „kontextbereinigte, monadische Einzelausgabe" reduziert würden, anstatt auch Journale als potenzielle Werkmedien in Betracht zu ziehen, vgl. Nicola Kaminski, Nora Ramtke, Carsten Zelle: Zeitschriftenliteratur/Fortsetzungsliteratur: Problemaufriß. In: Dies. (Hrsgg.): Zeitschriftenliteratur/Fortsetzungsliteratur (wie Anm. 10), S. 7–39, hier S. 12.
55 Pompe: Zeitung/Zeitschrift (wie Anm. 12), S. 297.
56 Vgl. den Beitrag von Alexander Starre: Buchwerke. Paratext und post-digitale Materialität in der amerikanischen Gegenwartsliteratur. In: Danneberg, Gilbert, Spoerhase (Hrsgg.): Das Werk (wie Anm. 7), S. 169–190.
57 Martus: Werkpolitik (wie Anm. 5), S. 21.
58 Vgl. Gilbert: Grenzfälle literarischer Werkwerdung (wie Anm. 52).

keit vor der Kontrastfolie der sich inhaltlich am Medienformat Buch orientierenden restlichen ‚Erstlingswerk'-Beiträge.[59] Sie eignen sich daher zwar als Eingangsbeispiel für das, was ich heuristisch als Journalwerk bezeichne. Gleichzeitig offenbart sich an dieser Stelle ein forschungspraktisches Problem: Im Gegensatz zu Fontanes Texten in der *Deutschen Dichtung* stellt die große Mehrheit der Journaltexte die Verbindung zur Kategorie Werk nicht explizit her. Der Begriff ‚Journalwerk' stellt dementsprechend bisher eine Leerformel dar, sodass sich die Frage stellt, welche Eigenschaften ein Journaltext in der zweiten Hälfte des 19. Jahrhunderts aufweisen musste, um gemäß der damaligen „Normen des Umgangs mit Literatur" Werkstatus für sich reklamieren zu können. Ich habe aus dem Fallbeispiel zwei Bedingungen für den Werkstatus von Texten abgeleitet: Zum einen berichtet der mit Fontane assoziierte Erzähler von seinen Veröffentlichungen in Journalen, zum anderen provozieren die intertextuellen Verweise in Verbindung mit dem die Beiträge übertitelnden Autornamen eine autorzentrierte und aufmerksamkeitsintensive Lektüre. Diese konstitutiven Eigenschaften – das Vorliegen eines Texts als Druckwerk und eine durch die spezifische Textgestalt intendierte intensive Rezeptionsweise – dienen an dieser Stelle als heuristische Minimaldefinition der Kategorie Werk.[60]

Die Rede vom Werk als Textstatus ist dabei nicht zufällig gewählt. Thomas Kater hat in seinem Beitrag zu einem jüngst erschienenen Sammelband über den Werkbegriff den Versuch unternommen, denselben pragmatisch zu entwerfen.[61] Er nimmt an, dass ein Text nicht aufgrund spezifischer Eigenschaften zu einem Werk würde. Stattdessen handele es sich dabei um einen Status, den ein Text durch bestimmte literarische und literaturwissenschaftliche Behandlungsweisen erlange, welche historisch variablen „Regeln oder Konventionen" folgen.[62] Demnach versteht Kater im Anschluss an Carlos Spoerhase Werke als soziale Tatsachen,[63] „die erst in einem ‚institutionellen'

---

[59] Mit einem ähnlichen Problem sieht sich Annette Gilbert in ihrer Untersuchung konfrontiert: „Zur Erhellung der Voraussetzungen, Implikationen und Problemfelder dieses Prozesses werden im Folgenden ähnlich einschlägige Positionen der jüngsten Literatur und Kunst gesichtet, die eine starke Reflexion etablierter Praktiken der Konstitution von ‚Werk' und ihres eigenen Werkseins erkennen lassen und paradigmatisch, sich selbst als Exempel statuierend, die literarische Werkwerdung ergründen und einer Bewährungsprobe aussetzen", ebd., S. 16.

[60] Sie sind bereits an anderer Stelle von der Forschung als Werkmerkmale angeführt worden, vgl. Spoerhase: Was ist ein Werk? (wie Anm. 10), S. 288.

[61] Vgl. Kater: Grundlinien und Elemente eines pragmatischen Werkbegriffs (wie Anm. 7).

[62] Vgl. ebd., S. 73. Carlos Spoerhase wählt demgegenüber den Begriff des ‚Werkeffekts', den er bei Jürgen Fohrmann entlehnt: Bei einem Werk handele es sich um einen „Effekt [–], der sich literarischen und literaturwissenschaftlichen Strategien und Instrumenten verdankt", Spoerhase: Was ist ein Werk? (wie Anm. 10), S. 343. Helmstetter gibt im Gegensatz dazu seiner nachvollziehbaren Forderung nach einer Revision des Werkbegriffs vor dem Hintergrund der Praxis des Zeitschriftenvorabdrucks keine ausreichende Definition von Werk bei. Ein Werk, heißt es dort in einer Fußnote, sei „als Resultat von Lektüren (und Rezeptionsprozessen) eine soziale Größe", Helmstetter: Geburt des Realismus (wie Anm. 6), S. 66.

[63] Vgl. Kater: Grundlinien und Elemente eines pragmatischen Werkbegriffs (wie Anm. 7), S. 73.

Rahmen in Erscheinung treten."[64] Seinen pragmatischen Werkbegriff unterfüttert er mit John R. Searles Sozialontologie, beziehungsweise genauer: mit dessen Arbeit *The Construction of Social Reality*, welcher er die Grundformel „X zählt als Y im Kontext K" entlehnt.[65] Diesen Denkansatz erachte ich als sinnvoll. Er vermag es, den Werkbegriff zu öffnen, indem er diesen der an ihn herangetragenen Eigenschaften entledigt. Ein Text muss von diesem Standpunkt aus – um ein Beispiel für ein häufig genanntes, vermeintlich werkkonstitutives Kriterium anzuführen – nicht zwangsläufig materialiter, typografisch oder textlinguistisch geschlossen sein[66] und in Buchform vorliegen,[67] um den Status eines Werks erlangen zu können. Stattdessen betont diese Sichtweise den in der überwiegenden Mehrzahl der Forschungsbeiträge zwar unbewusst angenommenen, jedoch nur selten reflektierten Umstand, dass institutionalisierte Textumgangsweisen die Kriterien für den Werkstatus von Texten bestimmen – und dass diese Praktiken nicht überzeitlich stabil sind. Es erscheint daher denkbar, dass höchst unterschiedliche Formationen von (impliziten) Konventionen festlegen, ob ein Text in den Augen seiner Leser ein Werk darstellt oder nicht. Erst vor diesem Hintergrund lässt sich Journaltexten eine medienspezifische Werkförmigkeit unterstellen.

---

64 Spoerhase: Was ist ein Werk? (wie Anm. 10), S. 326.
65 John R. Searles: Die Konstruktion der gesellschaftlichen Wirklichkeit. Zur Ontologie sozialer Tatsachen. 4. Aufl. Berlin 2018 (suhrkamp taschenbuch wissenschaft 2005), S. 38.
66 Vgl. exemplarisch Steffen Martus: Werk. In: Gerhard Lauer, Christine Ruhrberg (Hrsgg.): Lexikon Literaturwissenschaft. Hundert Grundbegriffe. Stuttgart 2011, S. 354–357.
67 Vgl. exemplarisch Spoerhase: Was ist ein Werk? (wie Anm. 10).

Daniela Gastell

Frauen als Unternehmerinnen in den Familienunternehmen des deutschen Verlagsbuchhandels – Forschungsbericht und Projektskizze

„Die Geschichte der Frau im Buchgewerbe ist noch nicht geschrieben"[1] – diese Feststellung von Annemarie Meiner zur Einleitung ihres Beitrags *Die Frau im Druckgewerbe*, der 1933 im Gutenberg-Jahrbuch erschien, hat noch heute Gültigkeit. In den letzten Jahrzehnten wurden einzelne Versuche unternommen, zumindest die „Zahl der Frauen, die eine Rolle in der Entwicklung des Buchgewerbes gespielt haben",[2] näher zu bestimmen und anhand einzelner Fallbeispiele Rollen und Handlungsspielräume zu erhellen. Besonders die angelsächsische Forschung konzentrierte ihren Blick stärker auf die Frauen als Akteurinnen und weniger auf die Einschränkungen, die die wirtschaftlichen Entwicklungen im Zuge der Industrialisierung und die verstärkte Orientierung der Gesellschaft an idealtypischen bürgerlichen Rollenbildern für die Frauen mit sich brachten. Während die traditionelle deutsche Wirtschafts- und Bürgertumsgeschichte geringe Impulse zur Erforschung der Geschichte von Unternehmerinnen geliefert hat,[3] rücken einzelne sozial- und kulturhistorisch ausgerichtete Untersuchungen vor allem aus dem Bereich der Forschung über Familienunternehmen die Rolle der Frau vermehrt in den Vordergrund. Dieser Forschungsbericht konzentriert sich auf den Untersuchungszeitraum vom 18. Jahrhundert bis zur Mitte des 20. Jahrhunderts, einzelne Beiträge und Veröffentlichungen, die einen früheren Zeitraum betreffen, wurden jedoch ebenfalls aufgenommen.

1   Unternehmerinnen im deutschen Buchhandel

Die Erbfolge im Buchhandel zielte wie in den Familienbetrieben anderer Branchen allgemein auf eine Vererbung „im Mannesstamm". Für Georg Jäger stand 2001 im

---

1   Annemarie Meiner: Die Frau im Druckgewerbe. Aus Notizen zu einer Geschichte der Frau im Buchgewerbe. In: Gutenberg-Jahrbuch 1933, S. 333–343, hier S. 333. Vgl. auch, mehr als zwei Jahrzehnte später, Annemarie Meiner: Die Frau im Buchgewerbe. Eine soziologische Plauderei. In: Fritz Hodeige (Hrsg): Das Werck der Bucher. Von der Wirksamkeit des Buches in Vergangenheit und Gegenwart. Festschrift für Horst Kliemann. Freiburg im Breisgau 1956, S. 189–200, hier S. 189f.: „Das ist ein weites, noch fast unbestelltes Feld, doch würde es sich lohnen, es einmal zu beackern, […]."
2   Ebd.
3   Vgl. Christiane Eifert: Deutsche Unternehmerinnen im 20. Jahrhundert. München 2011, S. 11 und 15.

Rahmen der *Geschichte des deutschen Buchhandels* im Kaiserreich bezüglich der *Stellung der Frau im Verlagswesen* fest, dass Frauen „als Individuen kaum eine Rolle spielten",[4] da die Unternehmensnachfolge sich nach dem klassischen Muster richtete: „Der Verlag war traditionellerweise in Familienbesitz. Er wurde vom Vater auf den Sohn vererbt, welcher meist schon vor dem Ausscheiden des Vaters als Teilhaber in die Firma eintrat oder als Geschäftsführer tätig war."[5]

Einige Jahre bevor der erste Band der *Geschichte des deutschen Buchhandels* mit den Ausführungen Jägers erschien, hatten buchwissenschaftliche und unternehmenshistorische Untersuchungen allerdings darauf aufmerksam gemacht, dass gerade im Verlagsbuchhandel Frauen in der Leitung des Familienunternehmens aktiv wurden; dass sie zwar auf den ersten Blick oftmals lediglich „als Vermittlerinnen zwischen den Generationen" erschienen, diese Funktion aber „vielfach mit Engagement und Geschäftstüchtigkeit" ausfüllten.[6]

Das *Leipziger Jahrbuch zur Buchgeschichte* vereinte im Jahr 1996 mehrere Beiträge, die sich mit der Rolle der Frau im deutschen und englischen Buchhandel auseinandersetzten.[7] Mark Lehmstedt nimmt in seinem Aufsatz vor allem das 18. und frühe 19. Jahrhundert in den Blick und rückt Friederike Helene Unger in ihrer Rolle als Verlegerin in den Fokus der Untersuchung.[8] Zusätzlich präsentiert er eine Auswahl von Frauen, die zwischen 1751 und 1813 länger als fünf Jahre lang Inhaberinnen eines Unternehmens im Druckgewerbe oder Verlagsbuchhandel waren. Relevant ist über das Fallbeispiel und diese Aufzählung hinaus die aus dem Quellenmaterial erarbeitete erstmalige Beschreibung der unterschiedlichen Rollen und Funktionen, die Frauen und das von ihnen zur Verfügung gestellte Kapital innerhalb der Familienunternehmen einnahmen. Die von Lehmstedt als Quellen herangezogenen Überblickswerke aus der Lokalhistoriographie des Buchhandels ermöglichten es zwar „eine ganze Reihe von Frauen namhaft zu machen",[9] deren tatsächliche Leistungen konnten mithilfe dieser Quellen jedoch nicht erhellt werden. Im Fall von Friederike Helene Unger wiede-

---

4 Georg Jäger: Die Verlegerpersönlichkeit. Ideelle Interessen, wirtschaftliche Erfolge, soziale Stellung. In: Georg Jäger (Hrsg.): Geschichte des deutschen Buchhandels im 19. und 20. Jahrhundert. Das Kaiserreich 1870–1918. Teil 1. Frankfurt am Main 2001, S. 216–244, hier S. 218.
5 Georg Jäger: Vom Familienbesitz zur Aktiengesellschaft. Besitzverhältnisse und Gesellschaftsform im Verlagswesen. In: Jäger (Hrsg.): Geschichte des deutschen Buchhandels (wie Anm. 4), S. 197–215, hier S. 197.
6 Volker Titel: Deutsche Buchhändlerinnen im 19. Jahrhundert. In: Leipziger Jahrbuch zur Buchgeschichte 6 (1996) S. 155–169, hier S. 164.
7 Es handelte sich um die Beiträge von Mark Lehmstedt, Volker Titel, Maureen Bell, Tamara L. Hunt und Leslie Howsam, die alle im weiteren Verlauf dieses Forschungsberichts skizziert werden.
8 Mark Lehmstedt: „Ich bin nun vollends zur Kaufmannsfrau verdorben." Zur Rolle der Frau in der Geschichte des Buchwesens am Beispiel von Friederike Helene Unger (1751–1813). In: Leipziger Jahrbuch zur Buchgeschichte 6 (1996), S. 81–154.
9 Ebd., S. 92.

rum haben sich Briefe und Unterlagen erhalten, die es ermöglichten, ihren Einfluss innerhalb des Verlags zu rekonstruieren. Die von Lehmstedt mithilfe David L. Paiseys Kompendium *Deutsche Buchdrucker, Buchhändler und Verleger 1700–1750*[10] für die Jahre 1700 und 1750 vorgenommene Einschätzung des Anteils der in weiblichem Besitz befindlichen Unternehmen stellt die Überleitung zu Volker Titels Beitrag *Deutsche Buchhändlerinnen im 19. Jahrhundert*[11] dar.

Titels Untersuchung liegt mit einer quantitativen Analyse und der Präsentation einzelner Fallbeispiele eine ähnliche methodische Vorgehensweise wie der Studie von Lehmstedt zugrunde. Anhand der Auswertung des *Allgemeinen Adreßbuchs für den deutschen Buchhandel*[12] konnte Titel für das Jahr 1840 analog zu Lehmstedt ebenfalls einen Anteil von ca. 5% in weiblichem Besitz befindliche Unternehmen nachweisen. Zudem wertete er die Mitgliederlisten des Börsenvereins der deutschen Buchhändler aus. Während aus dem Besitz nicht automatisch auf persönliches Engagement innerhalb der Leitung des Unternehmens geschlossen werden konnte, setzte die Mitgliedschaft im Börsenverein ein gezieltes, aktives Handeln der Frauen voraus. Da es sich nicht um eine firmen-, sondern personenbezogene Mitgliedschaft handelte, ging sie nach dem Tod des Inhabers nicht automatisch auf die Erben über, sondern musste erneut persönlich beantragt werden. Die Liste der Mitgliedschaften im Börsenverein der Jahre 1825 bis 1852 bestätigt, dass die Mehrzahl der Frauen mehr als zehn Jahre, einige sogar über 20 Jahre lang Mitglied im Börsenverein waren. Ein weiteres Indiz dafür, dass Frauen in der Unternehmensnachfolge nicht pauschal als „Lückenbüßerinnen" zwischen den Generationen zu werten sind, liefern Titels Hinweise auf die Dauer der Inhaberschaft. 1840 „befanden sich über 60% [der Unternehmen] seit mehr als fünf und noch über 20% seit mehr als zehn Jahren"[13] im Besitz der Frauen. Titels Untersuchung lässt somit den Schluss zu, dass es sich bei der Präsenz von Frauen in der Unternehmensnachfolge im Buchhandel häufig um mehr als nur „kurze Überbrückungsphasen" handelte.[14]

Elke Hlawatschek ist 1991 in einer sozialgeschichtlichen Analyse der Unternehmerin im Zeitraum von 1800 bis 1945 zu einer ähnlichen Einschätzung gelangt. Sie schlussfolgert, dass „Unternehmenserbinnen keineswegs die Aufgabe, für die sie nicht vorgesehen waren, zum frühestmöglichen Zeitpunkt aufgaben."[15] Hlawatscheks Aufsatz kann insgesamt als grundlegend gelten. Sie hat durch die Auswertung von Firmenfestschriften, Familiengeschichten, Biographien und wenigen autobiographischen Aufzeichnungen die Anlässe und Motive der weiblichen unternehmerischen Tätigkeit;

---

10 David Paisey: Deutsche Buchdrucker, Buchhändler und Verleger 1700–1750. Wiesbaden 1988 (Beiträge zum Buch- und Bibliothekswesen; 26).
11 Titel: Deutsche Buchhändlerinnen (wie Anm. 6), S. 155–169.
12 Allgemeines Adreßbuch für den deutschen Buchhandel, den Antiquar-, Colportage-, Kunst-, Landkarten- und Musikalien-Handel sowie verwandte Geschäftszweige. Leipzig 1839–1888.
13 Titel: Deutsche Buchhändlerinnen (wie Anm. 6), S. 157.
14 Ebd.
15 Elke Hlawatschek: Die Unternehmerin 1800–1945. In: Hans Pohl (Hrsg.): Die Frau in der deutschen Wirtschaft. Wiesbaden 1985, S. 127–146, hier S. 138.

die Herkunft, Bildung und Ausbildung der Unternehmerinnen; die Formen der unternehmerischen Leitung; das Selbstverständnis der Unternehmerinnen sowie die Bereiche und die Beendigung ihrer unternehmerischen Tätigkeit untersucht. Unklar bleibt, wie viele Unternehmerinnen im Untersuchungszeitraum identifiziert werden konnten. Im Hinblick auf deren Branchenzugehörigkeit beobachtet Hlawatschek allerdings, dass sich „besonders im Druck- und Verlagsgewerbe viele Unternehmenserbinnen finden und diese Unternehmen teilweise über Generationen hinweg von Frauen geleitet wurden".[16] Die Gründe hierfür vermutet sie vor allem in der vergleichsweise guten Quellenlage aufgrund der zahlreichen vorliegenden Festschriften und darin, dass es sich bei den Unternehmen größtenteils um kleinere und mittlere, stark von der Inhaberfamilie geprägte Betriebe handelte, die günstige Bedingungen für die unternehmerische Tätigkeit von Frauen boten.[17] Sie konstatiert, dass sich in den kleinen und mittleren wirtschaftsbürgerlichen Betrieben die für die Vor- und Frühindustrialisierung charakteristische enge Verbindung von Geschäft, Haushalt und Familie noch deutlich länger erhalten hat als in den größeren Unternehmen. Die Mitwirkung der Ehefrau im Unternehmen war die Regel und auch bei der Übernahme der Leitung durch die Witwen stellte deren mangelnde formale Ausbildung noch kaum ein Hindernis dar. Denn die Unternehmerfunktion wurde in den kleineren Betrieben noch stark durch „empirisch-praktische Kenntnisse"[18] geprägt, die sich die Frauen in ihrer jahrelangen Mitarbeit angeeignet hatten. Wohingegen innerhalb der großen Unternehmen im Zuge der Industrialisierung und der zunehmenden Trennung von privatem Haushalt und Betrieb wiederum vermehrt leitende Angestellte eine wichtige Rolle spielten.

Jäger geht für die Zeit des Kaiserreichs davon aus, dass die Verlegerwitwen den Verlag „mit Unterstützung eines Prokuristen bis zur Übernahme durch den Sohn weiter[führten], oder sie setzte[n] den ältesten Sohn als Geschäftsführer ein und trat[en] ihm nach einiger Zeit die Firma gegen eine Leibrente ab".[19] Er betont die Passivität und den eingeschränkten Handlungsspielraum der Frauen, indem er an anderer Stelle zusätzlich bekräftigt, dass die Frauen „[d]ie Geschäftsführung und damit die Vertretung der Firma nach außen […] fast immer einem Mann" überließen.[20] Michael Schäfer, der 2007 mit *Familienunternehmen und Unternehmerfamilien* eine sozial- und wirtschaftsgeschichtlich angelegte Analyse des sächsischen Unternehmertums in der Zeit von 1850 bis 1940 vorgelegt hat,[21] spricht in diesem Zusammenhang, allerdings ohne direkten Bezug auf Jäger, von einem generellen „Topos der Firmenfestschriften", der

---

16 Ebd., S. 137.
17 Ebd., S. 137f.
18 Ebd., S. 134.
19 Jäger: Familienbesitz (wie Anm. 5), S. 197.
20 Jäger: Verlegerpersönlichkeit (wie Anm. 4), S. 218.
21 Michael Schäfer: Familienunternehmen und Unternehmerfamilien. Zur Sozial- und Wirtschaftsgeschichte der sächsischen Unternehmer 1850–1940. München 2007 (Schriftenreihe zur Zeitschrift für Unternehmensgeschichte; 18).

den „loyalen Prokuristen" stets als „unentbehrlichen Helfer"[22] der Witwe darstellt. Im Unterschied zu Jäger betont Schäfer, dass der Einsatz eines Prokuristen eine aktive Beteiligung der Witwe an der Unternehmensleitung nicht ausschloss.[23]

Schäfer konnte für seine Untersuchung auf einen umfangreichen Quellenbestand in den drei sächsischen Staatsarchiven in Dresden, Leipzig und Chemnitz sowie dem Sächsischen Wirtschaftsarchiv zurückgreifen. Auch der dort gut dokumentierte Buchhandel wurde als Branche in die Studie aufgenommen. Zusätzlich zu den archivalischen Quellen wie Gesellschaftsverträgen und testamentarischen Dokumenten wurden Firmenfestschriften und biographische Sammelwerke mit dem Ziel ausgewertet, das gegenseitige Verhältnis von Unternehmen und Familie herauszuarbeiten.

Konkret beleuchtet wird die Rolle der Frauen von Schäfer vor allem im Rahmen der Unternehmensnachfolge und in der Frage nach der generellen „Sinnbeziehung von Unternehmerfrauen zum familieneigenen Unternehmen". Dabei stellt er fest, dass sich diese „nicht unbedingt in ihrem Einsatz für Gatten und Söhne erschöpfte".[24] Beispiele auch aus dem Verlagswesen, wie die Übernahme der Dürr'schen Buchhandlung durch die Witwe Else Dürr gegen den erklärten Willen ihres durch Suizid verstorbenen Ehemannes, machen deutlich, welche „strategische Rolle"[25] den Witwen in Krisen- und Konfliktsituationen zukam und auf welche Art und Weise sie die ihnen zur Verfügung stehenden Möglichkeiten der aktiven Übernahme unternehmerischer Kontroll- und Entscheidungsbefugnisse nutzten. Schäfer legt ein „breiteres Spektrum möglicher Sinnperspektiven"[26] in den Beziehung der Frauen zum familieneigenen Unternehmen frei, das durch die individuelle Anteilnahme an der Entwicklung des Unternehmens und die jeweils von den Frauen übernommenen Aufgaben bestimmt worden sei. Er bestätigt anhand empirischer Belege ebenfalls, dass das aktive Engagement der Frauen in der Unternehmensleitung häufig längerfristigen Charakter hatte und „die Bewahrung und Mehrung des familieneigenen Geschäfts [...] auch für die weiblichen Mitglieder der Unternehmerfamilie zum Lebenswerk werden"[27] konnte.

Die Frage nach möglichen Heiratsstrategien innerhalb des sächsischen Unternehmertums lässt Schäfer weitgehend offen. Er weist darauf hin, dass sich „kaum empirisch belegen" lasse, „inwiefern [...] künftige Unternehmensgründer bei der Wahl ihrer Ehepartner tatsächlich von ökonomischen Kalkülen"[28] gesteuert wurden. Schaut man sich die von Ernst Metelmann dargestellten verflochtenen Stammbäume einzelner

---

22 Ebd., S. 151.
23 Anzumerken ist hier bereits, dass auch männliche Unternehmensinhaber sich mit fortschreitender Industrialisierung zunehmend auf angestellte Geschäftsführer stützten. Die bewusste Besetzung dieser Position mit einer Vertrauensperson durch die Unternehmensinhaberinnen kann durchaus als strategisches unternehmerisches Handeln beurteilt werden.
24 Schäfer: Familienunternehmen (wie Anm. 21), S. 151.
25 Ebd., S. 150.
26 Ebd., S. 161.
27 Ebd.
28 Ebd., S. 74.

Verlegerfamilien an, die sich nicht nur über die Söhne, sondern auch über die Töchter zu regelrechten Dynastien entwickelten,[29] dann wird deutlich, dass die Wahl des Ehepartners in der Verlagsbranche häufig in einem engen lokalen und familialen Kontext stattfand. Bestätigt wird damit David Sabeans Charakterisierung der Klassenbildung des 19. Jahrhunderts als „ein Prozeß des Aufbaus von Verbindungen […] zwischen mehr oder weniger klar ausgeprägten Milieus, Stadtvierteln, Verwandtschaftsverbänden und Schichten und zwischen beruflichen und gewerblichen Gruppen mit einer starken Tradition der Ab- und Ausschließung".[30] Das Heiraten wird in diesem Zusammenhang als Praxis verstanden, die einer Gruppe Kohärenz verleiht, auch wenn dies innerhalb der Gruppe nicht explizit artikuliert wird.[31] Lenore Davidoff und Catherine Hall weisen darauf hin, dass die im Rahmen der Emotionalisierung der bürgerlichen Familie proklamierte freie Wahl des Ehepartners, die zu einer ‚Liebesheirat' führen sollte, „in a carefully controlled context of mutual values and religious concerns"[32] erfolgte.

Bei Schäfer werden mögliche branchenspezifische Unterschiede bei der Gründung, Entwicklung und Weitergabe von Familienunternehmen zwar in den Einzelbeispielen angesprochen aber nicht durchgängig für einzelne Branchen herausgearbeitet. Eva Labouvie betont hingegen mit Blick auf die Industriegeschichte des Saarraums, wie sehr die Existenz von Frauen innerhalb der Unternehmensnachfolge von den jeweiligen Entwicklungen der einzelnen Branchen abhängig war.[33] In der Montan- und Glasindustrie des Saarraums, wo Frauen einst häufig zu den leitenden Persönlichkeiten gezählt hatten, wurden diese Mitte des 19. Jahrhunderts mit der Entstehung von Großbetrieben und Aktiengesellschaften aus ihren Leitungspositionen verdrängt. In jenen Branchen setzte sich eine patriarchalische Unternehmensführung durch, während Frauen sich vermehrt Wohltätigkeits- und Stiftungstätigkeiten zuwandten, die dem bürgerlichen Rollenverständnis entsprachen.[34] „Mit fast umgekehrten Vorzeichen"[35] verlief hingegen die Entwicklung im Handel und städtischen Gewerbe. Hier konnten sich Frauen als Firmenbesitzerinnen und Unternehmerinnen im 19. Jahrhundert

29 Ernst Metelmann: Firma und Familie oder Buchhandelsgeschichte einmal anders. In: J. U. Hebsaker (Hrsg.): Rückblick für die Zukunft. Berichte über Bücher, Buchhändler und Verleger zum 150. Geburtstag des Ensslin-Verlages. Reutlingen 1968, S. 211–226.
30 David Sabean: Die Ästhetik der Heiratsallianzen. Klassencodes und endogame Eheschließungen im Bürgertum des 19. Jahrhunderts. In: Josef Ehmer, Tamara K. Hareven, Richard Wall (Hrsgg.): Historische Familienforschung. Ergebnisse und Kontroversen. Michael Mitterauer zum 60. Geburtstag. Frankfurt am Main, New York 1997, S. 157–170, hier S. 167.
31 Vgl. ebd., S. 166.
32 Leonore Davidoff, Catherine Hall: Family Fortunes. Men and Women of the English Middle Class 1780–1850. London 1987, S. 219. Vgl. ebenso die Studie: Ursi Blosser, Franziska Gerster: Töchter der guten Gesellschaft. Frauenrolle und Mädchenerziehung im schweizerischen Großbürgertum um 1900. Zürich 1985.
33 Eva Labouvie: In weiblicher Hand. Frauen als Firmengründerinnen und Unternehmerinnen (1600–1870). In: Dies. (Hrsg.): Frauenleben – Frauen leben. Zur Geschichte und Gegenwart weiblicher Lebenswelten im Saarraum (17.–20. Jahrhundert). St. Ingbert 1993, S. 88–131.
34 Vgl. ebd., S. 123.
35 Ebd., S. 125.

zunehmend etablieren. Labouvie geht davon aus, dass Frauen in diesen Bereichen seit den 1830er Jahren weder „Not- oder Übergangslösungen" in der Unternehmensnachfolge darstellten, noch konnten sie von Interessenverbänden ausgeschlossen oder ignoriert werden, wie später auch Volker Titel für den 1825 gegründeten Börsenverein der deutschen Buchhändler feststellen sollte. In Bezug auf den Saarraum schlussfolgert Labouvie, dass die Unternehmerinnen „[v]on ihrer Zahl und ihrer Position in den größten Handels- und Firmenhäusern der Stadt und den größeren Ortschaften […] her […] keineswegs eine Marginalität" bildeten.[36] Sie bestätigt darüber hinaus gar die Existenz „weiblicher Unternehmerdynastien", die u. a. am Beispiel des Verlags- und Druckereiunternehmens Hofer dargestellt werden.[37] Gestützt auf einen Beitrag von Ludwig Bruch zum 200. Jubiläum der dem Verlag entstammenden *Saarbrücker Zeitung* schildert Labouvie detailreich die unternehmerischen Leistungen der Verlagsleiterinnen, wie z. B. technische Weiterentwicklungen oder die strategische Behauptung gegenüber Konkurrenten. Da die Leitung des Verlags in seiner Geschichte von 1767 bis 1936 mehrfach zwischen Männern und Frauen wechselte, entsprach die Dauer der gesamten weiblichen Unternehmensleitung mit insgesamt 81 Jahren fast der Dauer der männlichen Leitung mit 90 Jahren.[38] Labouvie macht mit ihrer Untersuchung aber vor allem deutlich, dass sich die Auswertung regionaler Branchenentwicklungen auch für eine Geschichte der Verlagsleiterinnen fruchtbar gestalten kann.

2 Frauen im englischen Buchhandel

Verstärkte Aufmerksamkeit in der Forschung erhielten in den letzten Jahren die europäischen Druckerwitwen des 15. bis 17. Jahrhunderts. Einen kurzen Überblick über verschiedene Studien gibt Saskia Limbach in ihrem 2019 erschienen Aufsatz über die erfolgreiche Unternehmerin Magdalena Morhart,[39] die in Tübingen ansässig war. Eine umfangreichere Untersuchung zu den Nürnberger Druckerwitwen entsteht im Rahmen des Dissertationsvorhabens von Jessica Farrell-Jobst.[40] Umfassend erforscht wurde die Rolle der Witwen bisher vor allem für den englischen Buchhandel im Zeitraum von der Mitte des 16. bis zum Ende des 17. Jahrhunderts. Die Forschung konzentrierte sich

---

36 Ebd.
37 Ebd. Labouvie stützt sich hier auf die Untersuchung von Ludwig Bruch: Weg und Schicksal einer deutschen Zeitung. In: 200 Jahre Saarbrücker Zeitung. Zum 200. Jahr der Gründung. Saarbrücken 1961, S. 15–203.
38 Ebd., S. 128, Fn 109.
39 Saskia Limbach: Life and Production of Magdalena Morhart. A Successful Business Woman in Sixteenth-Century Germany. In: Gutenberg-Jahrbuch 94 (2019), S. 151–172, hier S. 151–167.
40 Vgl. die Informationen hierzu unter https://risweb.st-andrews.ac.uk/portal/en/persons/jessica-jade-farrelljobst(d07be1fd-d37f-4e9f-95fa-f81189751558).html [21.02.2021].

dabei auf den durch die Archivalien der Stationers' Company[41] gut dokumentierten Londoner Buchhandel.

Maureen Bell, deren Aufsatz „Women in the English Book Trade 1557–1700"[42] ebenfalls 1996 im *Leipziger Jahrbuch zur Buchgeschichte* erschien, zeigt auf, dass auch in der Forschung über den englischen Buchhandel Frauen bis dahin vor allem in der passiven Rolle als Übermittlerinnen und Bewahrerinnen des Familienunternehmens dargestellt worden waren. Mithilfe einer intensiven Quellenrecherche und in einer systematischen Analyse und Darstellung deckt sie auf, inwiefern Frauen aktiv an der Buchproduktion und dem Buchhandel beteiligt gewesen waren. Dabei kommt sie zu dem Ergebnis, dass Frauen in allen Bereichen des Buchhandels wirkten:

> They bought, sold and assigned to others rights in copies; took, transferred and freed apprentices; arranged printing of books both legal and illegal and pirated other people's copies, were prosecuted, fined and imprisoned by the authorities; entered into partnerships and congers; and controlled stock, workers and businesses for years at a time.[43]

Vor allem aber unterstreicht Bell, dass Quellen häufig stark durch den weiblichen sozialen, ökonomischen und rechtlichen Status beeinflusst worden seien, keinesfalls aber als transparente Darstellung der tatsächlichen Aktivitäten der Frauen gelesen werden dürften.[44] Bell wertet die Quellen vor allem im Hinblick auf die Rollenmuster aus, die in der Reaktion auf die Übernahme des Firmenbesitzes bei den Witwen festzustellen sind. Darüber hinaus beschreibt sie an zahlreichen Beispielen, welche Tätigkeiten Frauen konkret wahrgenommen haben. Ihrem Beitrag fügte Bell eine ‚vorläufige' Liste der Frauen des Londoner Buchhandels in der Zeit zwischen 1557 und 1700 bei.

Paula McDowells zwei Jahre später im Jahr 1998 erschienene Studie *The Women of Grub Street*[45] untersucht besonders die Rolle von Frauen bei der Herstellung und Verbreitung gedruckter revolutionärer politischer Literatur zwischen 1678 und 1730. Das erste Kapitel der Studie gibt aber ebenfalls einen Überblick über die geschäftlichen Aktivitäten von Frauen innerhalb der Stationers' Company und kommt dabei, ganz ohne Bezug auf Bells Forschungsergebnisse, zu ähnlichen Schlussfolgerungen. Sie betont, dass es neben den Witwen durchaus auch eine größere Anzahl an Frauen gab, die Druckereien selbstständig führten, obwohl ihre Ehemänner noch lebten, z. B. wenn diese krank, verreist oder im Gefängnis waren. Deutlich wird auch in dieser Studie, wie schwer es ist, den tatsächlichen Anteil der Frauen am Tagesgeschäft auszu-

---

41 Die Worshipful Company of Stationers of London, kurz Stationers' Company, ist die Zunftvereinigung der englischen Buchhändler und -drucker. Sie kontrollierte und steuerte vor allem den auf London konzentrierten Buchhandel, bis ihr Einfluss und ihre Monopolstellung mit Beginn des 18. Jahrhunderts schwand.
42 Maureen Bell: Women in the English Book Trade 1557–1799. In: Leipziger Jahrbuch zur Buchgeschichte 6 (1996), S. 13–45.
43 Ebd., S. 15.
44 Vgl. ebd., S. 16.
45 Paula McDowell: The Women of Grub Street. Press, Politics and Gender in the London Literary Marketplace 1678–1730. Oxford 1998.

machen, da ihre Namen in den Quellen meistens nur im Rahmen der Dokumentation besonderer Ereignisse erscheinen.

Aufbauend auf die Ergebnisse von Bell und McDowell untersucht Helen Smith in ihrer 2012 erschienenen Studie ‚*Grossly Material Things*'[46] die Beteiligung von Frauen an der Entstehung von Büchern. Dabei nimmt Smith in einer umfassenderen Perspektive unter grundlegender Bezugnahme auf Robert Darntons Kommunikationszirkel nicht nur den Buchdruck und Buchhandel in den Blick, sondern richtet ihr Forschungsinteresse zudem auf weibliches Mäzenatentum und Lesen. Erneut wird hier die zentrale Rolle der Frauen innerhalb der Stationers' Company im 16. und 17. Jahrhundert bestätigt.

Ab dem Untersuchungszeitraum des 18. Jahrhunderts fallen die Bewertungen der Rolle der Frauen in der Forschung deutlich zurückhaltender aus. Bestätigt werden aber weiterhin die Möglichkeiten der Witwen. Tamara L. Hunt gelangt in ihrer ebenfalls im Rahmen der Stationers' Company erfolgten Analyse „Women's Participation in the Eighteenth-Century English Publishing Trades"[47] für das 18. Jahrhundert zu der Einschätzung, dass die Übernahme des Familienunternehmens als wichtigste selbstständige Wirkungsmöglichkeit für Frauen galt. Die Weiterführung der Betriebe durch die Witwen wurde als normaler Vorgang gewertet und nicht selten führten Frauen den Betrieb auch nach der Volljährigkeit der Söhne weiter. Als weitere Zugangsmöglichkeit zum Buchhandel nimmt Hunt die Ausbildung in den Blick und stellt fest, dass im 18. Jahrhundert lediglich ein Prozent der Auszubildenden weiblich war. Viele weibliche Auszubildende erhielten – im Unterschied zu den männlichen Auszubildenden – erst spät die offizielle Genehmigung, eigene Unternehmen zu führen. Oftmals geschah dies im Zusammenhang mit dem Tod des Vaters, wenn das Familienunternehmen weitergeführt werden sollte.[48] Gleichzeitig zeigt Hunt auf, dass eine selbstständige Unternehmensgründung und -führung von Frauen außerhalb der Familienbindung selten vorkam. Sie geht davon aus, dass die sich etablierende Fokussierung der Gesellschaft auf ein ideales Rollenbild der Frauen („increasing demand for respectability"[49]) deren Geschäftstätigkeit erschwerte. Vor allem die zunehmende Bedeutung, die der Finanzierung und der angemessenen Ausbildung im Rahmen eines erfolgreichen Unternehmertums zukam, kollidierte mit der zeitgenössischen Vorstellung von Weiblichkeit. Hunt kommt letztlich zu dem Schluss, dass die starke Orientierung an Geschlechtsidentifikationen verbunden mit dem Streben nach einem erhöhten sozialen Status

---

[46] Helen Smith: ‚Grossly Material Things'. Women and Book Production in Early Modern England. Oxford 2012.

[47] Tamara L. Hunt: Women's Participation in the Eighteenth-Century English Publishing Trades. In: Leipziger Jahrbuch zur Buchgeschichte 6 (1996), S. 47–65.

[48] Ebd., S. 50: „[…] were given freedom at the time of their fathers' deaths in order to enable them to carry on in the business as a means of survival".

[49] Ebd., S. 57.

und dem gleichzeitigen Fehlen feministischen Engagements im Buchhandel zu einem starken Rückgang der Beteiligung von Frauen ab dem 18. Jahrhundert geführt hat.[50]

Leslie Howsams Beitrag „Women in Publishing and the Book Trades in Britain, 1830–1914"[51] – der dritte 1996 im *Leipziger Jahrbuch zur Buchgeschichte* erschiene Aufsatz zum Thema Frauen im englischen Buchmarkt – gibt einen Überblick über die Arbeit von Frauen innerhalb des viktorianischen Buchhandels. Dabei werden unabhängige Verlegerinnen, Frauen in Netzwerken und Organisationen im Bereich Druck und Verlag, Frauen in Familienunternehmen und Frauen als Angestellte in der Buchbranche, sowohl im redaktionellen als auch im technischen Bereich, angesprochen. Der Aufsatz versteht sich lediglich als erste Skizze, die Fragen aufwerfen möchte, anstatt Antworten und Lösungen zu präsentieren. Die Ausgangsperspektive ist zudem stärker literaturwissenschaftlich geprägt. Doch bekräftigt Howsam, dass die Übernahme der Druckereien durch die Witwen nach dem Tod des Inhabers auch im 19. Jahrhundert übliche Praxis war und geht insgesamt davon aus, dass Frauen intensiv in den Prozess der Entstehung und Gestaltung von Texten und Büchern eingebunden waren. Ehefrauen leisteten in den literarischen Verlagen, auf die sich Howsam bezieht, nach ihrer Einschätzung vor allem wertvolle Beiträge als Autorinnen, als „Social Manager" in der Pflege von Autorenkontakten, als Kapitalinvestoren und als Gastgeberinnen.[52] In ihrem 1998 in SHARP News veröffentlichtem Artikel çIn My View. Woman and Book History" bekräftigt Howsam mit Bezug auf Darntons Kommunikationszirkel: „Women can be identified at every node in the cycle and at all periods in history".[53]

Kate Ozment greift in ihrer 2020 veröffentlichten richtungsweisenden Stellungnahme „Rationale for Feminist Bibliography"[54] die von Howsam gesetzten Impulse zur theoretischen Fundierung der Verbindung von Frauenforschung und Buchforschung auf. Sie fordert die Entwicklung angemessener feministischer Methoden und eines entsprechenden theoretischen und kommunikativen Rahmens, innerhalb dessen sich die „feminist book history" etablieren und einen weitgespannten internationalen wissenschaftlichen Diskurs eröffnen kann.[55] Die von Ozment und Cate Coker zusammengestellte Bibliographie *Women in Book History*[56] verzeichnet mehr als 1600 überwiegend aus dem angelsächsischen Forschungsraum stammende Einträge.

---

50 Ebd., S. 59.
51 Leslie Howsam: Women in Publishing and the Book Trades in Britain, 1830–1914. In: Leipziger Jahrbuch zur Buchgeschichte 6 (1996), S. 67–79.
52 Ebd., S. 73.
53 Leslie Howsam: In My View. Woman and Book History. In: SHARP News 7.4 (1998), S. 1–2, hier S. 1.
54 Kate Ozment: Rationale for Feminist Bibliography. In: Textual Cultures 13.1 (2020), S. 149–178.
55 Ebd., S. 151, 173.
56 Women in Book History Bibliography. URL: http://www.womensbookhistory.org/the-bibliography [19.10.2020].

3 Einzelstudien zu deutschen Verlegerinnen und von ihnen geführten Verlagen

In der auf den deutschen Sprachraum des 19. und 20. Jahrhundert konzentrierten Forschung brachte die literatur- und buchwissenschaftliche Fokussierung auf die Kulturverleger der Jahrhundertwende auch eine Würdigung ihrer Ehefrauen und deren Leistungen innerhalb der Verlage mit sich. Einen Überblick über den Forschungsstand auf diesem Gebiet liefert Edda Ziegler in ihrem 2014 erschienenen Band *Buchfrauen*.[57] Die Beteiligung von Frauen am Buchmarkt des 18. und 19. Jahrhunderts wird von Ziegler vor allem an den Beispielen Anna Vandenhoeck und Friederike Helene Unger, sowie an weiteren Verlegerinnen wie z. B. Katharina DuMont oder Katharina Magdalena Beck dargestellt. Insgesamt konzentriert sich Ziegler aber auf den literarischen Verlag mit einem Schwerpunkt auf der Zeit nach 1945.

Auch in der deutschen Forschung liegt zudem ein Schwerpunkt auf den Witwen als Unternehmerinnen. Schaut man sich die in unterschiedlichen Studien aufscheinenden Frauen und deren Betriebe näher an, wird deutlich, dass es sich bei vielen Verlagen um größere gemischte Betriebe oder Gesamtbetriebe handelte, darunter Kunstverlage (z. B. Hanfstaengl), Zeitungsverlage (z. B. Hofer) und einige wissenschaftliche Verlage (z. B. Carl Heymanns, C.H. Beck oder Kohlhammer). Das Druckereiwesen spielt bei der Erforschung unternehmerisch tätiger Witwen im deutschen Sprachraum des 19. und 20. Jahrhunderts ebenfalls eine bedeutende Rolle.

Inwiefern sich Frauen im Sortimentsbuchhandel behaupteten, wurde umfassend von Werner Adrian erforscht[58]. Er legt ausführlich dar, auf welche Art und Weise und in welchen Organen die allgemeine Diskussion über Frauenarbeit und Frauenemanzipation Ende des 19. Jahrhunderts auch im Buchhandel geführt wurde. Dabei konzentriert er sich auf die Buchhandelsgehilfinnen und erwähnt selbstständige weibliche Unternehmerschaft lediglich am Rande. Lohnend für die Erforschung der Unternehmerin im Buchhandel könnte die von Adrian angeregte Ausweitung der untersuchten Berufsgruppen auf die Antiquariatsbuchhändlerinnen sein, die auch von Howsam vorgeschlagen wurde.

Die wenigen bisher erschienenen Studien, die die unternehmerische Biographie einzelner Firmeninhaberinnen in den Blick nehmen, stammen (mit Ausnahme der oben bereits beschriebenen Untersuchung von Lehmstedt zu Helene Friederike Unger) vorwiegend aus dem Bereich des wissenschaftlichen Verlagsbuchhandels. Zu erwähnen ist Barbara Lösels 1991 erschienene Studie über Anna Vandenhoeck (1709–1787).[59] Statt der *Frau als Persönlichkeit im Buchwesen*, wie im Titel angekündigt, wendet sich Lösel aber vor allem der Entwicklung des Verlags zu. Die konkreten

---

57 Edda Ziegler: Buchfrauen. Frauen in der Geschichte des deutschen Buchhandels. Göttingen: Wallstein 2014, vor allem Kapitel 4: Die Buchbranche um die Jahrhundertwende.
58 Werner Adrian: Frauen im Buchhandel. Eine Dokumentation zur Geschichte einer fast lautlosen Emanzipation. In: Archiv für Geschichte des Buchwesens 50 (1998), S. 147–250.
59 Barbara Lösel: Die Frau als Persönlichkeit im Buchwesen. Dargestellt am Beispiel der Göttinger Verlegerin Anna Vandenhoeck (1709–1787). Wiesbaden 1991.

Geschäftspraktiken Anna Vandenhoecks bleiben somit nicht nur im Bereich des Auslandsbuchhandels,[60] sondern generell und auch in Bezug auf die Arbeitsteilung mit dem von ihr als Geschäftsführer eingesetzten Carl Friedrich Günther Ruprecht[61] im Dunkeln.

Andreas Lütjen hat in seiner Dissertation *Die Viewegs*[62] aus dem Jahr 2012 Familiengeschichte, Verlagsgeschichte und Regionalgeschichte miteinander verbunden. Die Untersuchung möchte am Fallbeispiel der Viewegs die „Wechselwirkung von Familienunternehmen und Unternehmerfamilie im Herzogtum Braunschweig dar[…] stellen".[63] Sie orientiert sich dabei an der Abfolge der „fünf Protagonisten der Familie Vieweg" und ihrem Wirken in der Unternehmensleitung.[64] Obwohl mit Helene Vieweg und ihrer Tochter Helene Tepelmann zwei Frauen zu identifizieren sind, die sowohl im Besitz des Verlags als auch aktiv an der Unternehmensleitung beteiligt waren, sucht man in der konzeptionellen Einleitung der Studie vergeblich nach Bezügen zur Erforschung des Wirkens von Unternehmerinnen. Stattdessen übernimmt Lütjen die enge Orientierung der Bürgertumsforschung am zeitgenössischen Geschlechterdiskurs des 19. Jahrhunderts. Den Ausgangspunkt und Rahmen für seine Auseinandersetzung mit der bürgerlichen Familie und der Rolle der Frauen bildet die Annahme einer strikten Trennung der männlichen und weiblichen Sphäre.[65] Die Arbeit der Frauen wird dementsprechend vor allem auf die Erziehung der Kinder und die Führung des Haushaltes festgelegt. Diese Einschätzung steht allerdings in einem Widerspruch zu den anschließend geschilderten Biographien der Unternehmerinnen des Vieweg Verlags. Besonders für Helene Vieweg wird an verschiedenen Stellen aus den Quellen heraus belegt, dass sie, wie sie selbst bestätigte, nicht nur das Leben, sondern auch die Arbeit mit ihrem Ehemann geteilt hat und somit nach dessen Tod in der Lage war, das Unternehmen fast zwanzig Jahre lang erfolgreich zu führen. Eine kritische Analyse oder Diskussion dieser Diskrepanz bleibt leider aus. Hier bestätigt sich die Einschätzung von Rebekka Habermas, die eine verstärkte Neigung der Bürgertumsforschung festgestellt hat, Widersprüchlichkeiten dieser Art zu ignorieren, „statt sie zum Ausgangspunkt der Analyse zu machen"[66]. Da sich vor allem in Familienunternehmen „die Trennlinie

---

60 Vgl. Lösel: Frau als Persönlichkeit, S. 32.
61 Lehmstedt, „Ich bin nun vollends" (wie Anm. 8), S. 134, Fn 52, kritisiert, dass der „spezifische Anteil von Anna Vandenhoeck an der Geschäftsführung […] vollkommen im Dunkeln" blieb.
62 Andreas Lütjen: Die Viewegs. Das Beispiel einer bürgerlichen Familie in Braunschweig 1825–1921. Münster 2012.
63 Ebd., S. 23.
64 Vgl. ebd. Kapitel 4 der Untersuchung: „Verlagsleitung und Familienunternehmen – fünf Protagonisten der Familie Vieweg in ihrer Zeit", S. 63–318.
65 Vgl. hierzu ebd. ausführlich Abschnitt 2.1 der Arbeit „Kultureller Habitus und getrennte Sphären", S. 30–43.
66 Rebekka Habermas: Frauen und Männer des Bürgertums. Eine Familiengeschichte (1750–1850). Göttingen 2000 (Bürgertum; 14), S. 11.

zwischen Privat- und Berufsleben im Alltag oft nicht eindeutig ziehen"[67] ließ, kann davon ausgegangen werden, dass die nach außen postulierten bürgerlichen Normen in einem „aktiven Aneignungsprozeß"[68] umgesetzt und nicht einfach appliziert wurden.[69]

Die von Lütjen gestellten Fragen nach den „besonderen Herausforderungen", denen Helene Vieweg „bei der Führung von Unternehmen und Familienverband als erstes weibliches Oberhaupt begegnen musste"[70] und nach der Ausgestaltung ihres Handlungsspielraumes bleiben letztlich unbeantwortet. Obwohl aus einer verlagsinternen Notiz hervorgeht, dass Bernhard Tepelmann, der bereits 1891 in die Familie eingeheiratet hatte, erst nach dem Tod von Helene Vieweg im Jahr 1909 die Geschäftsführung übernahm, außerdem verschiedene Quellen und Äußerungen z. B. auch von Tepelmann belegen, dass Helene Vieweg an der Weiterentwicklung und Ausrichtung des Unternehmens beteiligt war, stellt Lütjen aus seiner Forschungsperspektive heraus fest, dass „über das tatsächliche Wirken Helene Viewegs für das Verlagshaus Friedr. Vieweg & Sohn […] sich leider keine handfesten Belege finden"[71] lassen.

Diese Schlussfolgerung hängt wohl auch damit zusammen, dass Lütjen bei seinen Recherchen im Vieweg-Archiv und zahlreichen weiteren öffentlichen Archiven auf keine Dokumente gestoßen ist, die das unternehmerische Handeln von Helene Vieweg und Helene Tepelmann unmittelbar anzeigen oder näher charakterisieren könnten. Dass eine erfolgreiche Verschleierung der weiblichen Geschäftstätigkeit nicht nur nachträglich in der Unternehmenshistoriographie, sondern strategisch auch von Unternehmerinnen selbst betrieben werden konnte, zeigt das Beispiel von Sophie Henschel (1841–1915)[72]. Nach jahrelanger Mitarbeit an der Seite ihres Mannes Oskar Henschel übernahm sie als Alleinerbin nach dessen Tod den Betrieb, den sie gemeinsam als einen der führenden deutschen Lokomotivhersteller etabliert hatten. In der Öffentlichkeit entwarf sie das perfekte Bild der sozial engagierten bürgerlichen Frau, indem sie es konsequent vermied, als erfolgreiche Entscheiderin und Unternehmensleiterin nach außen hin in Erscheinung zu treten. Unter ihrer Ägide erarbeitete Firmenfestschriften würdigten Henschel ausschließlich als Philanthropin.[73] Erhellt werden konnte ihre Tätigkeit als Unternehmerin aufgrund des glücklichen Umstandes, dass sich ein umfangreiches Briefkonvolut und von Henschel aufgezeichnete Memoiren erhalten

---

67 Vgl. Hartmut Berghoff: Moderne Unternehmensgeschichte. Eine themen- und theorieorientierte Einführung. 2. akt. Aufl. Berlin, Boston 2016, S. 274.
68 Habermas: Frauen und Männer (wie Anm. 66), S. 11.
69 Vgl. hierzu auch z. B. B. Zorina Khan: Invisible Women. Entrepreneurship, Innovation and Family Firms in France during Early Industrialization. NBER Working Paper 20854. National Bureau of Economic Research 2015.
70 Lütjen: Die Viewegs (wie Anm. 62), S. 239.
71 Ebd., S. 241.
72 Vgl. Robert Beachy: Profit and Propriety. Sophie Henschel and Gender Management in the German Locomotive Industry. In: Robert Beachy, Beatrice Craig, Alastair Owens (Hrsgg.): Women, Business and Finance in Nineteenth-Century Europe. Rethinking Separate Spheres. Oxford 2006, S. 67–80.
73 Vgl. ebd., S. 68.

haben, die erstmals 1974 durch den Historiker Wilhelm Treue ausgewertet wurden.[74] Auch die von Lütjen für den Vieweg Verlag nachgezeichneten Praktiken, z. B. die Tatsache, dass die Verlagskorrespondenz von den Verlagsinhabern Helene Vieweg, Helene Tepelmann und Bernhard Tepelmann sowie den Prokuristen lediglich mit Kürzeln oder „Friedr. Vieweg & Sohn" unterzeichnet wurde und selbst langjährige Autoren wie Max Born sich nie sicher waren, mit welcher Person sie kommunizierten,[75] könnten für eine ähnliche Strategie sprechen, die das Wirken der Frauen nach außen hin verschleiern sollte. Robert Beachy spricht in Bezug auf Sophie Henschel von einem diskreten „gender management", das Henschel mit Rücksicht auf die eigenen Geschäftsinteressen selbst implementierte.[76]

Die unternehmerische Biographie von Annie Gallus, der Leiterin des Carl Heymanns Verlags, zeugt wiederum von einem selbstbewussten Auftreten der Unternehmerin vor allem auch nach außen. Gallus' Tätigkeit fällt in eine andere Zeit, die von einer insgesamt zunehmenden Berufstätigkeit der Frauen gekennzeichnet ist. Gallus übernahm als Alleinerbin die Unternehmensleitung, nachdem ihre Mutter im Jahr 1918 verstorben war. Niels Reuter beschreibt in seiner kurzen Verlagsgeschichte[77] in der Festschrift zum 150. Jubiläum des Carl Heymanns Verlags detailliert die Leistungen und Vorgehensweisen von Gallus, z. B. in der Anbahnung von Autorenkontakten und der Erweiterung und Vertiefung des Verlagsprogramms. Die von Reuter herangezogenen Quellen werden nicht näher benannt. Da die Firmenschrift 1965 nur ein Jahr nach dem Tod von Annie Gallus erschien, ist davon auszugehen, dass Reuter auf Informationen und Materialien aus dem Verlag selbst zurückgreifen konnte. Im Jahr 2015 veröffentlichte der Unternehmenshistoriker Erik Lindner in der Festschrift zum 200. Verlagsjubiläum den Aufsatz „Heymann – Löwenstein – Gallus. Die Inhaber des Carl Heymann Verlags 1825–2006".[78] Er wiederum zitiert umfangreich aus den Memoiren von Gallus, die sich im Bundesarchiv in Berlin erhalten haben, und erläutert anhand dieser Aufzeichnungen wie Gallus die Entwicklung des Verlags durch die Weimarer Republik und die Zeit des Dritten Reiches hindurch lenkte und nach Kriegsende zusammen mit ihrem Sohn erfolgreich den Wiederaufbau betrieb. Anerkennung als wissenschaftliche Verlegerin wurde ihr mit der Verleihung des Ehrendoktortitels durch die Universität Erlangen im Jahr 1957 zuteil.

---

74 Wilhelm Treue: Henschel & Sohn: Ein deutsches Lokomotivbau-Unternehmen 1860–1912. Teil I: Unter der Leitung von Oskar Henschel 1860–1894. In: Tradition 19 (1974), S. 3–27, Teil II: Unter der Leitung von Sophie Henschel 1894–1911. In: Tradition 20 (1975), S. 3–23.
75 Vgl. Lütjen: Die Viewegs (wie Anm. 62), S. 311.
76 Beachy: Profit and Propriety (wie Anm. 72), S. 70.
77 Niels Reuter: 150 Jahre Carl Heymanns Verlag. In: Carl Hermann Ule (Hrsg.): Recht im Wandel. Beiträge zu Strömungen und Fragen im heuten Recht. Festschrift. 150 Jahre Carl Heymanns Verlag KG Köln – Berlin – Bonn – München, 1815–1965. Köln, S. 623–636.
78 Erik Lindner: Heymann – Löwenstein – Gallus. Die Inhaber des Carl Heymanns Verlages 1815–2006. In: Bettina Limperg, u. a. (Hrsgg.): Recht im Wandel europäischer und deutscher Rechtspolitik. Festschrift 200 Jahre Carl Heymanns Verlag. Köln 2015, S. 489–528.

Das lange Wirken von Annie Gallus über vier Jahrzehnte hinweg und die Sichtbarkeit ihrer Verdienste in der Verlagshistoriographie führten dazu, dass Gallus auch in wissenschaftlichen Überblickswerken zur Geschichte der juristischen Verlage[79] gewürdigt wird. Ulrike Henschel skizziert in ihrer Dissertation *Vermittler des Rechts* explizit in einem kurzen Abschnitt die Rolle weiblicher Verleger.[80]

Auch Stefan Rebenich ist in seiner Verlagsgeschichte des C.H. Beck Verlags[81] bemüht, das Wirken der Verlegerin Katharina Magdalena Beck unter Einbezug der Erinnerungen ihres Sohnes Oskar Beck gerecht zu werden. Rebenich musste ebenfalls feststellen, dass die Firmenchronik des Verlags vor allem die Leistungen der Männer betont und darüber hinaus Quellen fehlen, „um Selbstwahrnehmung und Rollenverständnis der Verlegerin sicher rekonstruieren zu können".[82] Dank der entsprechenden Einschätzung ihrer Tätigkeit in den Memoiren ihres Sohnes, geht Rebenich davon aus, dass Katharina Beck den Verlag seit dem Tod ihres Mannes im Jahr 1834 bis Ende 1845 selbstständig geführt hat und ihn dann erst an ihren nun bereits fast 30 Jahre alten Sohn übergab.

4 Unternehmens- und geschlechterhistorische Untersuchungen ohne Bezug zum Buchhandel

Christiane Eifert, die im Jahr 2011 ihre Studie über *Deutsche Unternehmerinnen im 20. Jahrhundert*[83] veröffentlichte, betont, dass es für die erfolgreiche Erforschung der Geschichte von Unternehmerinnen auf eine Unternehmensgeschichtsschreibung ankommt, die bewusst die von den Frauen in die Unternehmen eingebrachten Ressourcen „erkennt und benennt".[84] Eifert weist darauf hin, dass zwar die Geschichte von Familienunternehmen „nach wie vor ein häufig behandeltes Thema in der Unternehmensgeschichte" darstellt.[85] Selten wird jedoch die Übernahme der Unternehmensleitung durch eine Frau als „eigenständige betriebswirtschaftliche Aktivität" untersucht, sondern in der Regel als „Interregnum zwecks Sicherung der Firmenübergabe an den legitimen Nachfolger" marginalisiert, wie Eifert an verschiedenen Beispielen veranschaulicht.[86] Sie macht allerdings auch deutlich, dass die schwierige

---

79 Ute Schneider: Der wissenschaftliche Verlag. In: Ernst Fischer, Stephan Füssel (Hrsgg.): Geschichte des Deutschen Buchhandels im 19. und 20. Jahrhundert. Bd. 2. Die Weimarer Republik 1918–1933. Teil 1. München, S. 379–440, hier S. 419f.
80 Ulrike Henschel: Vermittler des Rechts. Juristische Verlage von der Spätaufklärung bis in die frühe Nachkriegszeit. Berlin, Boston 2006 (Schriftmedien; 1), vgl. Abschnitt 5.3.4: Die Rolle weiblicher Verleger – von Statthaltern zu Entscheidern, S. 291–295.
81 Stefan Rebenich: C.H. Beck 1763–2013. Der kulturwissenschaftliche Verlag und seine Geschichte. München: Beck 2013.
82 Ebd., S. 127.
83 Eifert: Unternehmerinnen (wie Anm. 3).
84 Ebd., S. 15.
85 Ebd., S. 12.
86 Ebd., S. 13.

Quellenlage die Untersuchung der Unternehmerin – vor allem auch aus historischer Sicht – erschwert. Anhand der Auswertung statistischen Materials[87] widerspricht Eifert möglichen Einwänden gegenüber der Relevanz ihres Forschungsthemas. Während Unternehmerinnen bis dahin als „irreguläre Erscheinung[en]" und „historische Ausnahmefiguren" interpretiert wurden,[88] konnte Eifert einen konstanten Anteil der Unternehmerinnen von einem Fünftel bis zu einem Viertel aller unternehmerisch tätigen Menschen während des 20. Jahrhunderts ermitteln.[89]

Wesentlich für alle Studien, die sich mit der unternehmerischen Tätigkeit von Frauen befassen, ist die Auseinandersetzung mit den rechtlichen Grundlagen, die weiblichen Unternehmensbesitz, weibliche Unternehmensführung und -nachfolge ermöglichen. Eifert gibt hierzu eine kurze zusammenfassende Beurteilung der rechtlichen Voraussetzungen weiblichen Unternehmertums im 19. und 20. Jahrhundert. Als grundlegendes Werk, das sich explizit mit der Bedeutung und Auswirkung der Geschlechterdifferenz in der deutschen, österreichischen und schweizerischen Geschichte des Rechts befasst, kann in diesem Zusammenhang der von Ute Gerhard 1997 herausgegebene Sammelband *Frauen in der Geschichte des Rechts* genannt werden.[90]

Die Auseinandersetzung mit der Rolle der Frau hat mittlerweile ebenfalls in Einführungen zur Unternehmensgeschichte Eingang gefunden, wie beispielsweise bei Hartmut Berghoff.[91] Im Abschnitt „Strateginnen im Verborgenen? – die Rolle der Frauen" erläutert Berghoff einleitend die „Zurückdrängung von Frauen aus der Wirtschaft und die Unterschätzung ihrer trotzdem erbrachten Leistungen".[92] Er weist darauf hin, dass die in den Diskursen über die bürgerliche Familie sich durchsetzende „Polarisierung der Geschlechtscharaktere" nicht mit der Realität der vor- und frühindustriellen Arbeitswelt des 18. Jahrhunderts gleichzusetzen ist, die voranschreitende Trennung von Haushalt und Beruf im Laufe des 19. Jahrhunderts die Realisierung der getrennten Arbeitsbereiche von Männern und Frauen aber vorangetrieben habe.[93] Vor allem macht Berghoff aber deutlich, dass die Familienunternehmen nach außen hin zunehmend darum bemüht waren, dem sich etablierenden Idealbild der bürgerlichen Familie zu

---

87 Eifert hat auf der Basis von Informationen aus einem Mitgliederverzeichnis des Verbands deutscher Unternehmerinnen, Karteikarten ehemaliger Mitglieder, Nachschlagewerken und Presserecherchen eine Datenbank mit Datensätzen zu 2.492 Unternehmerinnen anlegen können, die Angaben über die Person, den Eintritt ins Unternehmen und über die Unternehmen selbst enthalten. Wie viele und welche Frauen aus der Verlagsbranche stammen, lässt sich aus der Monographie nicht ermitteln.
88 Ebd., S. 11.
89 Ebd., S. 38.
90 Ute Gerhard (Hrsg.): Frauen in der Geschichte des Rechts. Von der Frühen Neuzeit bis zur Gegenwart. München 1997.
91 Berghoff: Moderne Unternehmensgeschichte (wie Anm. 67), S. 263–281.
92 Ebd., S. 263.
93 Ebd., S. 263f.

entsprechen. Besonders Firmenfestschriften wurden diesem Bild gemäß konzipiert, was zu einem systematischen Verschweigen weiblichen Unternehmertums führte.[94]

Als eine der jüngsten Veröffentlichungen zum Thema Familienunternehmen vereint der Sammelband *Phänomen Familienunternehmen*[95] aus dem Jahr 2016 Beiträge von Wissenschaftlern unterschiedlicher Disziplinen, die sich u. a. mit der „besonderen Unternehmensverfassung" (Hartmut Berghoff), mit der Bedeutung des Familienverbunds (Michael Schäfer) oder der „Rekrutierung und Nachfolge" (Kai Bosecker) in Familienunternehmen auseinandersetzen. Eve Rosenhafts Beitrag wirft einen Blick auf die „Frauen in den Familienunternehmen Europas".[96] Sie hält fest, dass Frauen in der Geschichte häufig „unsichtbare Unternehmensakteure" waren, gleichzeitig aber in Familienunternehmen oft eine Schlüsselposition einnahmen. Dabei verweist sie auf internationale Vergleiche, die sichtbar gemacht haben, dass Frauen unabhängig von länderspezifischen gesetzlichen Regelungen und sozio-kulturellen Rahmenbedingungen „meist nicht nur als Assistentinnen beschäftigt waren, sondern de facto auch als vollwertige Partner mitarbeiteten und selbst als unabhängige Geschäftsfrauen in den Vordergrund traten, sobald sie verwitwet waren".[97] Neben Andrea Collis Aufsatz über Familienunternehmen in England, Spanien und Italien im 19. und 20. Jahrhundert,[98] den Rosenhaft als Beleg angibt, muss in diesem Zusammenhang vor allem auf den Sammelband *Women, Business and Finance in Nineteenth-Century Europe*[99] hingewiesen werden. Die Herausgeber Robert Beachy, Béatrix Craig und Alastair Owens vereinen hier zahlreiche Beiträge aus den unterschiedlichen Ländern Europas, die aufzeigen, welche durchaus zentrale Rolle Frauen in der wirtschaftlichen Entwicklung Europas einnahmen. Dabei geht es in allen Aufsätzen vor allem auch darum, die Bedeutung des historischen Paradigmas der ‚separate spheres' für das wirtschaftliche Agieren der Frauen zu diskutieren. Während einige Verfasser die getrennten Sphären als konstituierend für die Tätigkeiten der Frauen bestätigen, sprechen sich andere für die Existenz einer ‚segmented sphere' aus oder zeigen auf, inwiefern die vorindustriellen Strukturen auch im 19. Jahrhundert weiterhin Bestand hatten bzw. wie diese an die neuen Paradigmen flexibel angepasst werden konnten.[100]

Ungeachtet dessen konzentrieren sich die Ausführungen Rosenhafts auf die Tätigkeiten der Frauen im Bereich des „affektive[n], stark von Emotionen" geprägten „Kern[s] eines jeden Familienunternehmens" – auf die Rolle als Ehepartnerin, Mutter

---

94 Vgl. ebd., S. 264.
95 Maria Spitz, u. a. (Hrsgg.): Phänomen Familienunternehmen. Überblicke. Mettingen 2016.
96 Eve Rosenhaft: Frauen in den Familienunternehmen Europas. Ebd., S. 83–94.
97 Ebd., S. 84.
98 Andrea Colli, Paloma Fernández Pérez, Mary B. Rose: National Determinants of Family Firm Development? Family Firms in Britain, Spain, and Italy in the Nineteenth and Twentieth Centuries. In: Enterprises & Society 4.1 (2003), S. 28–64.
99 Beachy, Craig, Owens (Hrsgg.): Women, Business and Finance (wie Anm. 72).
100 Vgl. Béatrice Craig, Robert Beachy, Alastair Owens: Introduction. Ebd., S. 1–19, hier S. 11.

und „Haushaltsmanager".[101] Als „Schlüsselfunktionen" besonders hervorgehoben werden von Rosenhaft die „Sondierung des Heiratsmarkts", „das Arrangieren der Hochzeiten" oder auch das Veranstalten von „Teetafel[n]" zur Pflege der privaten und der geschäftlichen Kontakte.[102] Indem sie sich verstärkt den sozialen Aufgaben zuwandten, sollten die Frauen darüber hinaus auch für das ganze Unternehmen eine „Mutterfigur"[103] verkörpern.

Susanne Hilger geht im folgenden Beitrag des Sammelbandes darauf ein, welche Führungs-, Personalbindungs- und Sozialisierungsinstrumente in einer paternalistischen Unternehmenskultur zum Tragen kamen, die vor allem in den Aktiengesellschaften des späten 19. Jahrhunderts in Anlehnung an die traditionelle Familienwirtschaft praktiziert wurde. Sie konstatiert, dass „als integraler Teil der Unternehmenskultur [...] das Bild einer familiären Zusammengehörigkeit ein umfassendes Referenzsystem für alle Angehörigen des Unternehmens" darstellte.[104] Wie zuvor bereits von Rosenhaft beschrieben, wurde in diesem Rahmen die Rolle der Frau als Mutter auf den gesamten Betrieb und dessen Beschäftigte ausgedehnt. Die „paternalistische Rhetorik" ordnete „alles Häusliche dem weiblichen Verantwortungsbereich" unter.[105] So übernahmen Unternehmergattinnen z. B. auch die Beaufsichtigung der Errichtung und Betreuung von Arbeiter-Wohnsiedlungen,[106] deren Kolonien nicht selten mit ihren und den Namen ihrer Töchter benannt wurden.[107]

In Deutschland wurden die Leistungen der Frauen in der „fast ausschließlich von Männern betriebene[n]" und auf Männer fokussierenden Wirtschaftsgeschichte, so räumt Berghoff ein, lange Zeit systematisch ausgeblendet.[108] Eifert konstatiert insgesamt ein „weitgehende[s] Ignorieren von Unternehmerfamilien in der Historiographie von Familienunternehmen".[109] Blickt man auf die Forschung im angelsächsischen Raum, so wird deutlich, dass sich dort die Geschlechter- und Frauengeschichte vermehrt auch mit Unternehmerfamilien auseinandergesetzt hat. Davidoff und Hall haben mit *Familiy Fortunes* 1987 eine grundlegende und kontrovers diskutierte Studie veröffentlicht, in der sie die ‚separate spheres' bestätigen und auf die auch aktuell noch sowohl in der Forschung zu Familienunternehmen als auch der Geschlechterforschung auf unterschiedliche Art und Weise referiert wird. Ziel der Studie ist die Untersuchung,

---

101 Rosenhaft: Frauen in den Familienunternehmen (wie Anm. 96), S. 88f.
102 Ebd., S. 89–92.
103 Ebd., S. 93.
104 Susanne Hilger: Paternalismus und Unternehmenskultur. In: Spitz, u. a. (Hrsgg.): Phänomen Familienunternehmen (wie Anm. 95), S. 95–104, hier S. 101.
105 Ebd., S. 100.
106 Vgl. Rosenhaft: Frauen in den Familienunternehmen (wie Anm. 96), S. 94.
107 Vgl. Hilger: Paternalismus (wie Anm. 104), S. 100, am Beispiel des Unternehmens Bayer.
108 Berghoff: Moderne Unternehmensgeschichte (wie Anm. 67), S. 264, formuliert es so: „Auch eine lange, fast ausschließlich von Männern betriebene Wirtschaftsgeschichte hatte kein Interesse an der Korrektur des [durch die Firmenschriften analog zum Idealbild der bürgerlichen Familie] überlieferten Bildes."
109 Eifert: Unternehmerinnen (wie Anm. 3), S. 14.

wie Männer und Frauen der englischen *middle class* in der Zeit zwischen dem Ende des 18. und der Mitte des 19. Jahrhunderts den Rollenerwartungen und -idealen in der Religion, im Rahmen der Tätigkeiten innerhalb des Familienunternehmens und im täglichen Miteinander begegneten. Davidoff und Hall stellen fest, dass es für Frauen im 19. Jahrhundert mit sich verfestigenden Rollenzuschreibungen, die die Frauen in den häuslichen Bereich verwiesen, zunehmend schwierig wurde, eine auch außerhalb der Familie sichtbare Tätigkeit für das Unternehmen wahrzunehmen, die z. B. den Kontakt zu Kunden, Banken oder Anwälten erforderlich machte. Gleichzeitig machen die Autorinnen allerdings auch deutlich, dass die Mitarbeit im Unternehmen dennoch weiterhin erwartet, ausgeführt und insgesamt gesellschaftlich akzeptiert wurde – „as long as these activities were kept out of sight".[110]

Hannah Barker fokussiert in ihrer Untersuchung zu *Family and Business during the Industrial Revolution*[111] aus dem Jahr 2016 weniger auf getrennte Sphären und die damit verbundenen Einschränkungen der Frauen, sondern stärker auf das Konzept von Familienstrategien. Sie kommt zu dem Schluss, dass diese Strategien – getragen von einer Mischung aus Eigeninteressen, Liebe zueinander, Pflichtgefühl und gemeinsamen Vorstellungen über Alters- und Geschlechterhierarchien – durch Konsens und Kompromisse zwischen den Familienmitgliedern ausgehandelt wurden.[112] Barker zeigt, dass in familieninternen Hierarchien Generation und Alter oft mehr Bedeutung zugemessenen wurde als etwa dem Geschlecht.[113] Insofern regt sie an, bei der Erforschung von Familien dem Konzept von Gerontokratie, der Macht des Alters, eine ebenso hohe Beachtung zu schenken wie dem Patriarchat. Wenn Witwen den Familienbetrieb weiterführten, ging es dabei laut Barker nicht nur um eine Priorisierung des Alters, sondern vor allem der Erfahrung und der Kenntnisse, die sich die Witwen im Laufe ihres Lebens an der Seite ihres Ehemannes angeeignet hatten und die sie für die Übernahme der Unternehmensleitung prädestinierten. Gleichzeitig wurde Männern dann allerdings, wenn sie die Leitung der Firma übernommen hatten, insgesamt eine höhere Entscheidungsgewalt über das Unternehmen zugestanden als Frauen.[114] Aufschlussreich ist auch die Tatsache, dass bei der Vererbung des Unternehmens und Vermögens zunächst die Witwe bedacht und anschließend das Erbe gleichmäßig unter den Kindern, gleich welchen Geschlechts, aufgeteilt wurde. Für ihre Studie über die Kaufleute Nordenglands hat Barker als Quellen vor allem Gerichtsakten, Testamente, Briefe, Tagebücher und Memoiren herangezogen.

Zu erörtern sind in einer Untersuchung der Rolle der Frauen in der Leitung von Unternehmen zudem die Verbindungen zwischen Arbeit, Eigentum und Geschlecht,

---

110 Davidoff, Hall: Family Fortunes (wie Anm. 32), S. 275.
111 Hannah Barker: Family and Business during the Industrial Revolution. Oxford 2016.
112 Ebd., S. 79.
113 Barker (ebd., S. 102) zitiert aus der Untersuchung von Keith Thomas: Age and Authority in Early Modern England. In: Proceedings of the British Academy 62 (1976), S. 205–248, hier S. 207: „[T]he young were to serve and the old were to rule."
114 Vgl. Barker: Family and Business (wie Anm. 111), S. 103.

die kenntnisreich z. B. von Sonja Niederacher in ihrer Studie *Eigentum und Geschlecht* am Beispiel jüdischer Familien in Wien in der Zeit von 1900 bis 1960 herausgearbeitet wurden.[115] Grundlegend hierzu sind z. B. auch die Beiträge von Karin Hausen, „Wirtschaften mit der Geschlechterordnung" und „Arbeit und Geschlecht", in denen Hausen aus feministischer Perspektive auf die Verschränkungen zwischen Arbeitsordnung, Gesellschaftsordnung und Wirtschaftsordnung eingeht.[116]

Fruchtbare Ergebnisse verspricht ebenfalls eine sozial- und kulturhistorische Analyse der Familientraditionen und Familienkulturen im Zusammenhang mit der Rolle der Frauen innerhalb von Unternehmerfamilien. Impulse hierzu gibt der Band *Familientraditionen und Familienkulturen*, 2013 herausgegeben von Meike Sophie Baader, Petra Götte und Carola Groppe.[117] Der darin von Christina Rahn veröffentlichte Aufsatz „Es war vorherbestimmt, was aus mir werden sollte"[118] bietet konkrete Anknüpfungspunkte, indem sie die Nachfolge in Familienunternehmen zwischen Tradition und Veränderung untersucht und dabei besonders auf die Frage nach der Trennung oder Verbindung der Lebensbereiche Arbeit und Familie fokussiert.

Projektskizze

Mit Bezug auf die oben dargestellten Ergebnisse kann davon ausgegangen werden, dass die Rolle der Frauen in den Unternehmen, ihr Handlungsspielraum, ihre Aufgaben innerhalb des Betriebes und ihre eigene Sinnbeziehung zum Unternehmen von unterschiedlichen familialen, betrieblichen und branchenspezifischen Faktoren geprägt waren. Insofern erscheint es sinnvoll, sich der Thematik im Kontext einer Branche unter Berücksichtigung weiterer Spezifika, die sich u. a. aus den betrieblichen Organisationsstrukturen und den Betriebsgrößen ergeben, zuzuwenden.[119] Darüber hinaus ist deutlich geworden, dass die tatsächliche Rolle und Beteiligung der Frauen in den Unternehmen meist nur dann ausreichend sichtbar werden konnte, wenn

---

115 Sonja Niederacher: Eigentum und Geschlecht. Jüdische Unternehmerfamilien in Wien (1900–1960). Wien 2012 (L'Homme Schriften. Reihe zur Feministischen Geschichtswissenschaft; 2).
116 Beide Beiträge neu abgedruckt im Sammelband Karin Hausen: Geschlechtergeschichte als Gesellschaftsgeschichte. Göttingen 2012 (Kritische Studien zur Geschichtswissenschaft; 202).
117 Meike Sophia Baader, Petra Götte, Carola Groppe (Hrsgg.): Familientraditionen und Familienkulturen. Theoretische Konzeptionen, historische und aktuelle Analysen. Wiesbaden 2013.
118 Vgl. Christina Rahn: „Es war vorherbestimmt, was aus mir werden sollte". Nachfolge in Familienunternehmen zwischen Tradition und Veränderung. In: Baader, Götte, Groppe: Familientraditionen, ebd., S. 139–160, hier S. 142.
119 Vgl. Rudolf Boch: Unternehmensnachfolge in Deutschland. Ein historischer Rückblick. In: Zeitschrift für Unternehmensgeschichte 44.2 (1999), S. 164–171, der davon ausgeht, dass die Unternehmensnachfolge insgesamt von regionalen, brancheninternen Unterschieden und Varianzen geprägt ist, die sich auch aus der Größe und Organisation des Unternehmens ergeben.

biographische Zeugnisse wie Memoiren, Tagebücher oder Briefwechsel vorlagen. Insofern ist der Ausgangspunkt einer weiteren Auseinandersetzung mit den Frauen im Buchhandel in einer intensiven Quellenrecherche zu suchen. Schließlich wird eine auch in der deutschen Forschung stärker zu verfolgende Verbindung von Geschlechter- und Familienforschung, Unternehmensgeschichte, Bürgertumsgeschichte und Buchhandelsgeschichte die Erforschung der Rolle der Frauen im Verlagsbuchhandel positiv beeinflussen.

Im Rahmen des Projekts wird zunächst mithilfe einer umfassenden Auswertung der Adressbücher des deutschen Buchhandels für den Zeitraum von 1845 bis 1912 (in Intervallen von ca. fünf Jahren) ein Verzeichnis der als Besitzerinnen oder Prokuristinnen genannten Frauen und ihrer Unternehmen erstellt, in welches auch Informationen zu einer Mitgliedschaft der Frauen im Börsenverein, zur Art ihrer Unternehmen und zu weiteren Teilhabern und Prokuristen aufgenommen werden. Die auf diese Weise entstehenden Forschungsdaten sollen der Forschung als Grundlage für die Untersuchung weiterführender Fragestellungen zur Verfügung gestellt werden.

Das hier skizzierte Projekt wird sich zunächst auf die Unternehmerinnen innerhalb der Strukturen des produzierenden Verlagsbuchhandels im Zeitraum 1870 bis 1912 konzentrieren. Ausgehend von den Adressbüchern des Buchhandels und den Unterlagen und Mitgliederlisten des Börsenvereins wird die Recherche ausgedehnt auf Verlagsgeschichten, Jubiläumsschriften und biographische Lexika des Buchhandels[120], deren Erwähnungen und Hinweise auf die Mitarbeit von Frauen in den Unternehmen weiterverfolgt werden sollen. Erhaltene Verlagsarchive und Nachlässe von Verlegern sollen nach relevanten Briefwechseln, Aufzeichnungen, Testamenten, sowie internen Notizen zur Ablauforganisation der Betriebe u. Ä. durchgesehen werden. Da die Spuren der Frauen firmenintern allerdings häufig schwer nachzuzeichnen sind, wird ein zusätzlicher Zugang von außen, z. B. über mögliche Korrespondenzpartner der Frauen und deren Nachlässe, öffentliche Archive, die z. B. Auskunft über Rechtsstreitigkeiten geben können, Presseberichterstattungen, Nachrufe u. Ä. unerlässlich sein.

Das Projekt wird sich mit den folgenden Fragestellungen auseinandersetzen:

Wie sahen die Vererbungspraktiken in der Branche aus? Auf welcher rechtlichen Grundlage basierten die Übernahmen der Firmen durch die Witwen?
Welche Bedeutung kann den Verflechtungen der Familien in der Branche beigemessen werden? Welche Rolle spielte die Sozialisierung der Frauen in der Herkunftsfamilie? Welche Zusammenhänge bestehen zwischen Familien- und Branchentraditionen?
Zeitgenossenschaft von Unternehmerinnen: Bestanden geschäftliche/private Verbindungen zwischen den Unternehmerinnen? Fand ein Austausch zwischen ihnen statt?
Welche Strategien wurden innerhalb der Familie und von den Frauen selbst etabliert, um die Unternehmen im Rahmen der gesellschaftlichen Normen unter weiblicher Leitung erfolgreich weiterführen zu können?

---

120 Vgl. Karl Fr. Pfau: Biographisches Lexikon des Deutschen Buchhandels der Gegenwart. Leipzig 1890 und Rudolf Schmidt: Deutsche Buchhändler, deutsche Buchdrucker. Beiträge zu einer Firmengeschichte des deutschen Buchgewerbes. Berlin 1902–08.

In einem weiteren Schritt sollen dann neben den unmittelbar unternehmerisch tätigen Frauen, bei denen es sich meistens um die Witwen des ursprünglichen Firmeneigentümers handelte, auch die Rollen der Töchter, Ehefrauen und Schwestern der Firmeninhaber in den Blick genommen werden. Damit verbunden wäre auch die Frage nach der Bedeutung der Familie und insbesondere der Frauen für die Unternehmenskultur und die interne Unternehmenskommunikation; ein Themenbereich, der ebenfalls für den Verlagsbuchhandel noch wenig erforscht ist.[121]

---

[121] Vgl. Ute Schneider: Verlagsgeschichte als Unternehmensgeschichte. In: Corinna Norrick, Ute Schneider (Hrsgg.): Verlagsgeschichtsschreibung. Modelle und Archivfunde. Wiesbaden 2012, S. 77–92, hier S. 85.

Anita Markó

Netzwerke literarischer Intellektueller – Eine Analyse ihrer Verbindungen in ungarischen Druckschriften zwischen 1473 und 1600 Thesen und Forschungsbericht[1]

Besonders für mittelalterliche und frühneuzeitliche Formen der literarischen Tätigkeit gilt, dass die Gruppenbildung einen separaten öffentlichen Raum bietet, in dem die Mitglieder der Gruppe die Rolle und die kulturelle Identität der literarischen Tätigkeit verwirklichen können. Die ungarische Literaturgeschichte weist mehrere solcher engen oder lockeren literarischen Kreise und Schriftstellergruppen auf. In der bisherigen Fachliteratur stellten die schon hierarchisierten, akademischen und literarischen Kreise und Salons im 18. Jahrhundert die ersten relevanten Zentren des literarischen Lebens dar.[2] Laut meiner These tritt dieses Bedürfnis nach einem organisierten literarischen Leben schon im 15. Jahrhundert auf. Um diese zu untermauern, beabsichtigte ich mit meiner Forschung die Tätigkeit der ungarischen Poeten- und Schriftstellergesellschaften im Mittelalter und im Zeitalter der Renaissance zu analysieren.

Mein Ziel war es, den Beginn dieser frühen Gruppierungen, die sich von jener der Aufklärungszeit unterschieden, zu erforschen. In meiner Forschung beschäftige ich mich gezielt mit der Epoche der ungarischen Literatur von 1000 bis 1600. Die Forschungsfrage, die meiner Arbeit zugrunde lag, war: Ab wann finden sich erste Spuren literarischer Zusammenschlüsse in Ungarn? Um dies beantworten zu können, musste ich zunächst feststellen, aus welcher Art von Kontakten die Netzwerke des literarischen Lebens bestanden und was für ein Modell diese Kollektive bildeten. Mein Ausgangspunkt war, diese frühen Gruppen als kulturelle Knotenpunkte zu sehen. Um das vorliegende Quellenkorpus analysieren zu können, verwendete ich Methoden der Netzwerkforschung, und diese führten mich zu der Frage, wie wir diese Gesellschaften als ein Netzwerk grafisch visualisieren und analysieren können, um dadurch neue Informationen über die Wirkung und die Identität der Literaten zu erhalten.

In diesem Bericht stelle ich den Rahmen und die Ergebnisse meiner Arbeit vor. Die Forschung baut auf folgende Arbeitsschritte auf:

---

1 Anita Markó: Az irodalmi intézmény kezdetei Magyarországon. Értelmiségi társaságok a középkorban és a kora újkorban. Diss. phil. Wien/Budapest 2020. BetreuerInnen: Ao. Univ.-Prof. Dr. Andrea Seidler (Universität Wien), Dr. Horváth Iván DSc, professor emeritus (Eötvös Loránd Tudományegyetem).
2 Rabán Gerézdi u. a.: A magyar irodalom története 1600-ig. Budapest 1964, S. 5. Anna Fábri: Az irodalom magánélete. Irodalmi szalonok és társaskörök Pesten, 1779–1848. Budapest 1987, S. 7–9.

1. die Ausarbeitung des theoretischen und methodischen Rahmens für die Anwendbarkeit der Netzwerkforschung in der Literaturgeschichte;
2. die Ausarbeitung einer Definition der literarischen Gruppen, die differenzierende Gruppierungsgrade berücksichtigt;
3. die Untersuchung der gemeinschaftsbestimmenden Motive der Zusammenschlüsse, die zwischen 1400 und 1600 literarische Aktivitäten in Ungarn betrieben;
4. eine Analyse des vielschichtigen Netzwerks von Personen, die mit den zwischen 1473 und 1600 veröffentlichten ungarischen Drucken in Verbindung standen.

Daneben legte ich eine Datenbank an, um die Visualisierung und Analyse der zu berücksichtigenden Gesellschaften durchführen zu können. Ich erstellte ein relationales Datenmodell und arbeitete die Metadaten der auf Ungarn bezogenen gedruckten Publikationen und ihrer Autoren, Drucker und Mitwirkenden zwischen 1473 und 1600 auf. Die Daten wurden anhand der ungarischen Quellenedition *Régi magyarországi nyomtatványok 1473–1600* (RMNy I.)[3] und des zusätzlichen *RMNy-Supplementums*[4] festgelegt und beschrieben. Die für die Analyse und die Interpretation erforderliche Grafik und Netzwerkvisualisierung sind ein wichtiger Teil des Projektergebnisses.

1 Literaturgeschichte und Netzwerkforschung

Zunächst fasse ich den interdisziplinären theoretischen Hintergrund der Arbeit kurz zusammen. Neben philologischen Forschungsmethoden berücksichtigte ich Ansätze aus der Soziologie, Literatursoziologie und Netzwerkforschung. Die literatursoziologische und theoretische Forschung bestätigte, dass die Analyse der Netzwerkstruktur und der Tätigkeit der literarisch-kulturellen Vereinigungen dazu beitragen kann, besser zu verstehen, wie die berücksichtigten Schriftsteller und Poeten miteinander verbunden waren und ihre Werke gegenseitig rezipierten. Deshalb verknüpfte ich literatursoziologische und netzwerktheoretische Thesen und Ansätze miteinander. Die wichtigsten Theoretiker für meine Arbeit waren Brian Stock[5], Pierre Bourdieu[6], Bruno Latour[7], Patrick Jagoda[8],

---

3 Gedeon Borsa u. a.: Régi magyarországi nyomtatványok 1473–1600. Budapest 1971, im Folgenden RMNy I.
4 Ich bedanke mich bei Judit P. Vásárhelyi Juditnak für die Möglichkeit, in dem noch nicht veröffentlichten Forschungsmaterial von RMNy-S zu recherchieren.
5 Brian Stock: The Implications of Literacy. Written Language and Models of Interpretation in the Eleventh and Twelfth Centuries. Princeton 1983.
6 Pierre Bourdieu: A művészet szabályai. Az irodalmi mező genezise és struktúrája. Budapest 2013, S. 35.
7 Bruno Latour: Reassembling the Social An Introduction to Actor-Network-Theory. New York 2005.
8 Patrick Jagoda: Networks in Literature and Media. In: Priscilla Wald, Paula Rabinowitz (Hrsgg.): Oxford Research Encyclopedia of Literature. New York 2017, S 1–31.

Albert-László Barabási[9], Péter Csermely[10] und Mark Buchanan[11]. Ich halte den Begriff des literarischen Feldes von Bourdieu für einen geeigneten Ausgangspunkt für literatursoziologische Forschung. Daneben ist auch das Werk von Howard S. Becker essenziell, der eine Definition der *art world* geliefert hat und unter diesem Begriff „the network of people whose cooperative activity, organised via their joint knowledge of conventional means of doing things, produces the kind of art works that art world is noted for" versteht.[12] Diese Theorien bieten eine Interpretation des künstlerischen beziehungsweise literarischen Lebens, die sich durch Netzwerkanalysen belegen und begreifen lassen. Die Verwendungsformen der Netzwerktheorie in der Literaturwissenschaft hat Patrick Jagoda zusammengefasst. Ich gehe wie Jagoda davon aus, dass „[w]ith this method, networks serve not primarily as tools, as they do in the digital humanities. Instead, they operate as social structures for imagining the precise circulation and reception of literature across communities, nations, and transnational contexts".[13]

Latours Akteur-Netzwerk-Theorie bietet ebenfalls eine interessante Perspektive, weil er nicht zwischen humanen und nicht-humanen Akteuren eines Netzwerks differenziert.[14] So bekommt man ein hybrides Kollektiv, wo zum Beispiel zwei Schriftsteller nicht nur miteinander, sondern auch mit einem Buch oder einer Bibliothek in Verbindung gebracht werden können. Es ermöglicht eine interessante Interpretation des kulturellen Feldes von Bourdieu, das für die Epoche des Mittelalters – aus der wir wenige Autorennamen, aber viele Kodizes oder Wiegendrucke, also Titel, kennen – geeignet sein kann. Die Forschung von Stock halte ich auch für wichtig, denn er definierte die *textual community*[15], womit sich die Gesellschaft der Intellektuellen und das intellektuelle Feld im Mittelalter verknüpfen lassen. Neben dem erwähnten theoretischen Rahmen analysierte ich die Netzwerke der alten ungarischen Literatur unter Berücksichtigung der Beispiele und methodischen Erfahrungen der einschlägigen ungarischen und internationalen Forschungen.

Mit diesen Grundlagen der Literatursoziologie kann ich die Elemente der Netzwerktheorien von Barabási, Csermely und Buchanan (Kleine-Welt-Phänomen, Schwache Beziehungen, usw.) in dem Feld der mittelalterlichen *litterae* interpretieren. Bei der Verwendung der Netzwerkanalyse in den Geisteswissenschaften – und insbesondere in der Literaturgeschichte – muss jedoch berücksichtigt werden, dass der methodische Ansatz gewissermaßen Vereinfachung und Datenverlust bedeutet und nur dann effektiv

---

9   Albert-László Barabási: A hálózatok tudománya. Budapest 2016. Ders., Réka Albert: Emergence of Scaling in Random Networks. In: Science (1999), S. 509–512.
10 Péter Csermely: A rejtett hálózatok ereje. Hogyan stabilizálják a világot a gyenge kapcsolatok? Budapest 2004.
11 Mark Buchanan: Nexus. Avagy kicsi a világ. traduit par Kepes János. Budapest 2013.
12 Howard S. Becker: Art world. Berkely, Los Angeles, London 1982, S. 10.
13 Jagoda: Networks (wie Anm. 8), S. 7.
14 Latour: Reassembling the Social (wie Anm. 7); Vera Szabari: Bruno Latour tudományképe és a szociológia. In: Kötő-jelek (2005), S. 27–42.
15 Stock: The Implications of Literacy (wie Anm. 5), S. 10.

funktionieren kann, wenn wir genau definieren, was wir als Netzwerk betrachten. Deshalb war die wichtigste Frage in der Netzwerkanalyse, was das Kriterium der Zugehörigkeit zu einem Netzwerk darstellt. Ein Netzwerk, dessen Elemente und Beziehungen wirklich relevante Inhalte darstellen, kann Merkmale des Kontexts und der Beziehungen aufweisen, die aus einer anderen Perspektive verborgen bleiben können.

Als Vorstudie[16] für die Netzwerkanalyse in einem literaturgeschichtlichen Korpus, führte ich eine Netzwerkanalyse der Daten der Szegeder *Inscriptiones Alborum Amicorum*-Datenbank[17] durch, in der ich die Einträger der Freundschaftsalben als soziales Netzwerk untersuchte. Die Analyse des Netzwerks von Einträgern und Albumbesitzern zwischen 1500 und 1700 zeigte, wie der interdisziplinäre Rahmen der Netzwerkwissenschaft und die (mathematischen und informatischen) Methoden der sozialen Netzwerkanalyse an ein kulturhistorisches Korpus angepasst werden können.

Die verwendete Methodik der Netzwerkforschung ist grundsätzlich empirisch, graphentheoretisch-mathematisch, quantitativ und informatisch[18], und die Anwendung der Methodik basierte unter anderem[19] auf den Arbeiten von Albert-László Barabási[20], Péter Csermely[21], Roger Häußling und Christian Stegbauer[22]. Die Netzwerkanalyse nutzt mehrere Verfahren, mit denen sich soziale Netzwerke analysieren und quantifizierend beschreiben lassen. Somit können die Maßzahlen helfen, komplexe Netzwerke zu verstehen. Dadurch werden die Gradbestimmung, Zusammenhangskomponente, Kantendichte, Zentralität und Prestige, Hierarchisierung, das soziale Kapital, *weak ties* (schwache Beziehungen) und strukturelle Löcher, Cliquen und Cluster in dem Netzwerk analysierbar. In der Analyse verwendete ich die soziologische Definition des Netzwerks von Károly Takács:

> Als Netz nennen wir die Menge von Linien, die gänzlich oder teilweise eine endliche Zahl von Punkten verbinden. Als Netzwerk bezeichnen wir die Menge von Punkten, die durch einen bestimmten Typus von Beziehungen festgelegt wird. Wenn wir mindestens eine Teilmenge der analysierten Punkte nach mehreren verschiedenen Beziehungen ordnen, können wir von multiplexen Netzwerken sprechen.[23]

---

16 Anita Markó: Netzwerkanalyse der weiblichen Einträger in den ungarischen Stammbüchern. In: Medien, Orte und Rituale von und unter Frauen. Zur Kulturgeschichte weiblicher Kommunikation in der Habsburger Monarchie. Wien 2020, im Erscheinen. Dies.: Hálózatok a 16–17. századi album amicorumokban. Az 1500 és 1700 közötti hungarika jellegű emlékkönyvbejegyzések hálózatelemzése az Inscriptiones Alborum Amicorum adatbázis alapján. In: Digitális bölcsészet (2018), S. 55–83.
17 Inscriptiones Alborum Amicorum von 2003–2020. DOI: 10.14232/iaa [28.01.2021].
18 Barabási: A hálózatok tudománya (wie Anm. 9), S. 43–44.
19 Károly Takács (Hrsg.): Társadalmi kapcsolathálózatok elemzése. Budapest 2011.
20 Barabási: A hálózatok tudománya (wie Anm. 9).
21 Csermely: A rejtett hálózatok ereje (wie Anm. 10).
22 Christian Stegbauer, Roger Häußling (Hrsgg.): Handbuch Netzwerkforschung. Wiesbaden 2010.
23 Takács: Társadalmi kapcsolathálózatok elemzése (wie Anm. 19), S. 5.

Während der Netzwerkanalyse habe ich die analytischen Kriterien, die die absoluten Eigenschaften der Individuen (Elemente) beschreiben, die strukturellen Kriterien, die die Art der Beziehungen (Dichte, Zentralität) zeigen, die interaktionalen Eigenschaften der Kontakte und morphologischen Merkmale ebenfalls in den Fokus gestellt. In Bezug auf die Forschung bedeutet dies, dass ich die Beziehungen zwischen den intellektuellen Gruppen abbildete, die während der Veröffentlichungen realisiert wurden.

Bei der Übersicht der Entwicklung des Interpretationsrahmens und der Analysemethode des Netzwerks in den letzten Jahrzehnten sowie seiner Anwendung in den Bereichen Literatur- und Kulturgeschichte wurde deutlich, dass ein Netzwerk, dessen Elemente und Beziehungen relevante Inhalte darstellen, die Verknüpfung von Mikro- und Makroebene und die Anwendung neuer Perspektiven in einem literaturgeschichtlicher Korpus ermöglicht.[24]

2 Literarische Gruppe? Eine Attributenskala als Definition

Um die literarischen Gruppen analysieren zu können, brauchen wir einen klaren und konsequenten Begriff von literarischen Zusammenschlüssen, den ich bisher weder in der ungarischen noch in der internationalen Fachliteratur gefunden habe.[25] Das

---

[24] Siehe z. B.: Marten Düring, Linda Keyserlingk: Netzwerkanalyse in den Geschichtswissenschaften. Historische Netzwerkanalyse als Methode für die Erforschung von historischen Prozessen. In: Rainer Schützeichel, Stefan Jordan (Hrsgg.): Prozesse: Formen, Dynamiken, Erklärungen. Wiesbaden 2015, S. 337–350; Marten Düring u. a. (Hrsgg.): Handbuch Historische Netzwerkforschung. Grundlagen und Anwendungen. Berlin [u. a.]: LIT Verlag 2016; András Lengyel: A kapcsolatháló mint szerkezet és médium. Műhelyjegyzetek az irodalmi történés szociológiájához. In: Műhely (2010), S. 43–51; Zoltán Németh: Hálózatelmélet és irodalomtudomány. Dunaszerdahely 2018; Peer Trilcke u. a.: Social Network Analysis (SNA) als Methode einer textempirischen Literaturwissenschaft. In: Empirie in der Literaturwissenschaft. Münster 2013, S. 201–247; Bálint Kovács: A hálózatelemzés alkalmazásáról a történettudományban. In: Világtörténet (2012), S. 187–204; Franco Moretti: Graphs, Maps, Trees. Abstract Models for a Literary History. New York 2005; Ders.: Network Theory, Plot Analysis. In: Literary Lab (2011), S. 1–31; Matthew L. Jockers: Metaadat. In: Digitális bölcsészet (2018), S. 83–108.

[25] Siehe z. B.: Jost Hermand: Die deutschen Dichterbünde. Von den Meistersingern bis zum PEN Club. Köln, Weimar, Wien 1998; Klaus Manger: Rituale der Freundschaft. In: Ute Pott, Klaus Manger (Hrsgg.): Rituale der Freundschaft. Heidelberg 2006, S. 23–51; Angelika Beck: Der Bund ist ewig. Zur Physiognomie einer Lebensform im 18. Jahrhundert. Erlangen 1982; Siegfried J. Schmidt: Die Selbstorganisation des Sozialsystems Literatur im 18. Jahrhundert. Frankfurt am Main 1989; Claude J. Summers, Ted-Lary Pebworth (Hrsgg.): Literary Circles and Cultural Communities in Renaissance England. Columbia 2000; Julie Campbell: Literary Circles and Gender in Early Modern Europe. A Cross-Cultural Approach. Aldershot 2006; Géza Bodolay: Irodalmi diáktársaságok 1785–1848. Budapest 1963; Luca Anna Németh: Az irodalmi modernség egy szervezeti kísérlete. A Vörösmarty Akadémia története és szerepe a 20. század elejének irodalmi életében. In: Filológia 2 (2012), S. 48–79; György C. Kálmán: Dísz-funkciók. In: Partitúra (2012), S. 39–50; Rainer Kolk: Literarische Gruppenbildung. Am Beispiel des George-Kreises 1890–1945. Tübingen 1998; Friedhelm Kröll: Die Eigengruppe als

Problem liegt darin, dass neuere Studien, die sich an eine Definition heranwagten, nur das moderne Literaturleben beschreiben, und die Studien, die das Mittelalter oder die Renaissance behandeln, keine klaren Begriffe verwenden. Insgesamt zeigt sich, dass die frühen, literarisch aktiven Gesellschaften einen Begriff brauchen, der differenzierende Gruppierungsgrade – wie zum Beispiel klare Leitziele, dichtungstheoretische Programme, ausgeprägter Sinn für Solidarität, innere Konsistenz, bestimmter Ort, zentrale Persönlichkeit, gemeinsame Anschauungen über Formen und Inhalte oder familiärer, freundschaftlicher oder auf Gläubigkeit beruhender Zusammenschluss – berücksichtigten. Deshalb versuchte ich, in der vorliegenden Arbeit den Begriff der literarischen Gruppen neu zu definieren und eine Annäherung zu finden, die die Vielfalt der informellen Kommunikationsformen in Gruppen nicht einschränkt. Ich denke, dass die Lösung darin besteht, eine Definition zu entwickeln, die keine kastenartige Einordnung liefert, sondern als Skala von Attributen funktioniert. Je nachdem wie viele Attribute der Gruppierung ein literarischer Zusammenschluss aufweist, können wir erkennen, auf welcher Stufe der Gruppenbildung er steht. Das Attributsystem der Definitionsskala für Gruppierungen, die sich mit literarischen Tätigkeiten beschäftigen, kann in der nebenstehenden Tabelle zusammengefasst werden.

Die Untersuchung der gewählten Gruppierungen des ungarischen Kulturlebens im 15.–16. Jahrhundert macht sichtbar, wie in der Literatur tätige Gruppierungen zustande kommen konnten. Es zeigt sich, dass Gruppen geschaffen wurden, die ihren Mitgliedern einen eigenen Kommunikationsraum boten, um über ihre jeweiligen sozialen Rollen hinaus bewusst eine neue Identität anzunehmen. Diese neue Identität bedeutet die Rolle, in der die Teilnehmer nicht in ihrem kirchlichen oder offiziellen Status agieren konnten, sondern als Personen, die literarische oder wissenschaftliche Tätigkeiten ausübten. Die Eigenschaften, die die Art der Gruppierung kennzeichnen, leiten uns weiter bei der Bestimmung der Beziehungstypen zwischen intellektuellen und literarischen Akteuren. Aufgrund der oben beschriebenen Erfahrungen scheint es empfehlenswert, kein starres, sondern ein strukturiertes, attributbasiertes literarisches Gruppenkonzept zu verwenden, um genauer zu erkennen, welche Zusammenschlüsse als literarische Gruppe bezeichnet werden können.

Ort sozialer Identitätsbildung. Motive des Gruppenabschlusses bei Schriftstellern. In: Deutsche Vierteljahrsschrift für Literaturwissenschaft und Geistesgeschichte 52 (1978), S. 652–671; Wulf Wülfing, Karin Bruns, Rolf Parr (Hrsgg.): Handbuch literarisch-kultureller Vereine, Gruppen und Bünde 1825–1933. Stuttgart, Weimar 1998; Michael Glowinski: Literarische Gruppe und Poesiemodell – das Beispiel der Gruppe Skamander. In: Rolf Fieguth (Hrsg.): Literarische Kommunikation. Kronberg im Taunus 1975, S. 43–66.

Notwendige Elemente einer sich literarisch betätigenden Gruppe:

(1) **Textbasierte Tätigkeit** (*textual community*):
– gemeinsame Diskussion über (literarische) Werke
– Werke gegenseitig kommentieren
– gemeinsamer Buchgebrauch
– gegenseitige Textrezeption - aktive Schreibtätigkeit: Schreiben, Veröffentlichen

(2) **Interpersonelle Beziehung und Kommunikation**
– persönliche Begegnung
– Korrespondenz
– Dedikation, Widmungen

(3) **Wir-Bewusstsein,** Gruppenidentität, Zusammengehörigkeitsgefühl
– einander als Gruppe, Gemeinschaft repräsentieren
– offizieller Gruppenname
– konkretes Manifest oder Programmschrift

Additionale, optionale und erweiterbare Elemente:

(4) **Die Mitglieder sind produktive Autoren, Gestalter**

(5) **Gemeinsame Zeit**
– einmalige Begegnung, performatives Ereignis
– Briefwechsel
– häufigere Begegnungen
– regelmäßige, geplante Treffen

(6) **Zentrales, gruppenbildendes Element**
– bestimmter Ort oder Institut
– bestimmte Person (Mäzen, Förderer, Vorbild, usw.)

(7) **Soziale Normen der Gruppe**
– gemeinsame Ziele, gemeinsames Programm- Interessenschutz
– nichtliterarisches Engagement: politisches, spirituelles, usw.
– andere gruppenbildende Eigenschaften: Sprache, Nationalität, Bildung

(8) **Normen der literarischen Tätigkeit**
– gemeinsame ästhetische, literarische Regeln; ähnliche formale oder inhaltliche Elemente
– gemeinsame kritische und Interpretationsregeln
– Hilfe beim Schreiben und Publizieren
– Hilfe und/oder Zusammenarbeit beim Schreiben, Publizieren

(9) **Innere Regeln in der Gruppe**
– Regeln der Aufnahme
– Verhaltensnormen
– Rituale
– innere Struktur und Hierarchie
– gruppeninterne Rollen

(10) **Selbstrepräsentation der Gruppe**
– Gruppenname
– Entstehungsgeschichte
– Publikationsmöglichkeit für die Mitglieder (Zeitschrift, usw.)

(11) **Externe Wahrnehmung einer Gruppe**

(12) **Andere interpersonelle Relationen** (z. B.: Verwandtschaft, Freundschaft, Kollegialität)

3 Muster der intellektuellen Zusammenschlüsse aufgrund der Definitionsskala literarischer Gruppen – Die Geschichte der literarischen Gruppierungen in Ungarn im 15.–16. Jahrhundert

Zweck meiner Forschung war es, zu untersuchen, wie Intellektuelle, die als Autoren definiert werden können, ihre funktionellen Gruppen in der Periode von 1400 bis 1600 gebildet und sich als Netzwerk betätigt haben.[26] Ich habe zwei Methoden festgelegt, die das Gerüst meiner Forschung bildeten. Zunächst führte ich eine qualitativ-motivische Analyse der schon bekannten literarischen Gruppierungen durch, nämlich das Zustandekommen, das Wirkungsmodell und die literarische Tätigkeit von János Vitéz bis hin zum Pressburger Kreis des Bischof Radéczy.[27]

Als Vorarbeit nahm ich mir die früheren Formen von Gruppierung in den ersten Jahrhunderten des Königreichs Ungarn vor: Den Kreis der Intellektuellen, der sich um die frühesten schriftlichen Quellen rankt, die Rolle der Klöster, Mönchsorden und Kopisten, die Gruppenbildung bei Hof und die Hofkanzlei.[28] Obwohl wir bereits Hinweise auf gegenseitige Darstellungen und sogar auf die Existenz einer Art von kritischem Medium am Hof von Koloman, dem Buchkundigen, finden können,[29] reichen diese Phänomene nicht aus, um von der Existenz eines literarischen Lebens zu sprechen. Die ersten Anzeichen, die Gruppen sichtbar machen, liegen im 15. Jahrhundert. Die ersten Motivationen, sich gegenseitig wahrzunehmen, Schriftstellern zu folgen, kennen wir aus den Chroniken der Orden.[30] Diese Quellenart kann als eine besondere Form der literarischen Gruppenbildung angesehen werden: sie deutet auf ein Gemeinschaftsbewusstsein hin, bezieht sich auf ‚unsere Autoren' und registriert literarische Aktivitäten. Jeder Akteur könnte jedoch gleichzeitig auf einer breiten Skala von mehreren Generationen angesiedelt sein. Die ersten Beispiele für die kontinuierliche Gruppenarbeit, die Verknüpfung lokaler Netzwerke, waren die Skriptorien der Nonnenklöster.[31] Die Entwicklung gruppenbil-

---

26 Über die umfassende Geschichte der Epoche: Pál Engel: Szent István birodalma. A középkori Magyarország története. Budapest 2001; Gyula Kristó, Pál Engel, András Kubinyi: Magyarország története 1301–1526. Budapest 2019; Erik Fügedi: Uram, királyom… A XV. századi Magyarország hatalmasai. Budapest 2004; Ferenc Szakály: Virágkor és hanyatlás 1440–1711. Budapest 1990; Géza Pálffy: A Magyar Királyság és a Habsburg Monarchia a 16. században. Budapest 2011; Jacob Burckhardt: A reneszánsz Itáliában. Budapest 1978.
27 Anita Markó: Radéczy hársfája. Irodalmi körök működési modellje a reneszánsz Magyarországon. In: Szilvia Maróthy, Hermina Gesztelyi, Dániel Görög (Hrsgg.): Szöveg, hordozó, közösség. Olvasóközönség és közösségi olvasmányok a régi magyar irodalomban. Budapest 2016, S. 135–150; Anita Markó: Irodalmi tevékenységet végző csoportok mint hálózatok a régi magyar irodalomban. In: Információ és társadalom (2020), im Erscheinen.
28 Andor Tarnai: „A magyar nyelvet írni kezdik". Irodalmi gondolkodás a középkori Magyarországon. Budapest 1984.
29 Gyula Kristó: Az államalapítás korának írott forrásai. Szeged 1999, S. 317–318. Gyula Kristó: Magyarország története 895–1301. Budapest 2019, S. 145.
30 Tarnai: A magyar nyelvet írni kezdik (wie Anm. 28), S. 58.
31 Sándor Lázs: Apácaműveltség Magyarországon a XV–XVI. század fordulóján. Az anyanyelvű irodalom kezdetei. Budapest 2016.

dender Aktivitäten mit gemeinsamen Zielen lässt sich bedingt durch die Renaissance und den Humanismus in Ungarn nachweisen.[32] Im 15.–16. Jahrhundert erweiterte sich die Schicht der Intellektuellen und wurde vielfältiger. Sie löste sich teils von der Autorität der Kirche. Die ungarischsprachigen Leser lassen sich in Frauenklöster zurückverfolgen, und die säkularen Intellektuellen begannen, sich an Adelshöfen zu zerstreuen und der Zentralisierung des königlichen Hofes zu entkommen.

In dieser Zeit gab es bereits mehrere Zusammenschlüsse, die bewusst intellektuelle und literarische Aktivitäten unternahmen. Zu ihnen gehörten unter anderem das Contubernium in Buda und die Umgebung des János Vitéz[33], der Budaer neoplatonische Kreis[34], die *Sodalitas Litteraria Danubiana*[35], die Anhänger von Janus Pannonius, die Intellektuellenkreise in Várad[36], die Erasmisten[37], die Personen um Bálint Balassi[38], die Mitglieder der *Proles Palladis*[39], der Poetenkreis von Trencsén[40] und der Pressburger Humanistenkreis um István Radéczy[41].

32 Tibor Klaniczay: Pallas magyar ivadékai. Budapest 1985; Ders.: A magyarországi akadémiai mozgalom előtörténete. Budapest 1993; Gábor Almási: Reneszánsz és humanizmus. Budapest 2017; Zoltán Csehy: Humanista énformálási technikák a quattrocento tájékán és napjainkban. In: Jelenkor (2002), S. 321–328.
33 Klaniczay: A magyarországi akadémiai mozgalom előtörténete (wie Anm. 32), S. 30; János Horváth: Az irodalmi műveltség megoszlása. A magyar humanizmus. Budapest 1988, S. 44; Farkas Gábor Kiss: A magyarországi humanizmus kezdeteiről. In: Enikő Békés, Imre Tegyey (Hrsgg.): Convivium Pajorin Klára 70. születésnapjára. Debrecen, Budapest 2012, S. 119–132; Klára Pajorin: Vitéz János műveltsége. In: Irodalomtörténeti Közlemények 108 (2004), S. 533–540.
34 Klaniczay: A magyarországi akadémiai mozgalom előtörténete (wie Anm. 32), S. 39; Horváth: Az irodalmi műveltség megoszlása (wie Anm. 33), S. 126.
35 Áron Orbán: Born for Phoebus. Solar-astral Symbolism and Poetical Self-representation in Conrad Celtis and his Humanist Circles. Wien 2018; Farkas Gábor Kiss: Konrad Celtis, King Matthias and the Academic Movement in Hungary. In: Hungarian Studies 32 (2018), S. 37–50.
36 István Tóth: Phoebus forrása. A váradi latin nyelvű humanista költészet antológiája. Nagyvárad 1996.
37 Ágnes Ritoókné Szalay: Erasmus és a XVI. századi magyar értelmiség. In: József Jankovics (Hrsg.): „Nympha super ripam Danubii". Tanulmányok a XV–XVI. századi magyarországi művelődés köréből. Budapest 2002, S. 161–174.
38 István Vadai: Balassi és Echo. In: Palimpszeszt 1998. http://magyar-irodalom.elte.hu/palimpszeszt/10_szam/02.htm [28.01.2021]; Iván Horváth: Balassi költészete történeti poétikai megközelítésben. Budapest 1982, S. 264.
39 András Szabó: Coetus – natio – respublica – politia – societas – congregatio – collegium – gens (A wittenbergi magyar diákegyesület az újabb kutatások fényében, 1555–1613). In: Irodalomtörténeti Közlemények 115 (2011), S. 229–234; Tibor Klaniczay: Pallas magyar ivadékai. Budapest 1985, S. 28; Forgách Mihály: Justus Lipsius leváltása. Hrsg. von Antal Pirnát. Budapest 1970.
40 Júlia Székely: A trencséni humanista versírókör. In: Irodalmi Szemle (Pozsony) 6 (1983), S. 566–568; Dies.: Iustus Lipsius ismeretlen levelezőpartnere: Koppay György. In: Irodalomtörténeti Közlemények 5–6 (1982), S. 649–652.
41 Farkas Gábor Kiss: Elias Corvinus verse Radéczy püspök hársfájáról. In: Rita Bajáki u. a. (Hrsgg.): Lelkiség és irodalom. Tanulmányok Szelestei N. László tiszteletére. Budapest 2017, S. 279–284; Ágnes Ritoókné Szalay: Versek a Radéczy körből. In: Jankovics (Hrsg.): Nympha

Es zeigt sich, dass Gruppen gebildet wurden, die ihren Mitgliedern einen eigenen Kommunikationsraum boten, um über ihre jeweiligen sozialen Rollen hinaus bewusst eine zusätzliche Identität zu entwickeln. Diese neue Identität bestand in einer Rolle, in der die Teilnehmer nicht in ihrem kirchlichen oder offiziellen Status agierten, sondern als Personen, die literarische oder wissenschaftliche Tätigkeiten ausüben. Die Attribute, die auf diese Art der Gruppierung hinweisen, erlauben uns die Bestimmung des Beziehungstypus zwischen intellektuellen und literarischen Akteuren.

Im Rahmen der Untersuchung der hervorgehobenen Gruppen analysierte ich, welche Attribute einer literarischen Gruppierung zugeschrieben werden können und wo sie sich auf der Definitionsskala der Gruppierung befinden. Aus den untersuchten Beispielen kann die Hypothese abgeleitet werden, dass das wichtigste Merkmal derjenigen Gruppen, die sich literarisch betätigten, das *Gruppenbewusstsein*, also die bewusste Repräsentation der Beschäftigung mit Literatur ist. Die Interpretierbarkeit dieser Gemeinschaft als Textgemeinschaft (*textual community*) ist ein Schlüsselelement in der Analyse.

Nächstes grundlegendes Element ist, dass die sich als literarisch tätig betrachtenden Gruppen keine homogenen Zusammenschlüsse, sondern durch schwache Beziehungen zusammenhängende heterogene und offene Gemeinschaften waren. Die bewusste Absicht, ein Netzwerk aufzubauen und sich mit intellektuell hochrangigen Menschen zu vernetzen, spielte in ihrer Arbeit eine entscheidende Rolle. Die untersuchten Gruppen erschienen als Verdichtung der Beziehungen, als kulturelle Konten in einem größeren Netzwerk. Aus den Eigenschaften der Gruppenbildung und den Mustern der analysierten Gruppen lässt sich ableiten, welche Beziehungstypen ihre Mitglieder miteinander verbanden. Auf diese Weise kann ein Netzwerk beobachtet werden, in dem die Elemente und Motive der literarischen Tätigkeit die Informationen waren, die im Netzwerk übermittelt wurden.

4 Netzwerke der ungarischen Druckschriften – Das Datenmodell

Der zweite Ansatz der Analyse bestand darin, die Verbindungen der aktiven Intellektuellen mittels Netzwerkanalyse zu untersuchen. Ich beschränkte mich dabei auf deren Aktivitäten im Umfeld gedruckter Veröffentlichungen und habe das Netzwerk derjenigen Autoren, die in Ungarn überhaupt über Publikationsmöglichkeiten verfügten, also Übersetzer, Redakteure, Drucker u. a., definiert, visualisiert und analysiert.

Eine der größten Aufgaben bestand darin, ein Datenmodell und eine Datenbank zu erstellen, die verschiedene Daten der RMNy I.[42] zur Grundlage hatte und auf relationalen Merkmalen beruhte. Dieses Korpus bildet eine in sich geschlossene Gruppe von Autoren (Herausgeber, Übersetzer), Druckern und Mäzenen – also von Personen,

---

super ripam Danubii (wie Anm. 37), S. 223–243; Ágnes Ritoókné Szalay: Hortus Musarum. Egy irodalmi társaság emlékei. Ebd., S. 219–223.
42 Borsa: RMNy I. (wie Anm. 3).

die literarisch tätig waren und publizieren konnten. Es eignet sich für die Darstellung vieler Arten von Beziehungen und kann als mehrschichtiges (multiplexes) Netzwerk analysiert und visualisiert werden. Daneben habe ich während der Datenerfassung auch RMNy-S[43] verarbeitet, die in den 40 Jahren seit der Veröffentlichung des Bandes RMNy I. entdeckt und/oder korrigiert wurden und derzeit nur als unveröffentlichte Sammlung verfügbar sind.

Die Abbildung von Netzwerken, die im Zusammenhang mit den Druckschriften des 15.–16. Jahrhunderts stehen, erforderte die Entwicklung eines relationalen Datenmodells, das die mit den Druckschriften verknüpften Metadaten in fünf grundlegende Datentabellen aufteilt. Die fünf Datentabellen sind die Druckschriften, Ortsnamen, Personen, Druckschrift-Personen-Beziehungen und Dedikationen. Darin habe ich die personenbezogenen Daten (Autoren, Übersetzer, Mitwirkende, Buchdrucker, Autor und Empfänger der Dedikation, usw.), die Daten des Titels, des Druckorts und -datums, der Gattung, der Sprache und der Religion verarbeitet. Auf die Entwicklung des Datenmodells folgte die Verarbeitung und Organisation der Daten in einer Datenbank. Anschließend habe ich die Analyse und Visualisierung der Netzwerke nach verschiedenen Zeit- und Gruppenaufschlüsselungen fertiggestellt.[44]

Die ausgefüllte Datenbank enthält 955 Druckschriften von RMNy I. und RMNY-S und ihre vielschichtigen soziologischen Beziehungen zu 1.535 Personen (Autoren, Drucker, Mäzen), deren Bestimmung, Kategorisierung und Registrierung ich auch im Rahmen der Analyse durchgeführt habe. Ich betrachte die aus den Daten der RMNy I. und der Supplementum-Elemente zusammengestellte Datenbank als eine der wichtigsten Aufgaben und Ergebnisse der Analyse, da sie die Verarbeitung der Ergebnisse des umfangreichen Materials auf vielfältige Weise ermöglicht und weitere Zusammenhänge aufzeigt. Die relationale Datenbank wird in den Formaten XLSX und CSV ausgegeben, hierdurch können die Daten leicht auf andere Datenbankplattformen migriert und für weitere Fragen und Recherchen ausgewertet werden.

Das Korpus scheint geeignet zu sein, um die verschiedenen Arten von Beziehungen, die die Gruppierungen verbinden, darzustellen. Durch die Untersuchung des Netzwerks von Personen, die mit dem zwischen 1473 und 1600 veröffentlichten Hungarika-Druckmaterial in Verbindung gebracht werden können, konnten kollaborative Gruppen identifiziert werden, in denen Autoren (Herausgeber, Übersetzer), Verleger, Mäzene und andere Mitwirkende miteinander interagierten.

---

43 Szilvia Bánfi: Negyven év „adalékirodalma" az RMNy S(upplementum) tételeiben. In: Judit P. Vásárhelyi (Hrsg.): Sylvae typographicae. Tanulmányok a régi magyarországi nyomtatványok 4. kötetének (1656–1670) megjelenése alkalmából. Budapest 2012, S. 123–141.
44 Béla Holl: A régi magyarországi nyomtatványok meghatározása. In: Márta Pintér (Hrsg.): Régi könyvek és kéziratok: Tanulmánygyűjtemény. Budapest 1974, S. 97–100.

5 Netzwerke von über Publikationsmöglichkeiten verfügenden Intellektuellen –
Das Muster der Verbindungen in ungarischen Druckschriften zwischen 1473 und
1600

In der Analyse des Netzwerks von Personen, die zwischen 1473 und 1600 mit veröffentlichten Hungarika-Drucken in Verbindung gebracht werden können, versuchte ich das Modell und Kooperationsmuster zu erkennen und schwache Beziehungen zu identifizieren, die eine Schlüsselrolle bei der Verknüpfung der verschiedenen Untergruppen spielten und den Informationsfluss zwischen getrennten Gruppen ermöglichten. In der Netzwerkanalyse untersuchte ich die literarischen Aktivitäten der Untergruppen und Verbindungsakteure, die mit der Veröffentlichung der ungarischen Texte zu tun hatten.[45]

Das Netzwerk umfasst 4.492 Kontakte, 1.535 Personen und 955 Werke, basierend auf allen 12 möglichen Kontakttypen. 23% der Verbindungen gehen auf Druckaktivität zurück; 20% sind Beziehungen von Autoren (Übersetzer, Kompilatoren). 15% der Kontakte machen die Anreden einzelner in Büchern aus. Im gesamten Netzwerk zeigen 16% der Kontakte vom Autor der Dedikation in Richtung Empfänger. Von den Verbindungstypen im Netzwerk werden diese beiden Interaktionen als gerichtet betrachtet, die verbleibenden Verbindungen sind symmetrisch. Das Netzwerk ist multiplex, das heißt mehrere Verbindungen sind zwischen zwei Punkten möglich. Für eine genauere Annäherung an das Netzwerk habe ich zehn Arten von Kontakten hervorgehoben, die speziell auf die Aktivitäten bezüglich des Publizierens beschränkt waren.

Basierend auf den zehn relevanten Verbindungstypen, enthielt das Netzwerk 2.398 Elemente, die durch 4.251 Links verbunden waren – von 955 RMNy-Titeln und 1.443 damit verbundenen Personen. Der durchschnittliche Grad der Teilnehmer im Netzwerk hat den Wert 3,5. 24 verschiedene Komponenten können darin identifiziert werden. Aufgrund der Erscheinungsdaten kann man ein dynamisches Netzwerk verfolgen, in dem man die zeitlichen Veränderungen und Verdichtungen beobachten kann. In dem Netzwerk ragte eine sogenannte Riesenkomponente hervor: diese zentrale Untergruppe des Netzes enthielt 96% der Elemente (920 Bände und 1.391 Individuen) und 98% (4.159) der Verbindungen.[46]

---

45 Einige der relevantesten methodische Beispiele: Christopher K. Ansell, John F. Padget: Robust Action and the Rise of the Medici 1400–1434. In: American Journal of Sociology 6 (1993), S. 1259–1319; Andre Horch: Buchwidmungen der Frühen Neuzeit als Quellen der Stadt-, Sozial- und Druckgeschichte. Kritische Analyse der Dedikationen in volkssprachlichen Mainzer Drucken des 16. Jahrhunderts unter Verwendung statistischer, netzwerkanalytischer und textinterpretatorischer Methoden. Frankfurt am Main 2014; Paul D. McLean: The Art of the Network. Strategic Interaction and Patronage in Renaissance Florence. Durham 2007.

46 Folgende Druckschrift-Personen-Verbindungen wurden typologisiert und untersucht: Drucker (Editor, Korrektor, Druckereibesitzer); Autor (Schriftsteller, Kompilator, Übersetzer); in einer Druckschrift immanent veröffentlichter Autor (Übersetzer, Schriftsteller, Kompilator); Empfänger eines in einer Druckschrift veröffentlichten einzelnen Werks oder Diskussionsteilnehmer; Adressat der Dedikation; Autor der Dedikation; Autor oder Her-

In der Untersuchung des Netzwerks betreffend Druckort und -Datum, Gattung, Sprache und Konfession wird deutlich, wie persönliche Beziehungen mit einer Druckerei, einem institutionellen System oder einer Konfession zusammenhängen. Bei der Analyse der Beziehungen, die die im Netzwerk getrennten Cluster zusammenhalten, wurde deutlich, wie dies die Gruppenbildung beeinflusst.

Im Zuge der Clusteranalyse der größten miteinander verbundenen Komponenten des Netzwerks konnten 23 Gruppierungen identifiziert werden, deren Eigenschaften das Muster der Verbindung von Intellektuellen zeigen. Wir sehen ein Modell, bei dem die Kohäsionskraft in erster Linie der gemeinsame Druckort ist. Bei der Untersuchung des Korpus kann die Zentralisierungsfähigkeit der Druckaktivität auch als trivial bezeichnet werden, aber ein geregeltes Schema kann auch bei anderen Beziehungsmerkmalen beobachtet werden. Die einflussreiche Rolle der Gattungskategorien zeigt, dass es in 17 Clustern eine charakteristisch größere Gattungskategorie in der netzwerkimmanenten Gruppierung gibt, die mindestens 50% der Beziehungen bestimmt. Der Umstand, dass eine Beziehung durch säkulare oder religiöse Druckschriften organisiert wurde, charakterisiert mehr als 60% der Beziehungen in fast der Hälfte der Gruppierungen. Größere blockartige Arrangements konnten im Zusammenhang mit katholischen, lutherischen und reformierten Druckschriften nachgewiesen werden. Im Gegensatz dazu stellten sprachliche Merkmale nur in seltenen Fällen einen Faktor dar.

Die Auswirkung der Darstellung von Beziehungstypen auf die Vernetzung erschien auch als bestimmende Gruppierungsbedingung, da gezeigt werden kann, dass je mehr Arten von Beziehungen in einem bestimmten Teilnetzwerk realisiert wurden, desto heterogener die Gattung, die konfessionelle und sprachliche Verteilung wurde. Man kann also sagen, dass das vielschichtige Netzwerk von Kontakten dazu beigetragen hat, Verbindungen zwischen Menschen herzustellen, die verschiedene Gattungen und Konfessionen repräsentieren.

Die Netzwerkanalyse ermöglicht die Bindeglieder (Cutpoint-Personen) zu identifizieren, also die Akteure mit einem hohen Wert an *betweenness*-Zentralität. Es sind dies Akteure, die die Untergruppen eines bestimmten Netzwerks verbunden haben. Ohne sie würde das Netzwerk in mehrere, nicht verbundene Unterkomponenten zerfallen.

Die Netzwerkmodellierung weist auf die strukturell herausragenden Akteure der Intellektuellen rund um den Buchdruck hin, die nicht unbedingt aus der Druckereitätigkeit stammten. Obwohl erwartungsgemäß Drucker die Hauptpunkte des Netzwerks darstellten, konnten einige Autoren und Empfänger von Dedikationen auch einen hohen Grad-Wert und ein hohes Maß an *betweenness*-Zentralität erzielen und ähnliche Verbindungsrollen spielen.

ausgeber eines Vorlagetextes; Förderer der Veröffentlichung; Besitzer; andere Beziehung (Authentifikator, Unterzeichner) und Person im Zusammenhang mit der Verbreitung der Druckschrift (Verleger, Buchhändler).

Zwischen den eine Druckereitätigkeit ausübenden Akteuren ragte Gáspár Heltai[47] (1510–1574), einer der bedeutendsten Schriftsteller und Verleger, hervor. Die Analyse des Netzwerks und der Cutpoint-Rolle von Péter Melius Juhász[48] (1532–1572) zeigt, dass die aufgrund der Autorentätigkeit realisierten Beziehungen auch eine verbindende Rolle in dem Netzwerk spielen können. Zsigmond Báthory[49] (1572–1613) war nur als Empfänger von Dedikationen mit dem Netzwerk verbunden, könnte jedoch die fünftwichtigste Cutpoint-Person sein: Die Netzwerkumgebung zeugt davon, dass Beziehungen zwischen Dedikationen und Mäzenatentum – obwohl zahlenmäßig nicht mit der Mehrheit von Schriftdrucken verbunden –, die Arbeit mehrerer Autoren und Druckereien verknüpften. Sie öffneten den Weg für heterogene, schwache Beziehungen. Obwohl einige Cutpoint-Personen im Netzwerk auftauchen, zerstörte ihre Entfernung die Hauptkomponente des Netzwerks nicht vollständig: Das Netzwerk der meisten Druckschriften ist gut verbunden und nur schwer zu brechen.

Das Beziehungssystem, das durch Dedikationen in Druckschriften gebildet wird, kann als Schlüsselbeziehung untersucht werden. Das zwischen 1473 und 1600 geschaffene Widmungsnetzwerk kann auf der Grundlage der 294 Empfehlungen in 275 Druckschriften erstellt werden. In dem Netzwerk von 433 Personen, die durch die Dedikationen verbunden sind, können nur drei signifikante Gruppen von Unterstützern und Autoren herausgefiltert werden. Strukturell blieben bis zum Ende des 16. Jahrhunderts die kleineren, aus zwei Personen (Empfehlender und Adressat) bestehenden Paare charakteristisch, die kein größeres Netzwerk miteinander bildeten. Bei der Untersuchung der drei größten Komponenten (Widmungsgruppen, die in der Nähe von Péter Bornemisza[50] (1499–1579), Joanncs Bocatius[51] (1569–1621) und Péter Melius Juhász organisiert wurden) hinsichtlich der lokalen, konfessionellen und gattungsbestimmenden Kategorien wurde deutlich, dass das Hauptorganisationselement jedes Dedikationskreises die örtliche Übereinstimmung war. Daneben erschien die Konfession auch als ein gemeinsames organisierendes Element. Es scheint jedoch, dass eine konfessionell oder örtlich unterschiedliche Beziehung eine Verbindung herstellt, die die Möglichkeit hat, engere, homogene Teilnetzwerke zu einer größeren Struktur zu verbinden.

---

47 Gáspár Heltai (Caspar Helth) wirkte als Buchdrucker in Klausenburg, Siebenbürgen zwischen 1550 und 1574. Er veröffentlichte Martin Luthers kleinen Katechismus und wirkte bei der ungarischen Bibelübersetzung mit.

48 Melius Juhász war als ungarischer reformierter Kirchenführer und Schriftsteller eine Schlüsselfigur der späten Reformation Ungarns. Er schrieb ungarische und lateinische theologische und religiöse Debatten, Predigten, und Teilübersetzungen der Bibel. Sein *Herbarium* (1578) wurde als das erste ungarische medizinisch-botanische Handbuch veröffentlicht.

49 Zsigmond Báthory (Sigismund Báthory), 1581–1598 Fürst von Siebenbürgen, organisierte seinen Hof nach dem Vorbildern italienischer Renaissancehöfe und entfaltete wichtige kulturpolitische Aktivitäten, u. a. durch die Vergabe von Fürstenstipendien für das Studium in Italien.

50 Der Dichter, Dramatiker und lutherischer Predige wirkte auch als Buchdrucker und war der Erzieher von Bálint Balassi, des bedeutendsten ungarischen Dichters der Renaissancezeit.

51 Johannes Bocation (Johann Bock) als Dichter, Diplomat und Pädagoge war in Eperies und Kaschau tätig; er trug den kaiserlichen Titel *Poeta laureatus*.

Die Analyse des Netzwerks und das Modell der Netzwerkbildung stützen die ursprüngliche Hypothese, wonach die Verbindungen mit schwachen Beziehungen und unterschiedlichen Merkmalen das Wachstum des Netzwerks um die ungarischen Druckschriften ermöglichten, und sie eine wesentliche Rolle bei der Verbindung der ansonsten getrennten Teilnetzwerke spielten. Die Untersuchung der Zusammenhänge ergab, dass nicht nur Drucker die strukturell wichtigen Punkte des Netzwerks ausmachten.

Die durchgeführte Netzwerkanalyse zeigt, dass bis zum Ende des 16. Jahrhunderts ein Netzwerkzentrum all derjenigen zustande kam, die an literarischen Aktivitäten beteiligt waren. Dieses Zentrum konnte die auf verschiedenen Gattungen, Konfessionen und institutionellen Beziehungen basierenden Teilnetzwerke erfolgreich miteinander verbinden. Es wurde ein mehrschichtiges Netzwerk von Beziehungen aufgebaut, das den Fortbestand des literarischen Lebens sicherte (Abb.1).

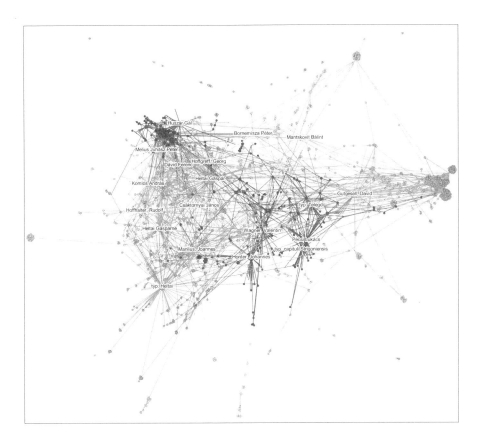

Abb. 1: Netzwerk der literarische Tätigkeit ausübenden Intellektuellen. Das Muster der Verbindungen in ungarischen Druckschriften zwischen 1473 und 1600

PROJEKTBERICHTE

Anna Lingnau

Der Fachinformationsdienst Buch-, Bibliotheks- und Informationswissenschaft (FID BBI) – Neue Inhalte in neuem Gewand

1 Was ist der FID BBI?

Der FID richtet sich an Forschende der Buch-, Bibliotheks- und Informationswissenschaft. Ziel ist es, die Fachcommunitys im Rahmen eines Rechercheportals mit wissenschaftlicher Spezialliteratur zu versorgen und weitere Servicedienstleistungen anzubieten. Der FID wird durch die Deutsche Forschungsgemeinschaft (DFG) finanziert und von der Herzog August Bibliothek in Wolfenbüttel und der Universitätsbibliothek Leipzig koordiniert. Weitere Informationen erhalten Sie auf der Website des FID: https://katalog.fid-bbi.de/. Die Recherche und Anmeldung im Portal ist kostenlos und steht allen Interessierten offen, während lizenzpflichtige Angebote den Forschenden vorbehalten bleiben müssen.

Ein Jahr nach dem Statusbericht von Bettina Gierke im ersten Band von *Medium Buch*[1] konnte das Portal mit weiteren Fachinformationen bereichert und um neue Dienstleistungen ergänzt werden.

2 Neues Logo, neues Design

Seit April 2021 erscheint das Portal BBI in einem neuen Design, dessen Ziel es ist, die Benutzbarkeit des Portals zu verbessern und sowohl die zukunftsweisenden als auch die historisch orientierten Inhalte der Fächer in einem Gestaltungskonzept zu vereinen (Abb. 1). Der im neuen Logo des FID abgebildete hochstehende Block repräsentiert sowohl den traditionellen Kodex als auch Maschinen der modernen Informationsverarbeitung (Rechner, Server). Das Dreieck im Inneren verweist auf die enge Verflechtung der drei Wissenschaften, die symbiotisch aufeinander wirken und ohne ihre Partner an Stabilität verlieren. Die wie ein Drahtgittermodell gestaltete Form insgesamt steht für die angestrebte Vernetzung der Beteiligten. Das Corporate Design besticht durch klare Linien und ein aufgeräumtes Gesamtbild. Markante grünblaue Farbfelder erinnern an das Farbkonzept des alten Suchportals,

---

1 Vgl. Bettina Gierke: Der Fachinformationsdienst Buch-, Bibliotheks- und Informationswissenschaft eröffnet neue Möglichkeiten für die Buchwissenschaft. Medium Buch 1 (2019), S. 237–239.

Abb. 1

treten aber nun in eleganten geometrischen Formen auf, die der Website einen Wiedererkennungswert verleihen. Die unter der Open Font License veröffentlichten Schriften sparen nicht nur Kosten, sondern stehen auch für die Policy des FID, Open Access und Open Science zu befördern. Hinzu kommen neue funktionale Elemente: Das responsive Design unterstützt die Recherche über Smartphones und Tablets. Die Benutzung des Portals wird über ein barrierearmes Design bestmöglich erleichtert. Die Verfügbarkeit eines Titels wird durch eine Verfügbarkeitsanzeige sehr übersichtlich angezeigt: Es wird für Nutzende ersichtlich, ob ein Titel als Volltext über Open Access oder eine Lizenz verfügbar ist, oder ob er über ihre Heimatbibliothek bezogen werden kann.

3 Neue Inhalte

Einen Mehrwert vor allem für Forschende der Bibliotheks- und Buchwissenschaften bieten die neu lizenzierten Datenbanken *Book Sales Catalogues Online* und *Book History Online*.

Book History Online (BHO) enthält bibliografische Informationen zu zahlreichen buchgeschichtlichen Themen: Die Datenbank verzeichnet über 120.000 Monografien, Aufsätze und Rezensionen über die Geschichte der Buchproduktion und -gestaltung sowie zur Geschichte des Buchhandels, des Büchersammelns und von Bibliotheken. Sie berücksichtigt insbesondere englische, französische und deutsche Publikationen und liefert Sekundärliteratur für Themen des Mittelalters, der Frühen Neuzeit und der Moderne bis hin zur jüngsten Vergangenheit. Da zahlreiche Aufsätze einzeln erfasst sind, bietet die Datenbank einen erheblichen Vorteil gegenüber der Recherche in klassischen Verbunddatenbanken, in denen nur Zeitschriftentitel erfasst sind, und kommt dem von den Nutzenden und vom Wissenschaftlichen Beirat signalisierten Wunsch nach einer tieferen Erschließung von Periodika entgegen.

Book Sales Catalogues Online (BSCO) bietet wertvolles Quellenmaterial für die historische Buch- und Bibliotheksforschung. Sie führt ca. 4.000 in der Republik der Sieben Vereinigten Provinzen publizierte Auktionskataloge aus dem 16. bis frühen 19. Jahrhundert. Städte wie Leiden, Amsterdam, Den Haag bildeten in der Frühen Neuzeit wichtige politische, kulturelle und wirtschaftliche Zentren. Viele dort ansässige Gelehrte und Adelige trugen große Bibliotheken zusammen, die nach ihrem Tod von den Erben aufgelöst und versteigert wurden. Daher stellen Auktionskataloge u. a. wertvolle Quellen für biografische Forschungen, Rezeptionsgeschichtsforschungen, die Geschichte des Buchhandels und für die Provenienzforschung dar. Da die Titel von Auktionskatalogen jedoch meist sehr unspezifisch sind und Namen und Orte (sofern überhaupt genannt) variantenreich latinisiert werden, ist die Recherche nach einem bestimmten Auktionskatalog ohne die Kenntnis des exakten Titels in regulären Bibliothekskatalogen schwierig. Durch die Erschließung in *Book Sales Catalogues Online* sind die ursprünglichen Besitzer der versteigerten Bibliothek sowie Zeit und Ort der Versteigerung in den Metadaten erfasst und recherchierbar. Ein Digitalisat des Auktionskatalogs ist direkt mit dem Eintrag verlinkt, sodass sich eine Recherche im Katalog der besitzenden Bibliothek erübrigt.

Da *Book Sales Catalogues Online* dank der gemeinsamen Anstrengungen des FID BBI, der Herzog August Bibliothek und des FID Benelux (Universitäts- und Landesbibliothek Münster) als Nationallizenz zugänglich ist, kann der Zugang zur Datenbank für alle Institutionen kostenlos freigeschaltet werden. Sollte dies noch nicht erfolgt sein, wenden Sie sich gerne an die für Sie zuständige Bibliothek.

4 Von der Erforschung der Vergangenheit zur Erforschung der Gegenwart

Nachdem zwei Datenbanken für historische Forschungen lizenziert wurden, rückt aktuell das moderne Informationszeitalter in den Fokus, welches das Buch-, Verlags- und Bibliothekswesen seit dem Ende des 20. Jahrhunderts erheblich transformiert. Die Techniken und Folgen moderner Informationsverarbeitung werden im Rahmen kostenpflichtiger Fachdatenbanken aus dem Bereich der Bibliotheks- und Informationswissenschaften abgebildet, die wir unseren Nutzenden in Zukunft zugänglich machen wollen. Datenbanken, die diese Bereiche abdecken, werden für die Lizenzierung geprüft und mit dem wissenschaftlichen Beirat des FID abgestimmt. Kurz vor Vertragsabschluss stehen die Nachweisdatenbanken *INFODATA* und *Library and Information Science Source* (LISS). *INFODATA* enthält über 116.000 deutsche und englische Literaturnachweise zum Thema Informationswissenschaft, darunter vor allem Zeitschriftenartikel, aber auch Hochschulschriften, Tagungsberichte und Bücher.[2] Die Datenbank LISS enthält Nachweise für ca. 2.200 Zeitschriften und Publikationen und

---

2 Die Datenbank INFODATA. Weitere Informationen unter: Bibliothek der FH Potsdam. https://www.fh-potsdam.de/informieren/organisation/wiss-einrichtungen/iz/produkte/infodata/ [22.03.2021].

erlaubt einen Volltextzugriff auf 200 aktive Zeitschriften. Einen regionalen Schwerpunkt bilden die Zeitschriften der amerikanischen Bibliothekswissenschaften. Darüber hinaus spiegelt sie den internationalen Forschungs-und Entwicklungsstand in der Buch-, Bibliotheks-und Informationswissenschaft wider.[3]

---

3   Vgl. EBSCO - Library & Information Science Source. https://www.ebsco.com/de-de/produkte/datenbanken/library-information-science-source [22.03.2021].

Ute Schneider

Gründung des Netzwerks Leseforschung

Im November 2019 wurde das internationale und interdisziplinäre **Netzwerk Leseforschung** gegründet. Es wurde im Rahmen des von der VW-Stiftung geförderten, auf Schloss Herrenhausen in Hannover durchgeführten Symposiums „Dimensionen des Lesens" von Prof. Dr. Simone Ehmig, Stiftung Lesen Mainz, Prof. Dr. Svenja Hagenhoff, FAU Erlangen, und Prof. Dr. Ute Schneider, JGU Mainz, initiiert.

Das Netzwerk ist ein Verbund von Expertinnen und Experten aus Wissenschaft, Praxis, Leseförderung und Bildungspolitik, die sich in verschiedenen Disziplinen und Dimensionen mit dem Lesen als spezifischem Rezeptionsprozess sowie verschiedenen Lesemedien und -materialien auseinandersetzen. Das Netzwerk verbindet Forscherinnen und Forscher unterschiedlicher Disziplinen, darunter der Kognitionspsychologie, Kommunikations- und Medienforschung, Didaktik, Pädagogik, Literaturwissenschaft, Linguistik und Buchwissenschaft aus Deutschland, Österreich, den Niederlanden, Norwegen, Lettland, den USA und Indien.

Die Omnipräsenz von Schrift und Text im öffentlichen und privaten Raum macht die Trennung zwischen funktionalem Lesen als Instrument alltagsweltlicher Orientierung einerseits und literarisch-intellektuellem Lesen als kulturellem Handeln andererseits für die Relevanz von Forschungsfragen obsolet. Der beträchtliche Anteil von Menschen mit unzureichenden Lesekompetenzen auch in hochentwickelten Volkswirtschaften wirft nicht nur Fragen nach dem Zugang zu literarisch-ästhetisch wertvollen und erhaltenswerten Kulturgütern auf, sondern lässt bereits die Befähigung zur Bewältigung lebensweltlicher Anforderungen zur gesamtgesellschaftlichen Herausforderung werden, die wissenschaftlicher Grundlagen und Begleitung bedarf. Die Mitglieder des Netzwerks verständigen sich in einem Positionspapier darauf, das Lesen aller Textarten als Forschungsgegenstand zu betrachten und das Lesen von Weltliteratur ebenso ernst zu nehmen wie das eines praktischen Texts. Zudem verpflichten sie sich, das Lesen mit digitalen Medien gleichwertig mit dem Lesen von Printprodukten zu behandeln und die jeweiligen Eigenheiten der Trägermedien und Bedingungen zu berücksichtigen.

Das Netzwerk widmet sich diesem komplexen Totalphänomen mit dem Versuch Expertinnen und Experten multidisziplinär zusammenzubringen. Es ist offen für weitere Expertinnen und Experten.

Welche Synergieeffekte sich aus einer konstruktiven interdisziplinären und internationalen Kooperation ergeben, ist bereits deutlich geworden: Die aktuelle Corona-bedingte Situation an deutschen, österreichischen und Schweizer Universitäten hat zur strikten Digitalisierung der Lehre im Sommersemester 2020 und zur Dominanz des digitalen vor dem analogen Lesen geführt. Nach nur kurzer Absprache und intensiver Zusammenarbeit von einigen der Mitglieder im Netzwerk Leseforschung konnte eine repräsentative D-A-CH-Umfrage unter Studierenden über die Akzeptanz, die Vor- und Nachteile sowie die Rahmenbedingungen und Lesemedien digitalen Lesens durchgeführt werden. Die Ergebnisse der Umfrage werden in Kürze publiziert werden.

Weiteres unter www.netzwerk-leseforschung.fau.de. Dort ist auch das Tagungsprogramm „Dimensionen des Lesens" vom November 2019 verlinkt. Seit dem Frühjahr 2021 fördert die DFG das Netzwerk Forschungsfeld **Lesen – Lesen als Totalphänomen**, das von Prof. Dr. Svenja Hagenhoff und Prof. Dr. Ute Schneider beantragt wurde und eine Weiterentwicklung des Netzwerks Leseforschung ist.

Gegenstand ist die aktuelle Forschung zum Lesen als komplexe Kulturtechnik in vier Dimensionen: Sachdimension, Sozialdimension, Zeitdimension und Raumdimension (Dimensionen nach Heinz Bonfadelli). Lesen ist ein „soziales Totalphänomen" (Marcel Mauss), das alle Bereiche moderner Gesellschaften durchdringt und für alle Akteure einer Gesellschaft handlungsrelevant ist: Schriftkodierte Zeichen präsentieren sich ubiquitär in allen Lebenslagen und auf allen erdenklichen Oberflächen und Artefakten, von Müslipackungen über Beipackzettel, Speisekarten, Fahrpläne, Produktbeschreibungen, Informationstafeln und Verkehrsschilder, Werbeplakate, Kleidung, E-Mails, WhatsApp-Sprechblasen bis hin zu Blogs, Zeitungen und Büchern. Die Dekodierungstechnik Lesen ist damit basal erforderlich, um Information zu erschließen und an kommunikativen Prozessen jeden Komplexitätsgrades teilhaben zu können.

Entsprechend seiner Komplexität ist ‚Lesen' Untersuchungsgegenstand vieler wissenschaftlicher Disziplinen. Dabei agieren wissenschaftliche Akteure häufig isoliert und greifen Aspekte unabhängig voneinander auf, ohne dass Erkenntnisse zusammengeführt oder bereits im interdisziplinären Diskurs erarbeitet würden. Die disparaten disziplinären Erkenntnisse stehen momentan meistens additiv nebeneinander. Das Netzwerk führt nun Fachwissenschaftler und -wissenschaftlerinnen zum forschungsorientierten Austausch über Leseforschung zusammen, die sich begriffs- und modelltheoretisch, empirisch sowie hermeneutisch mit der Kulturtechnik Lesen auseinandersetzen.

Bettina Wagner

Die Graphiksammlung des Bamberger Dürerforschers Joseph Heller (1798–1849) – Ein DFG-Projekt der Staatsbibliothek Bamberg

Zwar bildet das ‚Medium Buch' noch immer den Schwerpunkt der Arbeit von Altbestandsbibliotheken, es ist aber bei weitem nicht der einzige Objekttyp in historischen Sammlungen. Bibliotheken verwahren Münzen und Medaillen, Globen und Büsten, Druckplatten und Photographien und vieles mehr. Auch Bilder nehmen oft einen nicht unerheblichen Raum in den Beständen ein – seien es Unikate wie Gemälde und Zeichnungen oder seriell produzierte Druckgraphik. Derartige graphische Sammlungen, die man eigentlich eher in Museen vermuten würde, führen oft ein Schattendasein im bibliothekarischen Alltag. Die Objekte sind meist nur rudimentär erschlossen, da bibliothekarische Erschließungsmethoden sich dafür nur begrenzt eignen. Gedruckte Bilder weisen häufig nur unzureichende Metadaten auf – nicht immer sind Künstler und Drucker genannt, noch seltener das Entstehungsjahr oder gar ein Werktitel. Gerade bei sehr umfangreichen Sammlungen fehlt die Zeit für tiefergehende Recherchen zum einzelnen Objekt, weshalb man sich auf eine Kurzinventarisierung in (internen) Repertorien beschränkt, der meist keine einheitlichen Katalogisierungsrichtlinien zugrunde liegen. Es ist daher nicht verwunderlich, dass die graphischen Sammlungen in Bibliotheken vielfach auch kunsthistorischen Experten völlig unbekannt sind.

Diesem bedauerlichen Zustand möchte ein Erschließungsprojekt der Staatsbibliothek Bamberg abhelfen, das seit 2017 von der Deutschen Forschungsgemeinschaft gefördert wird. Die Staatsbibliothek verwahrt eine umfangreiche graphische Sammlung von etwa 90.000 Blatt, darunter Aquarelle, Zeichnungen und Druckgraphiken in den unterschiedlichsten Techniken. Das inhaltliche Profil ist durch die Geschichte der Bibliothek geprägt, deren institutionelle Gründung nach der Säkularisation von 1803 als eine der so genannten Provinzialbibliotheken im jungen Königreich Bayern erfolgte. Dank ihrer Funktion als Auffangbecken für die jahrhundertealten Büchersammlungen der geistlichen Häuser des aufgehobenen Fürstbistums Bamberg kann sich die heutige Staatsbibliothek bedeutender mittelalterlicher Handschriften rühmen, unter denen die herausragenden Codices aus der ottonischen Malerschule auf der Insel Reichenau die erste Stelle einnehmen. Für den weiteren Bestandsausbau war die Bibliothek im 19. Jahrhundert auf private Förderer angewiesen, da es an nennenswerten Erwerbungsmitteln mangelte. Die Pflege von Kontakten zu Sammlern in der Region gehörte daher von Anfang an zu den Aufgaben der Direktoren.

Diesem engen wissenschaftlichen Austausch verdankt die Staatsbibliothek den Grundstock ihrer graphischen Sammlung. Er geht auf die Privatsammlung des Bamberger Kaufmannssohns Joseph Heller (1798–1849) zurück, dessen Interessen primär fränkischen Künstlern wie Albrecht Dürer und Lucas Cranach, aber auch der Lokal- und Regionalgeschichte sowie der Kunst- und Druckgeschichte galten. Als Privatier und Erbe eines beträchtlichen Vermögens verfügte Heller über die Mittel und die Zeit, um eine große Sammlung aufzubauen, mit Gleichgesinnten zu korrespondieren und seine Erkenntnisse zu publizieren. Seit den 1820er Jahren arbeitete er an einer auf mehrere Bände angelegten Monographie zu Albrecht Dürer, die eine kunsthistorische Pionierleistung darstellt; Heller veröffentlichte allerdings nur ein dreiteiliges Werkverzeichnis. Mit dem Bibliotheksdirektor Heinrich Joachim Jäck (1777–1847) verband den deutlich jüngeren Heller eine freundschaftliche Beziehung, die beide 1821 auf einer gemeinsamen Reise nach Österreich und Italien vertieften. Bereits am Tag vor der Abreise hatte Heller die Bibliothek zur Erbin seiner Sammlung eingesetzt. Als er dann zwei Jahre nach Jäck starb, war zwar Hellers Vermögen restlos aufgebraucht; die Bibliothek konnte den Nachlass aber dennoch übernehmen.

Als schwieriger erwies sich die Verzeichnung der Sammlung, zu der Handschriften, Inkunabeln und alte Drucke, Gemälde, Glasmalereien und Münzen sowie etwa 50.000 Graphiken und einige Druckplatten gehörten. Die Bücher Hellers wurden den üblichen Bestandsgruppen der Bibliothek zugeordnet, die Provenienz aber durch das den Signaturen vorangestellte Monogramm ‚JH' kenntlich gemacht.[1] Die Graphiksammlung hatte Heller systematisch geordnet, wobei ihn vor allem die Werke Dürers und deren Rezeption in Nachstichen und Kopien interessierten. Diese Systematik führte die Bibliothek weiter, fügte dabei aber auch Erwerbungen aus anderen Quellen ein, so dass die ursprünglichen Sammlungszusammenhänge nicht mehr klar erkennbar waren.

Der Rekonstruktion dieser medienübergreifenden Zusammenhänge widmet sich das DFG-Projekt am Beispiel eines Segments von ca. 2.800 Graphiken überwiegend von Dürer und Cranach. Alle Blätter wurden in hoher Qualität digitalisiert, in einer eigens konzipierten Datenbank nach differenzierten Kriterien (etwa zu Exemplarspezifika und Ikonographie) erfasst und mit Normdaten verknüpft. Den Zugriff für Benutzer ermöglichen die digitalen Sammlungen der Staatsbibliothek (http://www.bamberger-schaetze.de/heller) sowie das sammlungsübergreifende „Graphikportal" (https://www.graphikportal.org/), das vom Deutschen Dokumentationszentrum für Kunstgeschichte – Bildarchiv Foto Marburg, einer Einrichtung der Philipps-Universität Marburg, unter fachlicher Begleitung durch den Arbeitskreis ‚Graphik vernetzt' betrieben wird. Dadurch ist nicht nur die Bamberger Sammlung für Forscherinnen und Forscher weltweit sichtbar, sondern es werden auch Vernetzungen innerhalb der Sammlung Hellers und mit Beständen in anderen Institutionen nachvollziehbar. Von den digitalisierten Graphiken aus Hellers Besitz führen Links z. B. zu originalen

---

1 Vgl. Friedrich Leitschuh: Katalog der Handschriften der Königlichen Bibliothek zu Bamberg. Bd. 2: Die Handschriften der Helleriana. Bamberg, Leipzig 1887. Die ca. 4.700 Drucke aus Joseph Hellers Handbibliothek sind im OPAC der Staatsbibliothek nachgewiesen, der auch eine Suche nach Provenienzen ermöglicht.

Druckplatten sowie zu späteren Kopien, Erwähnungen in Hellers Korrespondenz oder seinen eigenen Publikationen im Bestand der Staatsbibliothek; im Graphikportal können erhaltene Abzüge eines Werks in anderen Institutionen aufgerufen werden. Auf diese Weise ist es möglich, die komplexen Wechselbeziehungen einer Kunstsammlung des frühen 19. Jahrhunderts zu verfolgen und deren Aufsplitterung auf unterschiedliche Medientypen zu überwinden. Die Sammlung Hellers entsteht so, zumindest für einen ausgewählten Teilbereich, vor dem Auge des Betrachters neu und gewinnt ihre ursprüngliche Dynamik zurück. Darüber hinaus gewährt im Jahr 2021 eine Ausstellung, die von einem auch als E-Book abrufbaren Katalog begleitet wird und auf der Plattform Google Arts & Culture auch virtuell einsehbar ist, einen Einblick in die Genese und Materialität der Sammlung.[2]

---

2 Franziska Ehrl, Eveliina Juntunen: Joseph Heller und die Kunst des Sammelns. Ein Vermächtnis im Herzen Bambergs. Bamberg 2020. https://nbn-resolving.org/urn:nbn:de:bvb:22-heller2020-3 [23.03.2021]. Zur virtuellen Ausstellung: https://www.staatsbibliothek-bamberg.de/kulturvermittlung/virtuelle-ausstellungen/#c10567 [23.03.2021]. Virtuelle Vorbesichtigung (Vortrag von Anna Scherbaum mit Präsentation von Originalen) auf der Plattform Vimeo: https://vimeo.com/527990309 [24.03.2021] sowie auf YouTube: https://www.youtube.com/channel/UCjbH-Gr-9Jla4Yri2u-fp5w [21.06.2021].

Autorinnen und Autoren

Prof. Dr. Philip Ajouri, Johannes Gutenberg-Universität Mainz

Dr. Cornel Dora, Stiftsbibliothek St. Gallen

Moritz Döring, Johannes Gutenberg-Universität Mainz

Dr. Daniela Gastell, Berlin

Dr. Maria Kraxenberger, Universität Stuttgart

Prof. Dr. Gerhard Lauer, Johannes Gutenberg-Universität Mainz

Dr. Anna Lingnau, Herzog August Bibliothek Wolfenbüttel

Anita Markó, Budapest

Dr. Marlene Meuer, Leuphana Universität Lüneburg

Dr. Julia Nantke, Universität Hamburg

Prof. Dr. Ute Schneider, Johannes Gutenberg-Universität Mainz

Dr. Christoph Benjamin Schulz, Wuppertal

Dr. Anke Vogel, Johannes Gutenberg-Universität Mainz

Dr. Bettina Wagner, Staatsbibliothek Bamberg

Dr. Stephanie Willeke, Universität Paderborn

Wolfenbütteler Forschungen
Herausgegeben von der Herzog August Bibliothek

166: Petra Feuerstein-Herz, Ute Frietsch (Hg.)

Alchemie – Genealogie und Terminologie, Bilder, Techniken und Artefakte

Forschungen aus der Herzog August Bibliothek

2021. Ca. 312 Seiten, 75 s/w-Abb., 16 Farbabb., 1 Diagramm, 2 Schemata, gb 160x240 mm
ISBN 978-3-447-11529-2
In Vorbereitung ca. € 78,– (D)

Die Erforschung der Materiellen Kultur ist ein Anliegen der neueren Kultur- und Wissenschaftsgeschichte. Für diese Forschung ist Alchemie ein bedeutendes Erfahrungsfeld, konzipierten deren Akteurinnen und Akteure sie doch dezidiert sowohl als Theorie als auch als praktisches Wissen. Bis heute sind in den Museen, in den Bibliotheken und Archiven sowie an den einschlägigen historischen Orten (insbesondere an den einstigen Höfen) mit Geräten und Substanzen, mit Handschriften und gedruckten Büchern umfangreiche Zeugnisse des alchemischen Denkens und Arbeitens erhalten geblieben. Die in den Bibliotheken überlieferten Manuskripte und Drucke weisen zudem aussagekräftige Bearbeitungs- und Gebrauchsspuren auf.

Der von Petra Feuerstein-Herz und Ute Frietsch herausgegebene Band gibt einen Einblick in die aktuelle Forschung zur Geschichte der Alchemie an der Herzog August Bibliothek. Er präsentiert die Beiträge eines von der Deutschen Forschungsgemeinschaft finanzierten Wolfenbütteler Arbeitsgespräches, das spezielle Fragen der inhaltlichen Erschließung und digitalen Präsentation alchemischer Drucke zum Thema hatte, sowie weitere Beiträge von Forscherinnen und Forschern, die sich mit den spczifischen Formen der Überlieferung alchemischen Wissens anhand der reichen Wolfenbütteler Bestände auseinandersetzen.

170: Stefan Laube

Einladende Buch-Anfänge

Titelbilder des Wissens in der frühen Neuzeit

2021. Ca. 424 Seiten, 117 s/w-Abb., 25 Farbabb., gb 160x240 mm
ISBN 978-3-447-11689-3
In Vorbereitung ca. € 82,– (D)

„In medias res" – so beginnt kein Buch. Vielmehr sind ihm Seiten vorangestellt, die das Buch inhaltlich rasch zugänglich machen sollen – am besten auf den ersten Blick. Zum Titelapparat eines frühneuzeitlichen Buches gehören nicht nur textuelle, sondern auch graphische Elemente wie Vignetten und Frontispize. Fragen über Fragen! Wie ist der Inhalt des Buches auf dem Titelbild dargestellt? Ist eine visuelle Komprimierung der gesamten Thematik erkennbar oder begnügte man sich mit der punktuellen Setzung optischer Reize? Inwiefern kann das Anfangsbild Legitimität und Autorität eines Wissensfeldes bekräftigen? 13 Beiträge beleuchten den einladenden Buchanfang aus unterschiedlichen Perspektiven und Disziplinen. So kreuzen sich in der konfessionellen Arena ambitionierte Bildentwürfe jesuitischer Glaubenskonsequenz und eines endzeitbewussten Pietismus. Andere Beiträge nehmen Titelbilder einzelner Wissenszweige in den Blick (Genealogie, Fortifikationskunde, Metallurgie). Die in Netzwerken agierenden visuellen Initiativen der Gelehrten sind ebenso Thema wie Einblicke in die Werkstatt der Bildproduktion. So manches Buch scheint in Umkehrung des englischen Idioms „Don't judge a book by its cover" sehr wohl nach dem Cover beurteilt werden zu können.

John Roger Paas

The Altzenbachs of Cologne
Early Modern German Print Publishers:
Popular Prints of the Seventeenth Century

2020. 2 parts, XLIX, 1047 pages, 1044 ill., hc
190x265 mm
ISBN 978-3-447-11487-5
€ 748,– (D)

This richly illustrated catalog brings together for the first time all of the known popular prints published by the Altzenbach firm in Cologne from approximately 1609 to 1680. Over 550 prints plus models and copies are drawn from more than 120 collections in Europe and North America.

Working in the bastion of Catholicism on the Lower Rhine, the Altzenbachs specialized in devotional prints for the local market as well as for the large number of pilgrims who visited the religious sites in Cologne, Trier, and Aachen. At the same time, however, they published prints for a broad market on a variety of secular subjects: local history, natural events, executions, architecture, allegories, and moral satires. Some of their prints are the work of well-known artists such as Wenceslaus Hollar and Matthäus Merian, but most were executed by anonymous artists who looked to Flemish and Dutch printmakers for inspiration. This visual material is a multi-faceted primary resource that offers unique and telling insights into the cultural world of the seventeenth century.